以無言故 敞大教之綱紐

# 維摩詰經講義錄

無像而像，演幻智之遊戲

顯珠法師◎著

華夏出版公司本著「弘揚傳統文化，好書永世流傳」的理念，因舊版圖書年代久遠，囿於時空因素，在尚未能聯繫到原著作人並取得同意下，重新出版了這本著作，如有侵權，敬請著作權人或其親友和華夏出版公司聯繫，謝謝您。

# 維摩詰所說經講義重印序

詳夫至理無言，玄藉彌布；法身無像，感物則形；是故無言而言，無像而像。以無言故，做大教之綱紐；無像而像，演幻智之遊戲；作衆聖之淵府，爲方等之中心，究竟之玄宗，無餘之極說；故諸佛之所諮嗟！弟子之所扼腕。不思議之事，而起不思議之人，大哉維摩詰所說之經，蓋雷長者，現身居士，託疾興教，助揚佛化；應方等之代表，作菴園之機要；佛興緣起，豈可推求！斯經西域有五百卷，十萬偈；來此東震。類別六譯：一、後漢嚴佛調；名古維摩經一卷。二、吳朝支謙；名維摩詰。所說不思議法門經二卷。三、西晉竺法護，名維摩所說法門經一卷。四、西晉竺法蘭名毘羅詰經三卷。五、姚秦羅什名維摩詰所說經三卷。六、唐玄奘名佛說無垢稱經六卷。六經重沓，文義互陳，時所崇尚，皆宗秦本。什譯斯經，當弘始八年；僉常山公安成侯在逍遙園，綴章十四品。初一品序佛國因果之由。從寶積請佛國因果，至阿閦佛品共十一品半，明不思議解脫，佛國因果，皆是赴機之教，俾無量沾益，名正宗也。從法供養至囑累二品，名天帝發誓弘經，如來印可，以勸發囑累，宣道未來，使流通不絕。稽其始終法集，而有二處四會；廣明權實折攝，室外彈呵；說法六品，室內攝伏。是以前賢高哲，歷著義疏，數十餘家，玄闡冲邃，廣博無涯；窮究者，多厭其繁；余以春間在楚，宣講楞嚴，經畢返寧，適有學者多人懇研斯經，檢閱　霞公在申主講愛麗園時，法會衆等，異口同音稱讚，遂編輯維摩經講義一册。出版五百部，久已告終；後者尋取，苦索不得。余採其善長，其詞顯現，其義敏捷；其機合時，是故重續一千部，聊供同志之需，而結法喜之緣；忻有同志法師讚助，增印一倍。惟願法海長流，慧幢林立；管膚之記，智者謬正，共登菩提。是爲序。

佛歷二千九百五十七年天中大士聖誕日鄂省沔陽度厄識於建業普照精舍

# 「維摩詰經講義錄」目錄


維摩詰所說經講義重印序……一
十門分別……一
佛國品第一……一二
方便品第二……五八
弟子品第三……七五
菩薩品第四……一二六
文殊師利問疾品第五……一六五
不思議品第六……二〇二
觀衆生品第七……二二三
佛道品第八……二五一
入不二法門品第九……二七三
香積品第十……二九六
菩薩行品第十一……三五一

見阿閦佛品　第十二……………………三三八
法供養品　第十三……………………三五四
囑累品　第十四……………………三六九
維摩詰所說經講義錄重印跋……………………三七七

# 維摩詰所說經講義錄卷一之上

稽首三界尊　難思解脫法　淨名法身士
諸大菩薩僧　毗耶菴羅衆　及諸護法者
今演方等敎　續僧伽命脈　惟願冥加護
令衆悉開解

將釋此經，依賢首大師十門分別：（一）敎起因緣（二）藏乘所攝（三）敎辯權實（四）分敎攝經（五）敎所被機（六）能詮敎體（七）所詮宗趣（八）傳譯時年（九）通釋名題（十）隨文釋義。

一、敎起因緣者，有總有別。總論，如來設敎，爲欲令諸衆生離苦得樂；離苦者，別而言之，三苦八苦，無量諸苦，總而言之，離二死苦；得樂者，方便言之，人天諸樂，寂滅之樂，神通遊戲智慧辯才一切諸樂，究竟言之，令得無上大般涅槃眞常之樂。以諸衆生本具法性，與佛同體，衆生日用而弗知，無明蓋覆而不見，故法華云：「如來爲欲開示悟入佛之知見，故出現於世。」佛知見既開，證得本具法性，則苦樂如幻如化；上無佛道可成，下無衆生可度；縱曰知見，猶剩語矣。此總論如來一代時教所起之因緣也。〇別者；悉達太子出家，雪山六年苦行，後於菩提樹下夜覩明星成道，號曰釋迦牟尼；與四十一位法身大士，稱法性說圓滿修多羅教，小機絕分；於是從實施權，在鹿野園中，爲諸小機轉生滅四諦十二因緣法輪。復見漸熟，欲令小機轉大，故藉寶積獻蓋，中現淨土，使諸小機淨佛國土成就衆生之先兆也。維摩法身大士隨順佛意，示現病身，因病說法，折伏小乘，種種彈訶，現不思議之境，說不思議之法；上方大士來此助揚，主賓酬唱，無非欲使小機動執轉向大乘終歸菩提果海耳！此本經別起之因緣也。

二、藏乘所攝者；藏分三二。乘有二三五一。〇三藏者：（一）修多羅，「譯音」此翻契經，謂上契諸佛之理，下契衆生之機，故曰契經，卽經藏也。（二）毘奈耶，「譯音」此翻止滅，或翻清涼，亦翻調伏，謂止息諸惡，毒炎消除，調和折伏身語意業故，卽律藏也。（三）阿毗達摩，或云阿毗曇，「皆譯音」；此翻無比法，亦云對法；謂以無分別智，比議諸法，簡擇邪正，假設問答，建立推破，成就現量智體，卽論藏也。〇二藏者：

（一）聲聞藏，亦含緣覺，爲彼鈍根聲聞，依法執分別施設，爲說四阿含等經，五部等律，具舍毗曇等論，此聲聞藏也。（二）菩薩藏　依三性三無性二無我智，施設大乘經律論藏，詮示菩薩理行果位。全性起修，全修在性，卽菩薩藏也。此經三藏之中，經藏所攝；二藏之中，正攝菩薩，旁攝聲聞以折卽攝故。○乘有二三五一者；乘卽能乘之人，乘於所乘之法。○二乘者，卽大小二乘；大乘破我法二執，直談性理，故十二門論云：「諸佛菩薩大人所乘。」小乘卽聲聞緣覺乘也。又聲聞緣覺，亦名二乘；聲聞依四諦法而修，謂知苦斷集慕滅修道故；緣覺依十二因緣法修，謂無明乃至老死，互爲因緣，此生滅也，無明滅，乃至老死皆滅，此還滅也。二乘所修雖別，同斷見思，同出三界分段生死之苦，同證眞空涅槃，此二乘也。○三乘者，卽前二乘加入菩薩乘也。謂依六度萬行而修，上求佛化，下利有情，經三大阿僧祇刧，頓悟成佛，此三乘也。○五乘者，卽前三乘加入人乘天乘。謂依三皈五戒之法，少欲知足，供佛及僧，爲人道之因，故曰人乘；天乘者，廣修十善，兼習禪定，當得生天，卽天乘也；三乘加入人天，故曰五乘。○一乘者，謂以上諸乘，皆是所施之權，並非實法；唯一佛乘，無二無三，故法華云：「十方諦求，唯一佛乘；無有餘乘，若二若三。」此經不攝人天權小，被彈訶故，非是一乘五敎並談故；雖是諸乘皆談，正唯大乘所攝。

藏乘所攝竟。

三、敎辯權實者。古今諸德，或分不分。統論如來一代時敎，皆爲對機，不分者，如後魏菩提流支，姚秦鳩摩羅什；意謂一音普應，一雨普潤，故毋須分也。其分者，西域東土，數十餘家；○或分二敎；如護法論師依楞伽經，立漸頓二敎；爲鈍根人先說小乘，後說大乘，如楞伽經云。「如菴摩勒果，漸熟非頓。」爲直往菩薩說大不由小，如楞伽云：譬如明鏡，照諸色相。」頓現非漸，故立二敎。○或分三敎；如光統律師立漸頓圓。以根未熟者，先說無常，後說常；先說空，後說不空；深妙之義，如入大海，漸次轉深，故名漸敎。爲根熟者，於一切法門，同時具足；演說無常卽常，空卽不空；一卽一切，一切卽一；無前無後，一時俱說；故名頓敎。爲上達分階佛境者，說如來果海一乘究竟圓滿修多羅，普收一切，故名圓敎。大唐三藏法師，承西竺戒賢論師依解深密金光明等經及瑜伽論，亦立三敎，謂轉法輪、照法輪、持法輪三敎也。○或分四敎；如大衍法師，立因緣宗、假名宗、不眞宗、眞實宗。一、因緣宗，謂小乘薩婆多論等。二、假名宗，謂成實經部等。三、不眞宗，謂諸般若說卽空理，明一切法不實等。四、眞實宗，謂涅槃華嚴等，明佛性法界眞理等。梁光宅寺法雲師，依法華經，亦立四教，謂臨門三車爲三乘教，四衢道中所授大白牛車，方爲第四。此分四教者也。〇或分五教；如護身法師，前三同大衍法師因緣宗假名宗不眞宗，將第四又分爲二宗，謂第四名眞實宗，如涅槃等經明佛性眞理等；第五名法界宗，謂華嚴明無礙自在法門是也。〇或分六教；如耆闍法師，初二同大衍法師因緣宗假名宗，第三名不眞宗，謂諸大乘經通說諸法如幻化等；第四名眞宗，明諸法眞空理等；第五名常宗，明說眞空理具足恒沙功德等；第六名圓宗，明法界自在，緣起無礙，德用圓備，卽華嚴法門是也。〇或分八教；如南嶽慧思禪師，天台智顗大師，判五時八教，總攝東來一代時教；謂化法四教，卽藏通別圓；化儀四教，卽頓漸秘密不定；其中義理，自有專門，今時盛行於世者，卽此也。以上諸德，皆是當時法將，英悟絕倫，歷代明模，階位叵測；此等諸德，夫豈好異？但以備窮三藏，覩斯異軫，不得已而分之，遂各依經論，判教分宗。然如來垂化，豈有彼此之分？因機有鈍利之不齊，故教有權實之施設；若非辯別，卽教海汪洋，條目不明，方針莫定，彼岸奚登？此上教辯權實竟。

四、分教攝經者；先分教，次攝經。分教者，依賢首大師，分爲五教，謂小始終頓圓也

（一）小敎者；隨他意語，說諸法數；一向差別，以其揀邪正，分析厭，明因果；但說人空，縱少說法空，亦不明顯；唯依六識三毒，建立染淨根本，未盡法源，故多諍論；卽同天台藏敎也。（二）大乘始敎者，亦名分敎。但說法空，未盡大乘法理，故名爲始；同許定性聲聞無性闡提不得成佛，故名爲分。所說法性及法相法數，抉擇分明，故少諍論；卽同天台通敎也。（三）大乘終敎者，亦名實敎；說如來藏隨緣成阿梨耶識，緣起無性，一切皆如，定性二乘，無性闡提，悉當成佛，方盡大乘至極之說，故名爲終；以稱實理，少說法相，多說法性，所說法相，亦會法性，故無諍論；卽天台別敎也。（四）大乘頓敎者，總不說法相，唯辯眞性；亦無八識差別之相，訶敎勸離，毀相泯心，但一念不生，卽名爲佛；不依地位漸次而說，故名爲頓。一切所有，悉皆妄想；一切法界，唯是絕言；五法三自性皆空，八識二無我俱遣，遣至無可遣處，能遣所遣俱亡；本性如如，無佛，無不佛，無衆生，無不衆生；頓詮此理，此乃別爲一類離念機故。亦可對治滯空有二邊人故說名頓敎。亦卽天台別敎義也。（五）一乘圓敎者；所說唯是法界，性海圓融，緣起無礙，相卽相入，帝網重重，主伴無盡，故十信滿心卽攝五位成等正覺，故名圓敎；亦卽天台圓敎義也。此皆賢首大師所判，義盡理周，後此別無更判教者。清涼國師用爲準的，故今從之。若以五教對於半滿大小，初一是半是小，後四是滿是大；又對屈曲平坦，初四屈曲，後一平坦；對於漸頓，初三是漸，第四不定，第五爲頓。分教境。○次攝經者：（一）小教唯攝阿含，以唯爲愚法二乘所說，不與大乘相共。（二）大乘始終二教所攝經者，如深密方等大集寶積等經；有成佛有不成佛，此乃呵二乘人欲令鄙小慕大故也；有言一切悉皆成佛道者，欲令二乘人棄小向大也。又如法鼓經中，以空門爲始，以不空門爲終；又涅槃經中，以破戒比丘不得成佛爲始，以定性聲聞及諸闡提皆有佛性爲終；始終亦大乘漸教也。（三）頓教所攝經者，如楞伽經離有超無，五法三自性皆空；八識二無我俱遣，乃至菩提涅槃皆無；經云：「涅槃空剎那，趣至無自性，亦無階級等位。」經云：「初地卽爲八，乃至無所有何次。」直顯法性，故名爲頓。又諸佛要集經，文殊起佛見法見，貶向二鐵圍山，亦卽頓教所攝也。（四）圓教所攝經者，如華嚴經；法界性海，重重無盡；佛說，菩薩說，塵說剎說，三世一切說，卽圓教所攝。又法華云：「但有聞法者，無一不成佛。」亦卽圓教所攝。此經五教並談；如方便品，種種呵責，厭離於身，是小教義，弟子品，當觀宿世因緣而爲說法，是始教義。菩薩品，一切衆生，畢竟寂滅，卽涅槃相不復更滅，是終教義。不二法門品三十一菩薩鎔諸法而會歸一相，一相者卽實相也；文殊以言遣言，而顯實相；維摩默然不語，正陳實相；此頓教義。如逕丈之室，能容無量大衆，及其高廣師子寶座，卽一多小大相容，此圓教義也。以上分教攝經竟。

五、教所被機者；此經旣是五教並談，應當普被三乘五性。如說佛國品時，求聲聞乘者三萬二千，諸天及人，知有爲法皆悉無常，遠塵離垢，得法眼淨，八千比丘，不受諸法，漏盡意解，此被二乘機也。如說不二法門品時，五千菩薩，皆入不二門，得無生法忍，此被菩薩機也。如說方便品時，令無數千人皆發阿耨多羅三藐三菩提心，此被不定機也。如說菩薩品時，能令魔王波旬所將萬二千天女樂法樂，不復樂五欲之樂，此被無種性機也。雖是五性俱被，而其得益之深者，正在菩薩，傍及二乘。教所被機竟。

六、能詮教體者；依賢首大師起信論疏，略作四門：一隨相門。二唯識門。三歸性門。四無碍門。〇初中四句（一）或以人爲教體，以維摩詰是能說之人故；然非正體，以依名句文聲方能說法，能依非所依故；不假所依，無能顯義故。（二）或唯以名句文聲爲體；亦非正體，所顯非能顯故；若無能顯，所顯不立故。（三）或具前二事，方爲教體。經云：「或有佛土以音聲語言文字而作佛事。」又十地論中「說者以二事說，聽者以二事聽。」謂文字音聲名句等；意以說法之人，假名句文聲以顯義；聽法之人，假名句文聲以解義。（四）或二事俱非以爲教體。如經云：「無有能說之人及所說之法，是眞了義。」本經弟子品云：「夫說法者，無說無示；其聽法者，無聞無得。」故爲教體。於此四句，別取前三，非此經體；具足四句，方爲此經教體也。〇二唯識門者；謂說法者識現爲增上緣，令聞法者識文字相現。故起信云：「若離心念，則無一切境界之相。」此經云：「諸佛解脫當於一切衆生心行中求。」是故以識爲教體也。〇三歸性門者；此識無體，唯是眞如。故起信云：「是故一切法，從本已來，離言說相，離名字相，離心緣相；畢竟平等；無有變易，不可破壞；唯是一心，故名眞如。」此經云：「不來不去，不出不入，一切言語道斷。」又云：「不可以言說分別顯示，觀如來身爲若此。」是故以歸性爲教體也。〇四無礙門者；謂於前三門心境理事，同一緣起，混融無礙，交徹相攝，圓明自在，攝一切法，以爲教體。如經云：「示行貪欲，離諸染著，示行瞋恚，於諸衆生無有恚碍，示行愚癡，而以智慧調伏其心，乃至現於涅槃，而不斷生死。」即圓融無礙法門也。究竟此經人法說默，皆能顯義，故以圓融無礙爲教體也。能詮教體竟。

七、所詮宗趣者；謂語之所表曰宗，宗之所歸曰趣。此經以佛國因果爲宗，欲令三乘五性，淨佛國土，成就衆生，以爲修因；圓滿菩提，究竟佛果，以爲歸趣。如佛國品，五百長者子獻蓋，佛以神力中現三千大千國土，又以足指按地，示現釋迦淨土，良以四土雖殊，皆屬唯心所現，故云隨其心淨則佛土淨，即淨佛國土也。維摩法身大士，冥知佛意，示病助化；來問疾者，因病說法，呵身讚佛，令發菩提，即成就衆生也。呵弟子者，欲令動執生疑，轉小向大，淨佛國土，此折即是攝也；呵諸菩薩者，以其滯漸，只能淨同居方便二土，縱少淨實報，不能趣寂也。室內問答，皆是淨土之因；現不思議境界，得見衆香國土，以及右手斷取妙喜國土，即示淨土之果。若非實證寂光，安能上下無隔，小大相容？故依天台以佛國因果爲宗，終歸佛果爲趣。所詮宗趣竟。

八、傳譯時年者；此經於後秦弘始八年，帝命大將軍常山公，右將軍安成侯，與義學沙門，千二百餘人，請法師鳩摩羅什「此云童叟」，於長安逍遙園大寺重譯正本。什師乃龜玆國王之甥也，七歲出家，母先出家，隨母遊歷五印，母證三果，什師日誦千偈，秦主延入長安，翻譯諸經。考歷代翻經者，師爲最勝；入滅後，荼毗，舌根不壞，證譯經之不謬也；奉詔起塔於南山之陰草堂寺焉！傳譯時年竟。

九、通釋名題者；依天台單複七種題中，此當人法爲名；維摩詰是人，所說卽法，亦名不可思議解脫，亦卽法也。梵語維摩詰，此翻淨無垢稱；亦翻淨名，無垢卽淨，稱卽名，故曰淨名。肇師云：卽五百童子之一；從妙喜國來遊此境，所應旣周，欲還本土，示現有疾，以集衆機：一爲助佛揚化，顯佛道之不可思議；二爲開己本跡，示佛土之不可思議。以不思議人，說不思議法，故以人法爲名也。經義訓常、訓法，是貫、是攝；以覺道不能改，群邪不能沮，衆聖不能異，故曰訓常；爲苦海之舟航，作成佛之儀軌，故曰訓法；能通凡聖，故曰是貫；普被五性，故曰是攝。合人法以軌則當來，故曰維摩詰所說經。通釋名題竟。

十、隨文釋義者：遵古，全經分爲三分：（甲）一序分、二正宗分、三流通分。初、佛國品從「如是我聞」至寶積說偈「稽首如空無所依」爲序分。二、從「爾時長者子寶積說此偈已白佛言」起至見阿閦佛品終「卽是受阿耨多羅三藐三菩提記」爲正宗分。三、從法供養囑累二品盡經爲流通分。〔甲〕初、序分爲二：一、從「如是」起，至「優婆塞優婆夷俱來會坐」，爲六種證信序（亦名通序）。二、從彼時佛與無量百千之衆一起，至寶積說偈末，爲主伴發起序（亦名別序）。〔乙〕初、中二：〔丙〕一標品、二入文。今初：

## 佛國品第一

姚秦三藏法師鳩摩羅什譯

品者類也；以此類文其所詮者乃佛土之事，故云佛國品。此經以佛國品冠於經首者：通序集衆已竟，別序中寶積等獻蓋，如來神力合成一蓋，現佛國土，此卽序分之中一類文辭所顯佛國也；正宗初寶積所請：「願聞得佛國土清淨唯願世尊說諸菩薩淨土之行。」如來廣說淨土之因，螺髻梵王見佛淨土，如來足指按地，示佛淨土；序、正二科，皆談佛土，故以佛國品冠首也。〔丙〕二、入文。分爲六：〔丁〕一、信成就：

**如是**

經初六義，乃佛涅槃時，阿難請問：「結集法藏，經初以何為首？」佛命以此六義，冠於經首。六義皆結集者所說，非佛所說；既奉遺命，亦可作為佛說。如是者信順之辭也，大智度論云：不信者，言是事不如是；信者，言是事如是說之者，順佛遺命，作如是說；聽之者，敬信佛故，順如是聽；故曰信順之辭。又如是者，指法之辭也；經初如是，卽指全部經文也。又諸佛如來所說經法，其文廣博，其義深遠，微妙難測；若無信根，則不能入；智論云：「佛法大海，信為能入，智為能度。」如是表信，故首言如是。〔丁〕二、聞成就：

## 我聞

我者主宰義；智論問云：佛法中言一切法空，一切法無有吾我，云何佛經初言如是我聞？答證得無我實義，假世俗說我無咎。又者，了了見佛性，不著一切法，何況我無我！以無所着故，能說我無我；是故我無咎。聞者，三慧之初也；耳根聞慧，天然能識前境，並非作意思惟而後能聞。此言我聞者，以阿難小果，所說經法，焉能取信於人？由唱我聞，以顯師承有據，頓釋群疑，以證正信，故言我聞。〔丁〕

三、時成就：

## 一時

一時者，非年月日時之時，乃師資會合感應道交之時也。又謂，說聽之時；此就刹那相續無斷，說聽究竟，總名一時。又謂，說聽會遇，無有分別，故名一時。〔丁〕

四、主成就：

## 佛

具云佛陀耶：此翻覺者，謂自覺覺他，覺行圓滿者。略去陀耶，但存佛字，卽教主之名稱也。佛地經論云：「具一切智，一切種智；離煩惱障，及所知障；於一切法，一切種相，能自開覺，亦能開覺一切衆生，如睡夢覺，如蓮花開，故名爲佛。」〔丁〕

五、處成就：

## 在毗耶離菴羅樹園

在者如來所住處也；毗耶離乃國城名，卽是總處；菴羅樹園，乃園苑名，卽是別處。毗翻爲稻，耶離翻爲廣嚴，其地平廣莊嚴故；亦翻爲好，合爲稻好，廻文應云好稻，以其國中廣出好稻粳米故；又云好道，其國道路平坦，廣博嚴淨故；又云好道，其國人民好樂正道故；由此多緣。稱毗耶離。菴羅者，卽果名也；此果似桃非桃，似奈非奈，其園多此果樹，故曰菴羅樹園。如下文云：「佛身者，卽法身也。」法身徧滿於法界，故無在而無所不在，由此土機熟所感，如來應身斯現，故在毗耶離菴羅樹園。〔丁〕六、衆成就又分爲四：〔戊〕（一）聲聞衆（二）菩薩衆（三）天龍八部衆（四）四衆弟子衆。〔戊〕今初：

## 與大比丘衆八千人俱

比丘含三義，謂乞士，怖魔、破惡。外乞食以養身，內乞法以養心，故曰乞士；受持二百五十淨戒，自四羯磨時，魔王恐怖，故云怖魔；身口七支煩惱惡業不起，故云破惡。既云大比丘衆。卽有大人之德，此乃證得阿羅漢果者也；八千人者，舉其大數也；同聚一處，故云與大比丘衆八千人俱；此小教人也。〔戊〕二、菩薩衆分四：〔己〕（一）舉類標數（二）歎衆德行（三）列諸弘名（四）結成大數。〔己〕今初：

## 菩薩三萬二千

具足梵語，應云菩提薩埵，此略提埵也。菩提云覺道，薩埵云大心；發無上大心，以求覺道，故名菩薩。又菩提云佛覺，薩埵云有情；上求佛覺，下化有情，故名菩薩。又此等是求佛覺之有情，故名菩薩。大乘四教學人，皆稱菩薩；三萬二千，亦是標其大數也。〔己〕二、嘆衆聽行：

## 衆所知識

此諸大士，急於上求下化；以上求故，諸佛道場無所不至，故為諸佛菩薩大人所知；以下化故，十方國土，普利有情，即為一切國土衆生所識；故云衆所知識。

## 大智本行，皆悉成就。

大智者，卽一切種智也；菩薩常以一切種智用事，故曰大智本行皆悉成就。

**諸佛威神之所建立，**

以諸大士入正定聚，妙契如來法身，由是感佛神力冥資，故曰諸佛威神之所建立。

**爲護法城，受持正法；**

恐偏邪之破壞正法，外作護法之城，內證中道實相之理，不落二邊邪見，故曰爲護法城，受持正法。

**能師子吼，名聞十方；**

見理已極，得無碍智；處衆說法，能伏群邪；故曰能師子吼。所行諸行，彌滿法界；故能名聞十方。

**衆人不請，友而安之；**

應機說法，如慈母之育兒，似月光之臨水，故曰衆人不請，友而安之。

**紹隆三寶，能使不絕；**

能擔荷如來家業，親蒙授記，紹隆佛寶也；諸佛妙法，悉皆得之，紹隆法寶也；將此妙法，能以善巧方便傳授他人，紹隆僧寶也；自既如是，使他亦然；故曰紹隆三寶，能使不絕。

**降伏魔怨，制諸外道；**

內證平等之理，外行平等之行，遊戲神通，博愛一切，能使魔外歸心，怨賊稽首，故能降伏魔怨，制諸外道。

**悉已清淨，永離蓋纏；**

菩薩於一切結使斷盡，界內外習氣皆除；縱留少惑潤生，乃先照而後用，雖不盡而盡；故曰悉已清淨。五蓋十纏，皆是凡夫身心受用之具；菩薩急於利他，不暇顧及自己身心受用，故曰永離蓋纏。蓋卽五蓋：一貪欲、二瞋恚、三愚癡、四睡眠、五掉悔。纏卽十纏：一忿恚、二隱覆自罪、三意識昏迷、四五情暗冥、五嬉遊、六三業躁動、七屏處起罪不自羞、八露處起罪不羞他、九財法不能惠施、十他榮心生熱惱。

## 心常安住，無礙解脫。

由離蓋纏，故於諸法無礙；以無礙故，則迥然獨往，心徧法界，而無阻滯，故云解脫。住於無住，不被境擾故得常安；以是義故，則云心常安住，無礙解脫。肇師云：「此解脫者，七住所得。」

## 念定總持，辯才不斷；

念卽不定，定卽無念，以正念凝然，故云念定；卽寂照同時也。由寂照同時故，卽是一大總相法門，無不從此流，無不還歸此；持此諸法機關，卽得四無礙辯，於一法能無量說，無量法能一說；故云念定總持，辯才不斷。

**布施持戒，忍辱精進，禪定智慧，及方便力，無不具足；**

此十度也；前六，如文；從禪開出力願，從般若開出智及方便；言無不具足者，前具九度，後足願度；總而言之，諸度法門也。此諸菩薩，具斯諸度，故能自他兩利，度生死海，登涅槃山；此嘆智德也。

**逮無所得，不起法忍；**

逮義及也，至也。以諸菩薩觀行功用，及至無所得處，卽與法身相應，一刹那頃，發生眞智，明鑑法性，本自不起；至此，不驚不怖，能信能受，自肯承當，恬然不動，故曰不起法忍，卽無生法忍也。

**已能隨順，轉不退輪；**

既能證得無生眞理，凡所作爲，皆與眞理不相違背，故曰已能隨順。眞理已得，不得再失，故云不退；以此法門，開示未悟，使令傳傳不息，猶如輪轉，故曰轉不退輪。

**善解法相，知衆生根；**

以諸大衆得差別智，此智照法，法無不通；此智鑑機，機無不宜；既得解法知機，即能應機授法，其利生之德，無有涯量矣。

**蓋諸大衆，得無所畏；**

以無緣慈，普被一切，如天普覆，故曰蓋諸大衆；又能超出一切，衆不能蓋故。無畏故。無畏者，前云念定總持，即總持無畏；知衆生根，即知根無畏；善解法相，故決疑無畏；辯才不斷，故答報無畏；具此四法，故曰得無所畏。

**功德智慧，以修其心；相好嚴身，色像第一，捨諸世間所有飾好；**

功德、智慧，二種莊嚴，爲內心之修飾，此心淨也。色身相好，由福所致，此身淨也。內無瑕疵，外多嚴重，故能令人生信；起信論云：「能說之人，色心殊勝，不須廣論。」又色心殊勝，則處衆無畏，令生恭敬故；既有本具莊嚴，何假俗飾污染顏色?故捨世間飾好。

**名稱高遠，踰於須彌；**

須彌爲世界最高之相，人所皆知；謂此菩薩福德智慧，相好莊嚴，名稱高出須彌以上，故曰踰於須彌。

**深信堅固，猶若金剛；**

此諸大士了了明見佛性，故於諸法不疑，其信心不壞，如金剛之堅。

**法寶普照，而雨甘露；**

法者；乃從眞理中流出智慧光明也，喻如寶光，不擇怨親，悉皆等被五性，故云法寶普照；從眞理中流出慈悲光明，喻如雨澤，不分彼此，普潤三根，故云而雨甘露。又照則破癡暗，雨則潤熱惱，二法並施，慈悲極矣。

**於衆言音，微妙第一；**

以有微妙之音，一言方唱，異類各解，故云第一。

**深入緣起，斷諸邪見，有無二邊，無復餘習；**

得甚深智慧，照徹諸法源底，不自生，不他生，不共生，不無因生；親見無生之理，然後方知諸法從緣而起；眞常流注，發業潤生，互爲因緣，則起生死法；禪定智慧，寂寂惺惺，互爲因緣，則起佛道法；了達緣起，則不起自、他、共生等邪見，生滅、斷常等二邊，如是中中流入，無量刼來餘習不除而除，則無餘習義也。

**演法無畏，猶師子吼；其所講說，乃如雷震；**

深達實相義理，故於衆中演說法相，無所恐畏，猶如師子嘯吼，百獸潛伏；菩薩應機授法，未種者令種，已種者令增長，已長者令成熟，若春雷一發，能驚蟄而發萌；此正歎說法德也。

## 無有量，已過量；

肇師云：「既得法身，入無為境；心不可以智求，形不可以像取；故曰無量。六住已下，名有量也。」然法身無形無相，非大非小，超過象數以外，故云無有量、已過量。

## 集衆法寶，如海導師；

善知諸法實相，如下文云：「一切菩薩法式皆知，諸佛秘藏無不得入。」故云集衆法寶；能引導衆生，入於佛法大海，隨其所樂而取之，似商人入海引導之師也。

## 了達諸法深妙之義；

一切諸法，若權若實、若頓若漸、若大若小，如來施設甚深微妙之義，悉皆通達。

善知衆生，往來所趣，及心所行；

趣者趨向也；謂衆生隨業趨向六道往來受生，故云所趣；心行善惡諸業，無不知之。又往來諸趣是業果，及心所行是業因；卽善知六道衆生之因緣果報也。

近無等等佛自在慧、十力、無畏、十八不共；

自在慧者，卽諸佛平等大慧；九界無與等者，故云無等等佛自在慧。十力、四無所畏、十八不共法，下文廣釋。以上諸法，唯佛獨有；此諸大士，位鄰極果，所以云近。

關閉一切諸惡趣門，而生五道以現其身；

惡趣有別、有總；別則三塗爲惡趣，以十不善道惡業因緣所感果故；總則六道皆名惡趣，以生死輪廻受報好醜不休息故。五道者，楞嚴經云：「有四種修羅謂天人鬼畜。以修羅散在四趣。故言五道。」菩薩煩惱斷盡，故惡趣門關；慈悲具足，故五道身現。又雖現身五道。而煩惱不起，是則生卽無生；雖閉諸惡趣，而隨感現身，是則無生而生也。

為大醫王，善療衆病，應病與藥，令得服行；

以法藥而醫衆生心病，故曰醫王；觀機逗教，故曰應病與藥；令得服行者；即聞法斷結也。

無量功德皆成就，無量淨土皆嚴淨；其見聞者，無不蒙益；諸有所作，亦不唐捐；如是一切功德皆悉具足。

功足萬行，心具萬德，此自行備也；隨其好樂，莊嚴佛土，此化他備也。見其相好，聞其名稱，悉皆敬信；以敬信故，其解行證相隨來也，故云無不蒙益。從理發智，以智照事，舉止安措，無不咸宜，故曰諸有所作，亦不唐捐；唐捐者虛棄也。如是功德者，結上所嘆也；皆悉具足者，顯廣也；以菩薩功德無量無邊，故云皆悉具足；歎衆德行竟。〔己〕三、列諸弘名：

其名曰等觀菩薩、不等觀菩薩、等不等觀菩薩、定自在王菩薩、法自在王菩薩、法相菩薩、光相菩薩、光嚴菩薩、大嚴菩薩、寶積菩薩、辯積菩薩、寶手菩薩、寶印手菩薩、常舉手菩薩、常下手菩薩、常慘菩薩、喜根菩薩、喜王菩薩、辯音菩薩、虛空藏菩薩、執寶炬菩薩、寶勇菩薩、寶見菩薩、帝網菩薩、明網菩薩、無緣觀菩薩、慧積菩薩、寶勝菩薩、天王菩薩、壞魔菩薩、電德菩薩、自在王菩薩、功德相嚴菩薩、師子吼菩薩、雷音菩薩、山相擊音菩薩、香象菩薩、白香象菩薩、常精進菩薩、不休息菩薩、妙生菩薩、華嚴菩薩、觀世音菩薩、得大勢菩薩、梵網菩薩、寶杖菩薩、無勝菩薩、嚴土菩薩、金髻菩薩、珠髻菩薩、彌勒菩薩、文殊師利法王子菩薩。

此上列諸弘名也；若但歎德，不出其名，未免虛泛，不知何人之德，是故略出五十二菩薩名；其中彌勒翻（慈氏）、文殊師利翻（妙吉祥），餘者如文解義，各有所取焉。〔己〕四、結成大數：

**如是等三萬二千人**

如是者，指法之辭也；前指五十二人，後指等同三萬二千，菩薩衆竟。〔戊〕三、天龍八部衆：

**復有萬梵天王尸棄等，從餘四天下來詣佛所，而爲聽法；復有萬二千天帝，亦從餘四天下來在會坐；幷餘大威力諸天、龍神、夜叉、乾闥婆、阿修羅、迦樓羅、緊那羅、摩睺羅伽等，悉來會坐；**

梵天王乃色界初禪之王，此總稱也；尸棄，翻頂髻，亦云螺髻，此王之別名也；等同一切，從餘四天下來者，天衆既多，故非一世界者。天帝卽欲界忉利天王也；此云三十三，卽地居天，居須彌頂，四方各統八天，加自主之善見城，共三十三也。並餘大威力諸天者，下並四王，上並梵釋餘天也。龍卽諸龍，神受善惡雜報，似人天而非人天者也。夜叉，翻輕捷，有地行、空行、天行之別。乾闥婆，翻尋香，帝釋天樂神也；天欲作樂，卽便燒香，彼聞香便往，故曰尋香。阿修羅翻無酒，以採天下花果，入於大海釀酒，魚龍業力使酒不成，卽誓不飮酒；亦云無救，以瞋心起時，無能救者；又云無端正，以女美男醜故。緊那羅，此翻人非人，似人而頭生一角，亦天帝伎樂神也。摩睺羅伽，此翻大腹行，卽蟒神也。天龍八部衆竟。〔戊〕四、四衆弟子衆：

**諸比丘、比丘尼、優婆塞、優婆夷、俱來會坐。**

比丘含三義，如前所釋；尼者，卽印度女之通稱也；優婆塞，此云近事男；優婆夷，此云近事女；謂親近承事諸佛法故。結上衆成就竟。〇總結上文六種證信序竟。

〔乙〕二、主伴發起序二：〔丙〕初、主發起：

**彼時佛與無量百千大衆，恭敬圍繞，而爲說法，譬如須彌山王，顯於大海，安處衆寶師子之座，蔽於一切諸來大衆。**

佛與大衆圍繞說法者，以權小之機只見娑婆教主之穢土，不見淨土；不知穢土乃衆生穢業所感，非佛土有穢也！今欲說淨土之因，現淨土之相，非細事也，是故集衆說法，以為此經之弄引也。如法華欲說大事因緣，先說無量義經之意同耳！須彌翻妙高，山頂乃帝釋所居；肇師云：「出大海水高三百三十六萬里。」如來處於大衆之中，色相威德蓋覆一切，如須彌之高聳，迥出世間一切諸山，故云蔽於一切諸來大衆。主發起竟。〔丙〕二、伴發起四：〔丁〕（一）獻蓋發起〔丁〕（二）合蓋現土〔丁〕（三）衆喜敬仰〔丁〕（四）偈讚難思。〔丁〕今初：

爾時毗耶離城有長者子，名曰寶積；與五百長者子，俱持七寶蓋，來詣佛所，頭面禮足各以其蓋共供養佛；

寶積者，以從曠劫以來，勤求諸佛法寶，蓄積以為利生之具，故名寶積；此亦法身大士淨名同類之流，今位居長者之子，表顯菩薩因位，非佛果究竟者也。與五百長者子者，皆是同類之流，以表住行回向十地等覺五位因人，各具十十也；俱持寶蓋供佛者，所表將以因行蓋覆果海；如楞嚴云：「慈蔭妙雲覆涅槃海」義也。〔丁〕二、合蓋現土：

佛之威神，令諸寶蓋合成一蓋，遍覆三千大千世界，而此世界廣長之相悉於中現；又此三千大千世界諸須彌山、雪山、目眞隣陀山、摩訶目眞隣陀山、香山、寶山、金山、（金陵流通本無寶山金山此據智者疏及僧肇註本）黑山、鐵圍山、大鐵圍山，大海江河、川流泉源，及日月星辰，天宮龍宮，諸尊神宮，悉現於寶蓋中；又十方諸佛諸佛說法，亦現於寶蓋中。

佛之威神合蓋現土者；以寶積等獻蓋，表始終二教菩薩之五位因行，次第漸法，與佛果淨土相去尚遠，故不能現；必以頓圓因行，方可尅佛淨土之果，故以神力合諸蓋爲一蓋也。於中所現大千諸境者，以表頓圓之法，一多大小，無礙融通也。十山須彌居首；目眞鄰陀山，翻石山；摩訶目眞鄰陀山，卽大石山也；餘皆如文。又現十方諸佛於中說法者，以表頓圓因行之蓋，普覆法界，十方佛果說法利生，皆不出此也；由此合蓋現土現佛說法，故起寶積淨土之問也。合蓋現土竟。〔丁〕三、衆喜敬仰：

爾時一切大衆，覩佛神力，歎未曾有！合掌禮佛，瞻仰

**尊顏，目不暫捨。**

什公云：「信樂發中，相現於外。」以見不思議之境，自然生恭敬難得之心。㈥丁㈣四、偈讚難思：

**於是長者子寶積，即於佛前，以偈頌曰：**

此經家敍文也，若無此文連綴，則上下不貫，故有此文；乃敍恭敬供養之極也。前大衆合掌禮佛，瞻仰不捨，總顯大衆三業供養也；今別顯寶積三業供養也。又現蓋是財供養，今偈讚乃法供養也。

**目淨修廣如青蓮，心淨已度諸禪定，久積淨業稱無量，導衆以寂故稽首；**

此讚色心業勝也；目爲色相之首，故讚目以該諸相；印度有靑蓮華，修而且廣，黑白分明，佛眼如之，故假此華以讚也。諸禪定者，有世間禪四禪八定等，有出世間禪，及出世間上上禪等；以諸禪定皆爲對治散亂而設，如來證得自性清淨心，無須諸禪，故云心淨已度諸禪定。淨土乃淨業所造，今見蓋中所現無量淨土，則知如來久積無量淨業也。然衆生本有寂光，不能證得；佛能引導衆生歸於寂光，是故稽首敬禮也。

**既見大聖以神變，普現十方無量土，其中諸佛演說法，於是一切悉見聞；**

此讚神變難思議也；普現十方無量佛土，是現色相不可思議；大衆悉聞諸佛說法，是現音聲不可思議；此釋成上色心業勝也。

**法王法力超羣生，常以法財施一切，能善分別諸法相，於第一義而不動，已於諸法得自在，是故稽首此法王；**

於法自在，故稱法王；以諸三昧，離二障、斷二死，故言法力；非九界之所能及，無能匹者；故曰超群生。世間之財，能資色身；如來功德法財，不但資養色身，亦能資養法身，自利已滿，以法利生，故曰常以法財施一切。分別法相者，善用權法也。第一義不動者，常住實相也。卽權之實，故分別法相而不動第一義；卽實之權，故不動第一義而分別諸法；於權實二法互相爲用，卽是於法自在，故曰法王。由是稽首禮敬也。

說法不有亦不無，以因緣故諸法生；無我無造無受者，善惡之業亦不亡。

此以中道讚也。諸法自性本非有無，言有則墮常見，言無則墮斷見；不有不無，則非斷常；非斷常故，則無生滅；無生滅故，則法不可說；以有勝善因緣，則亦可說；故云以因緣故諸法生。以諸法從緣生故，則無自性；無自性故，則無有我；既無有我，則無能造善惡諸業者，亦無能受苦樂諸報者；雖然如是，諸法既從因緣生，業報亦從因緣起，如影隨形，如響隨聲，故云善惡之業亦不亡。

始在佛樹力降魔，得甘露滅覺道成；已無心意無受行。而悉摧伏諸外道。

此嘆降魔、成道二相也。佛樹卽菩提樹，如來在此樹下入金剛三昧，其力最猛，斷最後生相無明，成等正覺；五住煩惱斷盡，則降內魔；得一切三昧，則降外魔；甘露爲解脫道，滅除一切煩惱，故云得甘露滅覺道成。無心意識，無苦樂受，如斯正法出世，外道自然潛蹤，故云摧伏諸外道。

三轉法輪於大千，其輪本來常清淨；天人得道此爲證，三寶於是現世間。

前歎佛寶，此歎法僧二寶也。佛初成道，於鹿野園中，爲五比丘三轉四諦法輪；初示相轉，謂此是苦，逼迫性；此是集，招感性；此是滅，可證性；此是道，可修性。二勸修轉，謂此是苦，汝應知；此是集，汝應斷，此是滅，汝應證，此是道，汝應修。三作證轉，謂此是苦，我已知，此是集，我已斷；此是滅，我已證；此是道，我已修。初爲五比丘說，然後遍滿大千。又一處轉，則大千一時同轉故。其輪清淨者，佛法輪寶有摧輾惑業之功，入彼人心，能壞煩惱，故云清淨。五人得道，即是僧寶；爾時八萬諸天得法眼淨，故云天人得道此爲證。世尊爲佛寶，四諦爲法寶，五比丘及諸天皆爲僧寶，故云三寶於是現世間。

**以斯妙法濟羣生，一受不退常寂然；度老病死大醫王，當禮法海德無邊。**

此歎法妙利益也。外道之法，縱得微益，終歸退轉；如來以四諦法，普濟群生，度生死海，登涅槃山，故云不退常寂然。四大之疾，擾亂色身；生老病死，擾亂法身；能度生死，故爲出世之大醫王。教法如海之深廣，德行無有邊涯，其誰不當敬禮。

**毀譽不動如須彌，於善不善等以慈，心行平等如虛空；孰聞人寶不敬承。**

此歎究竟平等也。以佛身者卽法身也，法身毀之不損，譽之不增；毀之不滅其寂，譽之不加其光，毀譽皆不能到，故云不動如須彌；此歎佛自證之法身也。如來明見衆生法性無二，對於善者，以慈心攝受；對於不善，以慈心折伏；用法雖殊，慈心一也。心行平等如虛空者，釋成毀譽不動善惡等慈也。意謂如來心證平等理，所行平等行；故得毀譽不動，善惡等慈；平等者何？若虛空然。具如是德，出現於世，爲人中寶，其孰聞之，而不敬禮欽承耶？

今奉世尊此微蓋，於中現我三千界，諸天龍神所居宮，乾闥婆等及夜叉，悉見世間諸所有，十力哀現是化變；衆覩希有皆歎佛，今我稽首三界尊。

此歎神力也，以所獻微小之蓋，能現世間所有之大；所施者微，所得者廣；所奉者世財，所得者出世法財；自非十力哀愍，安能現是妙境？故云哀現是化變。十力卽佛之別稱耳！以具足是處非處等十力故。衆覩希有下，意謂不獨我今讚歎於佛，大衆覩斯希奇神變，悉皆讚歎於佛也！今我稽首三界尊者，收歸自己恭敬意也。

大聖法王衆所歸，淨心觀佛靡不欣；各見世尊在其前，斯則神力不共法。

此讚法身普應，身業不思議也。如來爲法會大衆之所歸敬，無不欣仰，一心不亂欲見於佛也，各見世尊在其前者，此是華嚴不思議境界同時具足相應門，不與二乘權教菩薩相共者也。

**佛以一音演説法，衆生隨類各得解，皆謂世尊同其語，斯則神力不共法。**

此讚圓音普應，口業不思議也。既入法會，皆樂聞法；然各有行願不同，其所樂欲各別；一音異解，各得滿願，此即華嚴諸法相即自在門，豈與二乘權教菩薩相共哉！

**佛以一音演説法，衆生各各隨所解，普得受行獲其利，斯則神力不共法。**

此讚意業不思議也。各各隨所解者，各以所行之道而解佛一音之法也；以如來證得圓滿不二之理，圓音一唱，殊途同歸；雖所行各別，而得益一致也；此即華嚴託事顯法生解門，豈二乘權教菩薩所能共哉！

**佛以一音演説法，或有恐畏或歡喜，或生厭離或斷疑，斯則神力不共法。**

此亦讀意業不思議也。以如來證得涅槃妙心，實相無相；其所說法音，皆從中中流出，義味無窮。臨濟大師云：「大凡演唱宗乘，一句中須具三玄門，一玄中須具三要，此乃祖師會佛心宗者也。」此云一音演說，有恐畏、歡喜、厭離、斷疑之不同者，行願見解各別故也；恐畏等者，一圓音教，或作事解，而恐畏其苦；或作理解，而恐畏其玄妙難入；或作事解，而歡喜得樂；或作理解，而歡喜悟入；或作淺解，而厭離我執；或作深解，而厭離法執；或聞法音而不疑於人；或由一音見諦理而不疑於法；雖則得益各殊，實由一音不思議之法。此即華嚴微細相容安立門，故與二乘權教菩薩不共耳！

**稽首十力大精進，稽首已得無所畏，稽首住於不共法；**

此頌修敬儀也；謂禮拜將頭至地，稽留少刻，故曰稽首。十力即佛果十力；謂是處非處智力，知一切衆生因緣果報；業智力，知諸衆生所有諸業；定智力，知一切諸禪三昧；根智力，諸衆生諸根上下；欲智力，知他衆生種種欲樂；界智力，知世間衆生種種界分；至處智力，知一切道至處相；宿命智力，知一世乃至百千萬世，姓名苦樂壽夭等；天眼智力，見衆生生時死時善道惡道等；漏盡智力，自知我生已盡不受後有；具此十力，故稱大精進。已得無所畏者，即四無所畏也；謂總持無畏，聞一切法常能受持，憶念不忘；知根無畏，知諸衆生差別根性，說法應機；決疑無畏，凡有疑惑，悉能剖決，令得開解；答報無畏，凡有問難，悉能答報，不爲彼屈。又一切智無畏，謂於一切法盡知盡見；漏盡無畏，謂佛五住究盡，二死永亡；說障道無畏，謂於障道之法能知能說；說苦盡道無畏，謂於盡苦之道能知能說；得此二種四法，故於衆中說法無畏。住於不共法，卽十八不共法也；謂身口意三業無失，無不定心，無異想心，無不知己捨心；欲無減，念無減，精進無減，智慧無減，解脫無減，解脫知見無減；身口意三業隨智慧行，知過去無碍，知現在無碍，知未來無礙。十力四無所畏十八不共法，惟佛獨有，故一一稱德而敬禮也。

**稽首一切大導師，稽首能斷衆結縛，稽首已到於彼岸，稽首能度諸世間，稽首永離生死道。**

引導衆生出生死苦海，故名大導師。結卽結使；五蓋十纏一切煩惱等，皆名結使；以能綁縛覺性，使用法身，能使法身不得自由；如來大力能斷，故當敬禮。生死苦海爲此岸，證大涅槃爲彼岸，如來證大涅槃，故云已到於彼岸。常在四生六道輪廻，過現未來爲世間；六道衆生爲情世間；山河大地爲器世間；如來已出三界，故云能度諸世間。如來二死永亡，故云永離生死道。

**悉知衆生去來相，善於諸法得解脫。不著世間如蓮華，常善入於空寂行，達諸法相無罣礙。**

此讚如來具足諸智也。以一切種智，而知一切衆生隨業受報，輪廻六趣，無不明了；以道種智知，照見諸法實相，故於諸法無碍而得解脫；以一切智知，明見世間如幻如化，雖處世間而不著於世間，如蓮華之處污泥，不為塵垢所染；那伽常在定，非如二乘去動入定，故云善入；通達諸法源底，故能圓融諸法而無罣碍。此皆一切智境，卽華嚴事事無礙法界也。

**稽首如空無所依。**

此卽總讚法身德也。華嚴云：「法身徧滿於法界，一切衆生及國土，三世悉在無有餘，亦無形相而可得。」卽如空無所依義，此偈讚竟。○總結上文序分至此已竟。

〔甲〕二正宗分，從此起，至見阿閦佛國品終，大分二科：〔乙〕（一）佛國半品略說淨佛國土因果，（二）從方便品下十一品廣說淨佛國土因果。〔乙〕初、中分：〔丙〕（一）問淨土因果（二）答淨土因果。〔丙〕今初：

**爾時長者子寶積，說此偈已；白佛言：「世尊，是五百長者子，皆已發阿耨多羅三藐三菩提心，願聞得佛國土**

**清淨，唯願世尊說諸菩薩淨土之行。**

阿耨多羅，華言無上；三藐三菩提，華言正等正覺，又翻正徧知覺，卽成佛之心，別無有過上此心者。既發成佛之心，必行成佛之因行，方能證於佛果；因行者何？淨佛國土成就衆生而已！故初請問願聞得佛國清淨，唯願說諸菩薩淨土之行者，以便當來得莊嚴淨土報果也。〔丙〕二答淨土因果分三：〔丁〕（一）讚問許說（二）受敎諦聽（三）正說因果。〔丁〕今初：

**佛言：「善哉！寶積，乃能爲諸菩薩問於如來淨土之行，諦聽！諦聽！善思念之！當爲汝說。**

如來讚美寶積善問者：一者深洽如來合蓋現土之意，二者爲諸菩薩開發起敎之端。諦聽諦聽下，讚其誠敬重法故也。〔丁〕二、受敎諦聽：

**於是寶積及五百長者子，受敎而聽。**

義如本文。〔丁〕三、正說因果分三：〔戊〕（一）正說淨土因行，（二）示現淨土果報，（三）時衆聞品得益。〔戊〕初、中分三：〔己〕（一）如來說諸淨因，（二）身子疑穢不淨，（三）一土見有淨穢。〔己〕初、中二：〔庚〕（一）標，（二）釋。〔庚〕今初：

**佛言：「寶積，衆生之類是菩薩佛土；**

此總答淨行之問也。夫一切佛土皆從常寂光中流出，寂光非淨非穢，隨諸衆生業力現淨現穢，非是如來國土有淨有穢；以諸衆生作業不同，如來所應佛土各異；故首言衆生之類是菩薩佛土。意在就各類衆生現各種佛土以度脫之耳！〔庚〕二、釋中二：〔辛〕（一）略釋（二）廣釋。〔辛〕今初：

**所以者何？菩薩隨所化衆生而取佛土，隨所調伏衆生而取佛土，隨諸衆生應以何國入佛智慧而取佛土，隨諸衆生應以何國起菩薩根而取佛土；**

此略釋衆生之類，是菩薩佛土義也。衆生爲正報，國土乃依報；依隨正轉，如世間人隨其貧富造立舍宅不同；菩薩亦然，隨所化衆生之心行業力，而取佛土各別。隨所調伏而取佛土者謂剛强衆生，取穢土苦境以制伏之；懦弱衆生，取淨土樂境以起發之；若穢若淨，皆爲調伏衆生悉還本有之寂光耳！何國入佛智慧而取佛土者，智能照境，慧能了境，照了諸境皆空，寂光自證；衆生之類，根性不同，或有見苦生厭離而得智慧者，菩薩卽取穢土；或有見樂生仰慕者，菩薩卽取淨土；淨穢皆隨衆生機宜，非寂光有淨穢也。何國起菩薩根而取佛土者，佛之寂光，衆生本具，由妄惑隔而不見，今欲除惑證寂，非發菩提心行菩薩道而不可，或有見苦而發起度脫一切衆生心者，菩薩則取穢土；或有見樂而發心，欲令一切衆生咸得此樂者，菩薩則取淨土；土無定相，皆是隨他所取引入寂光耳！

**所以者何？菩薩取於淨國，皆爲饒益諸衆生故。譬如有人，欲於空地，造立宮室，隨意無礙，若於虛空，終不能成！菩薩如是，爲成就衆生故，願取佛國，願取佛國者，非於空也。**

此結略釋衆生之類是菩薩佛土也。於中有法、喻、合：取於淨國，皆爲饒益衆生，此法說也；意謂菩薩取諸佛土，皆爲利生，非自受用也。空地造室，此喻說也；空地喻衆生之類，虛空喻寂光。如是下合法也；菩薩取佛土皆爲成就衆生，即喻中空地造室隨意無礙，此以法合喻也；願取佛國，非於虛空，即於喻合法也。意呵二乘隳身泯智，雖少分證於寂光，不起一念度生之心，故不能淨佛土；不取佛土，則不能利生，若非利生，而於寂光淨土終不得圓滿，雖少分證於寂光，即非寂光也。略釋竟。〔辛〕二、廣釋。分二：〔壬〕（一）以淨因感淨果釋（二）以心淨佛土淨釋。〔壬〕今初：

寶積當知：直心是菩薩淨土，菩薩成佛時，不諂衆生來生其國；

上釋隨衆生而取佛土，此下釋隨因行而招感一類衆生，亦是釋衆生之類是菩薩佛土義也。心體本非邪曲，由無始習氣，能令此心邪曲；若得三昧，則心行相應，方能端直。此言直心者心是行之體，行是心之相；心如是而行亦如是，不偏不倚，不傍不曲，中中流入，故云直心。禪宗云：「驀直去。」卽此意也；因中以直心爲行，果中則感一類無諂曲者來生也，主伴直心，則佛土淨矣！

深心是菩薩淨土，菩薩成佛時，具足功德衆生來生其國；

豎徹法源之底，窮究心體之源，故名深心。一切功德，由斯心而建立；此心一立，一切功德，皆悉具足；菩薩具此因行，成佛果時，感斯一類衆生來生其國也。

菩提心是菩薩淨土，菩薩成佛時，大乘衆生來生其國；

大乘者揀小爲義，謂發大願，起大信，得大解，行大行，證大果；因中以此爲修，果中則感同氣類者來生。

布施是菩薩淨土，菩薩成佛時，一切能捨衆生來生其國；

此下六度也。布施者，有外施、內施、內外施、財施、法施、無畏施。捨國城錢財等，卽是外施；捨頭目手足等，卽是內施；捨妻子眷屬等，乃內外施；四事供養，卽是財施；以法利生，卽是法施；能救苦難，乃無畏施也。因中作如是施，果中感如是眷屬來生也。

**持戒是菩薩淨土，菩薩成佛時，行十善道滿願衆生來生其國；**

戒分三聚，謂攝善法、攝律儀、饒益有情，三聚兼攝四弘，故感行十善道滿願衆生來生也。

**忍辱是菩薩淨土，菩薩成佛時，三十二相莊嚴衆生來生其國；**

忍謂打罵拂情之境，逆來順受，卽柔順忍；衆苦逼迫，身心不安，悉能忍受，卽是生忍；若聞諸法，甚深無量，寬廣無涯，不驚不怖，卽是法忍；親見無生之理，能忍可常住無生，卽無生法忍也。菩薩常住忍辱之地，不但自感百福之相以爲莊嚴，卽來生國土衆生，悉皆具足三十二大人相也。

精進是菩薩淨土，菩薩成佛時，勤修一切功德衆生來生其國；

於佛法中，純一無雜，不放逸不懈怠之謂精進。菩薩聞說經無量阿僧祇刧，然後乃成佛道；不起一念畏難怯弱退縮之心，但依如來教法，勇猛行持，一念頓超無量億刧，如是則德無不備，故成佛時，同一氣類衆生來生也。

禪定是菩薩淨土，菩薩成佛時，攝心不亂衆生來生其國；

禪定乃華梵兼擧也，禪是梵語，華言思惟修，亦翻靜慮；定是華言。執心不起故，以能思惟之心，思於不起之境，卽動上不動；靜卽是定，靜中有慮，卽不動中動；鎔通二法，以爲一體，卽寂照同時義也；菩薩以此修因，果中故感攝心不亂衆生，來生其國也。

智慧是菩薩淨土，菩薩成佛時，正定衆生來生其國；

智能照惑，慧能破惑，菩薩以正智慧照破三惑，則如如本體，現量分明；以此修因，果中故感正定聚衆生來生其國。以上六度竟。

四無量心是菩薩淨土，菩薩成佛時，成就慈悲喜捨衆生

**來生其國；**

明見十法界佛性悉皆無二，但六凡迷悶而弗覺；菩薩運無緣之慈，方便說法，欲令法界衆生皆成佛果，卽慈無量也。明知法性悉皆同體，本無生滅；而衆生背覺合塵，起惑造業，受生死苦；菩薩垂同體之悲，方便接引，欲使法界衆生皆出沉淪，卽悲無量也。明了法性，本無憂喜；而諸衆生沉迷不返，乃至恒沙界外有一衆生發菩提心，菩薩則大歡喜，卽喜無量也。明曉法性，不受一塵，本無慳施，而諸衆生執迷不醒；菩薩於一切功德法財，悉皆廻向一切衆生，令得受用，卽捨無量也。菩薩修如是因，果中故感同類衆生來生也。

**四攝法是菩薩淨土，菩薩成佛時，解脫所攝衆生來生其國；**

四攝法者：一、布施攝法，隨其好樂，財法二施，令其霑惠，因是親近，受道悟理。二、愛語攝法，隨其根性，善言慰諭，令聞善言，因是依附，受道悟理。三、利行攝法，起身口意諸善行事，利益一切，因是親愛，受道悟理。四、同事攝法，觀其根性，方便現形，同其事業，因生親愛，受道悟理。以此修因，果中則感證解脫理，亦以四法所攝衆生來生其國也。

方便是菩薩淨土，菩薩成佛時，於一切法方便無礙衆生來生其國；

方便乃實相之門，實相是方便之宅；若無方便，則實相難入，卽爲障礙。因行方便，果中來生衆生於諸法無礙，卽諸法實相也。

三十七道品是菩薩淨土，菩薩成佛時，念處正勤神足根力覺道衆生來生其國；

念處有四：謂觀身不淨、觀受是苦、觀心無常、觀法無我。正勤亦四：謂斷已生惡，如除毒蛇；斷未生惡，如預堤防；增已生善，如溉花果；起未生善，如鑽木火。神足亦四：謂希向慕樂，卽欲神足；一心正住，卽念神足；精進無間，卽進神足；心不馳散，卽慧神足；四法能發神通，故名神足。根卽五根，力卽五力；謂信根信力增長，能破疑障；進根進力增長，能破懈怠；念根念力增長，能破昏忘；定根定力增長，能破散亂；慧根慧力增長，能破愚迷。覺卽七覺支，謂念擇進喜輕安定捨。道卽八正道，謂正見正思惟正語正業正精進正定正念正命。行此三十七法，故感同行衆生來生也。

迴向心是菩薩淨土，菩薩成佛時，得一切具足功德國土；

廻卽回轉，向卽趣向；謂廻因向果，廻事向理，廻一切衆善趣向一心。華嚴經中菩薩所修一切功德三處廻向，廻向眞如實際，是其所證故；廻向無上菩提，是其所求故；廻向一切衆生，是其所度故。然此善行功德之體性，取之不得，捨之不離；菩薩雖作如是廻向，彼之善行功德，不但不減，亦且增益；故云得一切具足功德國土。

**說除八難是菩薩淨土，菩薩成佛時，國土無有三惡八難；**

八難者：一地獄。二餓鬼。三畜生。四北鬱單越。五長壽天。六盲聾瘖瘂。七世智辯聰。八佛前佛後。此之八處，障礙叵多，雖受報不同，苦樂有異，而皆不得見佛；六七二類，縱然見佛。難聞正法；故名爲難。菩薩說除八難，卽是信佛樂法之心慇，終不招感八難之果，故成佛時。國無三惡八難。

**自守戒行，不譏彼闕，是菩薩淨土，菩薩成佛時，國土無有犯禁之名；**

戒乃諸佛所制之法律也，卽佛之範圍，有此範圍，能令佛法久住；若不守戒律，則破壞範圍，佛法不能久住；是故菩薩精嚴戒律，皎若冰霜。不譏彼闕者，含養彼之善惡心，使其自生慚愧發露懺悔也；若譏其短，則羞惡心破，永不能返，長劫沉淪，即譏者之過耳！菩薩自守不譏，即得自他二利，故成佛時不聞犯禁之名。已上三段，雖無衆生來生之文，其來生之義，亦在其中，以國淨即衆生淨故。

十善是菩薩淨土，菩薩成佛時，命中不夭、大富梵行、所言誠諦、常以輭語、眷屬不離、善和諍訟、言必饒益、不嫉、不恚、正見衆生，來生其國；

不行十惡，即是十善。不殺生故，報得命不中夭；不偷盜故，報得大富；不淫欲故，報得梵行；不妄語故，報得所言誠諦；不惡口故，報得常以輭語；不兩舌故，報得眷屬不離善和鬥訟；不綺語故，報得言必饒益；意無貪愛故，報得不嫉他榮；意無瞋恨故，報得不恚他短；意無愚癡故，報得正見。因果一氣，故感如是衆生來生也。從於直心至十善道，皆是隨其淨因感招淨果，淨果者何？即淨衆生來生其國，故佛土清淨耳！初以淨因感淨果釋竟。〔壬〕二、以心淨佛土淨釋：

如是寶積，菩薩隨其直心，則能發行；隨其發行，則得深心；隨其深心，則意調伏；隨其調伏，則如說行；隨如說行，則能迴向；隨其迴向，則有方便；隨其方便，

**則成就衆生；隨成就衆生，則佛土淨；**

此以心淨則佛土淨，釋成衆生之類，是菩薩佛土也。衆生是正報，國土是依報；正報心淨，則依報隨淨。菩薩欲淨衆生之心，必須設敎；欲設敎法，先當自直其心；心爲萬法之本，楞嚴云：「心言直故，如是乃至終始地位，中間永無諸委曲相。」直心者何？即識心達本也，此之心體，非色非空，信此心體能生萬法，故能發行萬行，萬行不違此心；由發行故，不怯於法，則得甚深之理，故曰深心；由深心故，即理契如如，事無猝暴，則意調伏；由意調故，即所言如行，所行如言，則如說行；由如說行，即所行功德不自貪著，則能廻向；由廻向故，即不住於法，而能巧善，則有方便；由方便故，無自他相，觀機逗敎，則成就衆生；由成就衆生，即衆生清淨，以正報淨依報亦淨，是故佛土淨也。

**隨佛土淨，則說法淨；隨說法淨，則智慧淨；隨智慧淨，則其心淨；隨其心淨，則一切功德淨；**

既居淨土，即無穢濁，無須復說穢法，只說淨法，故說法淨；既說淨法則所照者皆是淨境，而能照之智亦皆清淨；智慧既淨，則心無穢濁以爲諸緣，則心清淨；心清淨故，則淨法滿足，故一切功德皆清淨也。

**是故寶積，若菩薩欲得淨土，當淨其心；隨其心淨，則佛土淨。」**

此結歸心淨佛土淨也。華嚴云：「應觀法界性，一切唯心造。」故誡菩薩，欲得淨土，當淨其心。肇師云：「淨土蓋是心之影響耳！夫欲響順必和其聲，欲影端必正其形，此報應之定理也。」

此上一大段文，皆答寶積初問菩薩淨土之行也；結上文廣釋竟，總結上文如來說諸淨因竟。〔己〕二、身子疑穢不淨分三：〔庚〕（一）疑念佛土不淨（二）舉喻以決疑情（三）結歸心穢不見。今初：

**爾時舍利弗承佛威神，作是念：若菩薩心淨則佛土淨者，我世尊本爲菩薩時意豈不淨。而是佛土不淨若此？**

舍利弗，譯音，此翻鶖子，以其母眼靈利猶如鶖鳥，故名鶖鷺，連母得名，故云鶖子；又翻身子，其母身形端正，故名身子；爲聲聞弟子之上首，智慧第一者也。承佛威神者，淨佛國土。成就衆生，非彼二乘之事，安能念及佛土淨穢？又二乘人自謂所作已辦，本無所事，何心顧及佛土淨穢？此經佛說淨土，意在二乘動執，故以威神加被，令生疑念，以爲發言之端。疑念意云：若心淨則土淨者；此土不淨，或是如來爲菩薩時心不淨耶？心若不淨，焉能成佛？心若清淨，何感穢土？是則因果不能相應，雖不敢疑於佛，不得不疑所說菩薩心淨土淨之法！疑念佛土不淨竟。〔庚〕二、擧喩以決疑情：

佛知其念，即告之言：「於意云何？日月豈不淨耶！而盲者不見。」

佛以他心智知，擧喩以告之；日月宮殿，衆寶所成，淨極發光，普照一切，無眼人不能見；意謂如來淨土，淨業所成，淸淨莊嚴，染心人不能見也。

對曰：「不也。世尊，是盲者過，非日月咎。」

不見光明，乃盲者無眼光之過，非日月不照臨也。舍利弗以理而答，於喩則明，於法猶昧也。

「舍利弗，衆生罪故，不見如來佛土嚴淨，非如來咎；

此以法合喩也。衆生罪故，即心穢惡，故不能見佛國嚴淨；非是如來爲菩薩時其心不淨乃感穢土，故云非如來咎。〔庚〕三、結歸心穢不見：

舍利弗，我此土淨，而汝不見。」

此土者，指娑婆國土也。身子向疑娑婆不淨；如來即娑婆以明淨土者，以四土本非橫豎，徧滿法界，無礙鎔融，如幻如化，穢者見之爲穢，淨者見之爲淨，故曰我此土淨，而汝不見；此卽成就心淨土淨也。結上文身子疑穢不淨竟。〔己〕三、一土見有淨穢分三：〔庚〕（一）梵王見淨（二）聲聞見穢（三）解釋淨穢。今初：

爾時螺髻梵王語舍利弗：「勿作是念，謂此佛土以爲不淨；所以者何？我見釋迦牟尼佛土清淨，譬如自在天宮。」

梵王卽初禪大梵天王也；以頭頂髮髻如螺，故云螺髻。夫自性寂光如鏡，佛土階降如影；心之差別如形，所見不同如照；梵天果報清淨，卽淨心所感，見釋迦牟尼佛土譬如自在天宮者，猶如淨形照鏡，故現淨影也。釋迦牟尼（譯音）此翻能仁寂默，自在天宮卽欲界頂他化自在天也。〔庚〕二、聲聞見穢：

舍利弗言：「我見此土丘陵坑坎，荊棘沙礫，土石諸山，穢惡充滿。」

聲聞果縛未盡，報得穢惡，乃穢心所感也；縱斷見思，無明未破，法身未顯，猶是穢心；見穢惡充滿者，如穢形照鏡，卽現穢影也。〔庚〕三、解釋淨穢：

螺髻梵王言：「仁者心有高下，不依佛慧，故見此土爲不淨耳！舍利弗，菩薩於一切衆生，悉皆平等，深心清淨，依佛智慧，則能見此佛土清淨。」

此釋成淨穢之所由來也。佛土卽境，以境由心成，則境隨心轉，何淨穢之定有？不依佛慧，卽依識不依智也，依識則分別叢生，卽心有高下，故見不淨；依佛智慧，卽依智不依識也，依智則明了法性，諸佛衆生平等無二，不起分別，則見清淨；是則釋成心淨土淨耳！結上文一土見有淨穢竟。總結上文正說淨土因行竟。〔戊〕二、示現淨土果報分三：〔己〕（一）現淨土以令見（二）釋現穢爲逗機（三）明淨穢皆由心，今初：

於是佛以足指按地，卽時三千大千世界，若干百千珍寶嚴飾，譬如寶莊嚴佛，無量功德寶莊嚴土；一切大衆歎未曾有！而皆自見坐寶蓮華。佛告舍利弗：「汝且觀是佛土嚴淨？」舍利弗言：「唯然世尊，本所不見，本所不聞，今佛國土嚴淨悉現。」

地表實際理地，足指表智；按地卽表以如如智，契如如理；此卽以威神之力，轉衆生罪心，以契如理；故現淨土莊嚴。楞嚴云：「如我按指，海印發光」卽此義也。

此是佛力冥資，令衆契理，使見淨土。如天台大師親見靈山法會，乃自契如如之理者，亦或愛法心殷，感佛冥加耳！卽今之念佛者，一心不亂，卽見極樂莊嚴，亦卽自契如如者也，抑或慕佛心誠感佛冥加耳！佛土本無定相，一一徧滿法界；豈有橫豎彼此之分？各見彼此者，隨心現耳！寶莊嚴土，淨土之最勝者。大衆見坐寶華者，既契如理，則淨妙五塵，受用自現。舍利弗言本未見聞者，聲聞著心未破，故不見聞；卽今所見，乃佛力冥加也。〔己〕二、釋現穢爲逗機：

佛告舍利弗：「我佛國土，常淨若此，爲欲度斯下劣人故，示是衆惡不淨土耳！

此釋現穢之所以也。於中有法、喻、合；如來煩惱斷盡，心清淨故，自得淨妙色相受用，故云常淨若此，衆生下劣，其心不淨；故現麤澀色相，令生厭離，以便度脫，故云示是衆惡不淨土耳！此法說也。〔己〕三、明淨穢皆由心：

譬如諸天，共寶器食，隨其福德，飯色有異；如是舍利弗，若人心淨，便見此土功德莊嚴。」

譬如下喻說也；諸天共一寶器中食，福德多者，飯色美妙不變；福德少者，將飯向口，卽便變色；色既如是，香味觸皆然；此喻佛土是一，隨其業力，所見不同。如是下合法也；若人心淨，便見此土功德莊嚴者，反顯心不淨則不見也。此上示現淨土果報竟。〔戊〕三、時衆聞品得益分二：〔己〕（一）利根得益（二）鈍根得益。今初：

**當佛現此國土嚴淨之時，寶積所將五百長者子，皆得無生法忍，八萬四千人皆發阿耨多羅三藐三菩提心。**

此現淨得益也。寶積所將五百，皆是久發心之利根；信佛淨土由淨心現，觀諸法不生是眞淨心，卽證無生理，堪受不退，是名得無生法忍；此得果益也。八萬四千乃初發心之利根，知斯淨土，由如來證得圓滿菩提神足所現，故發阿耨多羅三藐三菩提心，是得因益也。此二皆由現土得益。〔己〕二、鈍根得益：

**佛攝神足，於是世界，還復如故；求聲聞乘者三萬二千諸天及人，知有爲法，皆悉無常，遠塵離垢，得法眼淨；八千比丘，不受諸法，漏盡意解。**

此復淨得益也。既求聲聞乘，卽初發心之鈍根；所習之法，是無常觀；今見穢土變淨，淨土復穢，土是有爲法，淨穢皆是無常，皆是塵垢，具擇法眼，故云得法眼淨；卽須陀洹見道位也。八千比丘乃久發心之鈍根；見此淨穢遷變，皆是前境；於法不受，則無染著；心不取境，則無流漏，故得漏盡意解；乃阿羅漢無生位也。聞品得益竟。總結上文從爾時長者子起至此止略說淨佛國土因果已竟。

〔乙〕二自方便品下十一品廣說淨佛國土因果，大分四段：〔丙〕（一）方便品示疾呵身不淨讚佛身淨（二）弟子菩薩二品。彈訶小始終教讚歎頓圓（三）室內六品廣辯示現淨佛國土因果（四）菩薩行見阿閦佛二品示現淨佛國土力用因果。〇初、方便品。分二：〔丁〕（一）釋品（二）釋文。〔丁〕今初：

# 方便品第二

由眞實以設方便，卽方便以入眞實，故以方便稱此品名。時有維摩大士，乃是法身等覺之流；本居妙喜，跡現娑婆，助佛揚化；知時知機，早知釋迦欲垂淨佛國土之教，故現身有疾，因疾說法，呵身讚佛，欲令衆生捨穢身以取淨身，此小教義也；欲令衆生穢身之中見淨法身，此始教義也；欲令衆生能知色身卽法身，卽終教義也；欲令衆生能知非色身非法身，但身而已，此頓教義也；欲令衆生能知淨穢無二，色身卽法身法身卽色身，一身卽一切身，一切身卽一身，圓融無礙，此圓教義也。若能證得微妙圓融之身，自能現淨妙莊嚴之土；此土微妙難入，故垂方便，示疾說法，令聞入實，此卽由眞實以設方便，卽方便以入眞實意也，故曰方便品。〔丁〕

二、釋文分三：〔戊〕（一）經家序起（二）正爲說法（三）聞法得益。○初、中分四〔己〕（一）序其人名（二）序其德行（三）序其示疾（四）序其問疾。今初：

**爾時毗耶離大城中，有長者名維摩詰，**

首序其人名者，維摩詰乃助宣此經之主，即賓中主也，故首序之。稱爲長者，即有長人之德行，故下廣序。大城中者，住於中道第一義諦，十方機感，其教普應，故住大城之中；又表所宜中道了義之法，非偏邪權小法也。〔己〕二、序其德行分二：〔庚〕（一）序自行德（二）序益他德。今初：

**已曾供養無量諸佛，深植德本，得無生忍；辯才無礙，遊戲神通，逮諸總持；**

由信深故，供養無量佛；供佛多故，聞法亦多，故深植德本；德本深故，觀行亦深，故得無生忍；甚住無生，則禪定甚深，因定生慧，故辯才無礙；由定發通，故遊戲神通；由定不亂，故得總持。

**獲無所畏，降魔勞怨；入深法門，善於智度，通達方便，大願成就；**

獲無所畏者，卽得總持知根決疑答報無畏也。由無所畏，故得諸魔悉降；勞怨者，魔乃煩勞之儔，怨謗正法，故云勞怨。智度卽菩薩之母，方便卽菩薩之父，生育法身者也。善於通達，則法身不難圓滿矣！願如目，行如足；足欲行而先張其目，菩薩行道，必先發願；未證法身，其願不大；證法身已，親見法界無邊，衆生無量，佛道玄遠，敎海汪洋，卽捨先願，重發大願，若彌陀四十八願同等，卽大願成就義也。

明了衆生心之所趣，又能分別諸根利鈍；久於佛道，心已純淑，決定大乘；諸有所作，能善思量；住佛威儀，心大如海；

趣卽向也；明了心之所趣者，卽知念何事、思何事、修何事也。根之利鈍，由障之薄厚；能以權智隨其根性，巧逗機宜，故云又能分別諸根利鈍。見佛多，聞法廣，經刼長，故云久於佛道。心已純淑者，既已久被佛法潤澤，自然心無粗暴，能至純粹淑善也；心既純淑，則能見理分明，比對優劣，於大乘法決定無疑。諸有所作能善思量者，此大士智慧明了，凡所作業，先照後用，則無差失。身形有威可畏，有儀可仰；行住坐臥，皆行佛事；故云住佛威儀。心量甚深無底，寬廣無涯，故云心大如海。

諸佛咨嗟！弟子釋梵世主所敬！欲度人故，以善方便，居毗耶離；

上爲諸佛歎美其功：諸佛既歎，菩薩必讚。下爲弟子釋梵恭敬其德，釋梵天王爲世界主，主既恭敬，臣民必歸；此方機熟，欲度脫之，故垂方便，居毗耶離。〔庚〕

二、序益他德：

資財無量，攝諸貧民；奉戒清淨，攝諸毀禁；以忍調行，攝諸恚怒；以大精進，攝諸懈怠；一心禪寂，攝諸亂意；以決定慧，攝諸無智；

此即六度益他也。若以六事超勝，而以勢力伏人者，其所伏者，懼其勢力，非心服也；大士以此六事德被於人，其所攝者，霑其惠利，中心悅而誠服也。

雖爲白衣，奉持沙門清淨律行；雖處居家，不著三界；示有妻子，常修梵行；現有眷屬，常樂遠離；雖服寶飾，而以相好嚴身；雖復飲食，而以禪悅爲味；若至博奕戲處，輒以度人；受諸異道，不毀正信；雖明世典，常

**樂佛法；一切見敬，爲供養中最；**

白衣持淨戒，卽心出家而身不出家也；凡夫居世俗以爲其家，修道者以三界爲家；居家不著三界，卽在家出家者也。示有妻子常修梵行者，如藕處污泥，衷間不染，卽染而常淨者也。眷屬卽家親，能起諸情境，纏繞身心，妨廢道業，故樂遠離。寶飾爲嚴身之具，大士具足相好，故雖服寶飾，而心意不著，仍以相好自嚴其身也。飲食能資養色身，禪定能資養法身，大士雖復飲食，而不貪著其味，而以禪悅爲味也。博卽賭博，奕乃奕棋。戲卽嬉戲。起舞歌唱皆爲戲處，此等增長鬥爭貪愛之習，喪時失業，大士至此，因博奕戲以說法，令入佛道，故云輒以度人。異道者，各種不入正理之道也，亦名左道，偏傍非正故；正信卽正念信服覺道爲濟苦之舟航，破冥之杲日；大士雖入外道，而正信不毀，以不毀故，自能轉邪歸正。世典乃治世之書，印度之五明四韋陀，中華之三墳五典等是也；佛法爲出世之法；大士雖明世典，常樂佛法者，出世心切也。一切見敬者，釋迦成道時嘆曰：「大地衆生，皆有如來智慧德相。」此卽不敢輕視一切也；大士一切恭敬，故爲供養中之最勝者；儒云：「犬馬皆有養，不敬何以別乎？」卽此義也。又淨名有德，一切人見之，悉皆恭敬，故爲供養中最。

執持正法，攝諸長幼；一切治生諧偶，雖獲俗利，不以喜悅；遊諸四衢，饒益衆生；入治正法，救護一切；入講論處，導以大乘；入諸學堂，誘開童蒙；

肇師云：「外國諸部曲，皆立三老有德者，爲執法人，以決鄉訟，即今之自治所也。」大士現執俗法人，以德服人，若長若幼，悉皆攝歸佛法。治生諧偶者，即世俗財產養身生計；稱意爲諧，獲利爲偶。大士雖獲俗利不以喜悅者，意在出世功德法財也。四衢即市場衆人聚會回互貿易營業之處，大士入此，皆以佛法饒益衆生。政法乃國家之範圍，治世之綱紀；大士入治，能以權智善巧救護一切人民。講論處，即印度之宣講所也；大士宣講，用世法以引導，然後歸於大乘。學堂乃童蒙肄業之所，大士入中知其根性，以方便智，善言誘引，令開智識，見正道理。

入諸淫舍，示欲之過；入諸酒肆，能立其志；

此二不被酒色所轉也。什師云：「外國有一女人，身體金色；有長者子，名達蓂多羅，以千兩金要入竹林，同載而去；文殊師利於中道變身爲白衣，身著寶衣，衣甚嚴好，女人見之，貪心內發，文殊言：『欲得衣者，當發菩提心。』女曰：『何等爲菩提心？』答曰：『汝身是也』問曰：『云何是？』答曰：『菩提性空，汝身亦空，以此故是。』此女曾於迦葉佛所，宿植善本，修習智慧，聞是法已。卽得無生法忍；得無生忍已，將示欲之過，還與長者子入竹林，入竹林已，自身現死，膖脹臭爛；長者子見已，甚大怖畏，往詣佛所，佛爲說法，亦得法忍；示欲之過有如是利益也。」酒肆卽陳設諸酒出賣之所也；酒能亂性，令人失志；大士入中不亂，故云能立其志也。

**若在長者，長者中尊，爲說勝法；若在居士，居士中尊，斷其貪著；若在剎利，剎利中尊，敎以忍辱；若在婆羅門，婆羅門中尊，除其我慢；若在大臣，大臣中尊，敎以正法；若在王子，王子中尊，示以忠孝；**

此下序歎大士同事攝法德也。長者乃豪族望重之人，多以世間名敎自居；大士入其類爲長者中之最勝者，爲說出世勝法以攝伏也。什師云：「外國以多財富樂者名爲居士。」大士現同類之尊，敎斷貪著。剎利王種也，恃其種姓尊貴，性多驕矜強暴；大士現同類之尊，以忍辱而敎導之。婆羅門卽印度之學問家，另一種族，別有經書，卽五明論四韋陀典等，恃其學問，矜慢一切；大士現同類之尊，敎以除慢。大臣者，輔弼政治者也，其所執者乃匡正鉏邪之法律，卽治世之正法也；大士現同類中尊，兼教以出世正法。王子性多嬌態，於事父事君之道，不能折節下身；大士現同類中尊，示以忠君孝親之道。爲世間之完人，卽於出世法相近也。

**若在內官，內官中尊，化正宮女；若在庶民，庶民中尊，令興福力；**

印度國法，選取忠良之苗裔耆長有德者，以爲內官，化正宮女；大士若作內官，非但以世法化正，兼以佛之正法化之。人道中之福薄者，則爲庶民；大士現庶民之尊者，教令廣修福力也。

**若在梵天，梵天中尊，誨以勝慧；若在帝釋，帝釋中尊，示現無常；若在護世，護世中尊，護諸衆生；**

梵天卽色界初禪天也；雖有世間禪定智慧，既居初禪，則不能及二三四禪定慧，世間定慧尚不能勝，況出世定慧乎！大士現同類中尊，以佛勝慧而訓誨之。帝釋耽著天樂，大士爲示無常相以警覺之。護世卽四天王，護持四天下衆生，毋令惡魔鬼神之所惱害者；大士現護世中最尊者，不但護其色身，亦且護其法身，毋令生死煩惱魔軍之所惱害也。

**長者維摩詰，以如是等無量方便饒益衆生。**

此結略顯廣也；維摩法身大士，隨類皆入，利益無窮，豈僅如上饒益哉！故云無量方便饒益衆生。序其德行竟。〔己〕三、序其示疾：

**其以方便現身有疾，**

轉輪聖王，以微小福力，尚且無病；何況淨名法身大士豈有疾哉！現身有疾者，由與衆生有多恩惠，故示疾以集衆也。〔己〕四、序其問疾：

**以其疾故，國王大臣，長者居士，婆羅門等，及諸王子，幷餘官屬，無數千人，皆往問疾。**

淨名恩澤普洽，上至國王，下及庶民，無不蒙益；其受益者，愛戀情殷，聞其有疾，則情不能已，自然奔走其門；澤被既多，由是所來者衆，故云無數千人。結上文經家序起竟。〔戊〕二、正爲說法分二：〔己〕（一）因疾呵身（二）因身讚佛。

〇初、中分二：〔庚〕（一）總明有身皆苦（二）分別諸苦之相。今初：

**其往者，維摩詰因以身疾，廣爲說法：「諸仁者是身無常，無强、無力、無堅，速朽之法，不可信也；爲苦、爲惱，衆病所集；諸仁者，如此身明智者所不怙；**

爲集所被之機，故現自身有疾，機既至矣！因疾呵身，欲使知身是苦，便生厭離；

厭離心生，方可入道；發起行業，淨佛國土，成就衆生；此乃大士助揚佛化之本意也。首言無常、無强、無力、無堅者，總言不可貪愛也；如楞嚴云：「剎那剎那，念念遷謝。」無常義也；衆緣所生，自不能主，無强義也；假衣食住，不能自持，無力義也；四大合成，四百四病，無堅義也；由斯四義，是故速朽，豈可崇信以爲實我哉！寒暑往來，飲食便利，四大百骸，一處不調，則諸病叢生，故爲苦；從朝至暮，行住坐臥，飲食衣服，不使久停，故爲惱；悉皆損害法身，故云衆病所集；諸有智者，豈肯恃此浮虛不實之身，以作堅牢永固之法哉！總明有身皆苦竟。（庚二、分別諸苦之相：）

是身如聚沫，不可撮摩；是身如泡，不得久立；是身如燄，從渴愛生；是身如芭蕉，中無有堅；是身如幻，從顛倒起；是身如夢，爲虛妄見；是身如影，從業緣現；是身如響，屬諸因緣；是身如浮雲，須臾變滅；是身如電，念念不住；

聚沫乃流水衝擊，水中垢質浮起聚結而成者；以手撮摩，卽便消滅；身乃眞如不守自性，內有其念，外攬父母四大之質，和合結成；刀兵一觸，四大分散，自性遠離，故如聚沫，不可撮摩。是身如泡不得久立者，泡乃渧水擊成，上水爲因，下水爲緣，故有泡相，須臾卽滅；身亦如是，自業爲因，父母爲緣，合成身相，壞期迅速，故云不得久立。燄卽陽燄，春時日光蒸地，所發之氣名曰陽燄；遠望似水，渴鹿思水，見燄遂作水想，故生愛心，相逐求之；身亦如是，煖動識三熏蒸四大，而有身相，本無實體，凡夫貪著，堅愛不捨，以爲實相，故云從渴愛生。芭蕉皮葉重重相包，中無眞實；此身亦然，始從受胎歌羅邏起，終至出胎，四肢百骸爪髮毛孔，一一諦求，無有實體，故云中無有堅。幻卽幻法，印度幻師，以藥力咒功，依草木等物，幻作象馬車乘男女長幼；其所幻相，並非眞實；此身亦然，從無明幻師，行識等幻法，幻出名色六入等幻身，並非眞實，以無明滅，乃至老死皆滅故；無明卽顚倒，故云從顚倒起。夢乃睡寐中境，昏迷覆心，身眠不得自由卽是睡寐，神識於中動作營爲卽是夢，雖與日中相似，然皆恍惚不清；以衆生不見法性，醒則妄想，寐則作夢，非實事也；是身亦然，本是清淨法身，由不覺故，起虛妄心，造虛妄業，受虛妄果報之身，故云爲虛妄見。影從形現，形端則影正，形屈則影斜，影無我體也；身亦如是，無有我體，由業力所生，業白則身嚴，業黑則身惡，無能自主，故云從業緣現。響隨聲有，聲柔則響和，聲厲則響暴，響無我體也；身亦如是，由因緣會合所生，因緣具足，則身體端嚴，因緣欠缺，則身體醜陋，身無自主之能，故曰屬諸因緣。浮雲乃空中遊蕩之雲，雖有其形，而剎那轉變，無暫停也，又來無所從，去無所至，無實性也；是身亦然，從生以至老死，念念遷變，形色各異，無暫停也，父母未生以前，無所從來也，一息不歸，四大分張，白骨微塵，終歸於空，無所去處也，故云須臾變滅。電卽空中陰陽二氣相擊，所發之光明也，其光迅速，生時卽是滅時，中間無有剎那停止；是身亦然，有生卽有滅，中無停住；凡夫見有住者，非是住也，乃生長未足，滅壞未盡故也；楞伽經云：「初生卽有滅，不爲愚者說。」卽是此義，以倏爾代謝，故云念念不住。

是身無主爲如地，是身無我爲如火，是身無壽爲如風，是身無人爲如水；

地不自主，強者居之；此身亦然，隨業受報，強者先牽，故云無主。火無我體，寄託諸緣；是身亦然，假衆緣而有，緣聚則生，緣散則滅，故云無我。風性無常，動止不恒；是身亦然，業力鼓動而有，業熟則生，業盡則滅，故云無壽。水無定體，東引東流，西引西流，乃至過顙在山，大小一多，隨他所轉，皆無定體；

此身亦然，高下處所，大小一多，隨業所轉，亦無定體；體卽是人，人爲我體，無有定體，故曰無人。

是身不實，四大爲家；是身爲空，離我、我所；是身無，如草木瓦礫；是身無作，風力所轉；是身不淨，穢充滿；是身爲虛僞，雖假以澡浴衣食，必歸磨滅；

身乃四大合成；四大卽身，身卽四大，離四大外，別無身相，故云是身不實，四大爲家。凡夫所執四大五蘊，以爲我相；六塵緣影爲我相；今觀四大本空，五蘊非有，則無有我；既無有我，則無我所；故云離我我所。心與四大色法和合而成此身，四大離心，則無能知；心離四大，則無所知；能所無知，卽如草木瓦礫也。身既無知，卽無所作；其能動轉者，乃風力耳！是身不淨穢惡充滿者，從初受胎，以至出胎，悉皆不淨；現在三十六物，九孔常流，無一淨者；故云穢惡充滿。是身爲虛僞者，不實之身；上云不淨，縱然內藉飲食資養，外藉衣服護衞，澡浴修飾；無奈行陰不住，任運代謝，故云必歸磨滅。

是身爲災，百一病惱；是身如丘井，爲老所逼；是身無定，爲要當死；是身如毒蛇、如怨賊、如空聚、陰界諸入所共合成；

身為災患之物，一大不調，百一病生，惱亂心神不安；四大不調，則四百四病齊起；言百一者，舉略而攝廣也。丘井乃丘墟之井，崩塌頻頻，其將不作井事；身亦如是，疾病頻頻，其將不能為用，故云為老所逼。人命無常，出息不保入息，故云無定，為要當死。四大如篋中所養之毒蛇，一不調伏，即便螫入；五陰如怨賊，刼奪功德法財，損害法身慧命；六入如空聚者，即法身之六賊，叢聚而成者也；故云陰界諸入所共合成。大士為問疾人以如是法廣呵其身者，意欲令人知身過患，勿生貪愛，以發道心也。此上因疾呵身竟。〔己〕二、因身讚佛

諸仁者，此可患厭，當樂佛身，所以者何？佛身者即法身也；

讚佛身者，示疾之本懷也。欲助揚淨土之教，故示身有疾；以有疾故，得招問疾之機；以機集故，方演淨土之教；欲生淨土，當淨其身，故呵此病身，以讚佛法身。法身常住寂光淨土，不可以智知，不可以識識；雖徧界而不曾藏，五眼所不能見；普應法界而非有，寂然不動而非無；衆生日用而不知，諸佛圓滿而不現；具足無量淨法，普濟有情；含藏無限慈悲，利益一切；有如是不可思議之德！故勉

之曰：「諸仁者，今此病身甚可患厭，應當好樂如來法身也。」

從無量功德智慧生，從戒定慧解脫解脫知見生，從慈悲喜捨生，從布施持戒忍辱柔和勤行精進禪定解脫三昧多聞智慧諸波羅蜜生，

如來因中修習福德智慧，皆爲莊嚴法身，此卽總歎法身生因也；向下別歎戒定慧解脫解脫知見生者，此卽五分法身也；具此五法，便可分證法身，故云從生。慈悲喜捨，卽四無量心，法身充滿法界，無有限量，能契法身，故云從慈悲喜捨生。波羅蜜（譯音）此翻到彼岸，卽不生不滅之理；此上六度並及解脫三昧多聞等法，一一皆與不生不滅之理契合，故云法身從諸波羅蜜生。

從方便生，從六通生，從三明生，

方便卽無方大用，六通卽慧性光明，皆權實二智也。如下文云：「智度菩薩母，方便以爲父。」以能生法身故。三明卽天眼明、宿命明、漏盡明，天眼照未來，宿命知過去，漏盡入理；法身過去無始，未來無終，不可以智知，不可以識識；理極玄微，三明能達此者，故云從三明生。

從三十七道品生，從止觀生，從十力四無所畏，十八不

共法生，從斷一切不善法，集一切善法生，從眞實生，從不放逸生；

三十七道品，卽念處正勤神足根力覺道也，前已廣釋。止觀者，止卽攝心不動，觀卽慧光覺照；由不動故能發慧光，故止卽是觀；由覺照故攝心不動，觀卽是止；正覺照時而諸念不起，故觀時卽是止時；正不動時而光徧法界，故止時卽是觀時；就息滅邊說，名之爲止；就照用邊說，名之爲觀；雖有二名，而無二體，同時具足，不思議一也；故云從止觀生。十力四無所畏，十八不共法，此等諸法唯佛有之，故云從生。斷一切不善法，集一切善法者；卽諸惡莫作，衆善奉行也。眞實卽法身之體，常覺不迷，故云不放逸生。

從如是無量清淨法生如來身，諸仁者欲得佛身斷一切衆生病者，當發阿耨多羅三藐三菩提心。

此結讚也。如是卽指上諸法；從無量清淨法生如來身者，此卽以法讚身也；究竟道理無量清淨法皆從法身所生，法身尊特不可思議，豈語言讚歎之能及哉！故結勸云欲得此身者，當發菩提心；因身讚佛竟。結上正爲說法竟。〔戊〕三、聞法得益：

如是長者維摩詰，爲諸問疾者，如應說法，令無數千人皆發阿耨多羅三藐三菩提心。

如應說法者，大士託疾，助佛宣揚法化，隨其機宜，用其誡勸；如以苦集種種呵身，是用誡門，令其知苦，勿生貪著也；讚歎佛身種種功德者，是用勸門，令修道滅，現在發菩提心，當來成佛果也。此上方便品已竟。

維摩詰所說經講義錄卷一之上終

# 維摩詰所說經講義錄卷一之下

○廣說淨佛國土因果科下，〔丙〕第二、弟子菩薩二品彈訶小始終教，讚歎頓圓。分二：〔丁〕一釋品二釋文。今初：

## 弟子品第三

此品來意者，謂如來垂淨土之教，欲令衆生得不思議解脫淸淨之身，住不思議解脫淸淨之土；利益佛機，必在有緣，淨名於此土物機緣熟；須知佛意，故託身疾，以利物機。前者問疾之衆多是化外，雖因問疾而爲說法，得益甚淺；其諸聲聞權漸菩薩，雖久蒙佛化，各執權小，未能成就法身，於淨土之教諸多障閡；此等雖然先被彈訶，其聞者少，不能廣顯淨名之功；意欲彼等述前訶責，當衆讚揚，廣顯淨名之德，以便將來入室說淨土教；使令來者先生欽仰，聞法益多，是故念佛問疾，佛爲一切智人，必知我意，或命彼等問疾，彼等必述先言，如是則教法廣播，得益良多，故有此品來也。弟子者，如來大慈，視徒如弟；徒生恭敬，視佛如父；故云弟子。此類文詞，皆諸弟子述前被斥之言，故云弟子品；不曰弟子問疾品者，以佛命而不敢往故也。〔丁〕二、釋文分二：〔戊〕（一）淨名念佛問疾（二）如來命使問疾。今初：

**爾時長者維摩詰，自念寢疾於床，世尊大慈，寧不垂愍？**

此起問疾之念也。意謂世尊爲大醫王，普救一切衆生者也；我今有疾，寧非衆生數乎？安得不垂慈憐愍耶！〔戊〕二如來命使問疾分二：〔己〕（一）命聲聞（二）命菩薩。○初、中分二：〔庚〕（一）命十大弟子問疾（二）五百弟子皆辭不堪。初、中分十：〔辛〕初、命舍利弗。分四：〔壬〕（一）命往彼問矣（二）辭不堪任詣（三）述昔被訶斥（四）結不堪之由。今初：

**佛知其意，即告舍利弗：「汝行詣維摩詰問疾。」**

佛知其意者，以具足圓滿無漏他心智，知其示疾有種種意也：一者知其助宣淨土之教，必先淨其身；示此病身是苦，令其知苦斷集慕滅修道，即是託疾助揚小教意也。二者知其念佛問疾，佛或自來，或遣使來；二乘必相隨而來；爲現種種神變，或讚菩薩功德，令其耻小慕大，即是託疾助揚始教之意也。三者知其念佛問疾，初發意菩薩亦必相隨而來；爲現不思議境界，爲說不思議妙法，使彼發不思議大心，淨不思議佛土，成就不思議衆生，即是託疾助揚終教意也。四者知其念佛問疾，必定集衆說法，諸大菩薩必皆預會，請彼各宣不二之理，令衆皆悟第一義門，不假修爲，卽是託疾助揚頓教意也。五者知其念佛問疾，來衆必廣；現不思議神力，以丈室而普容一切，說圓融無礙之理；以一法而普被三根，現佛淨土，自他不隔，借佛寶座，小大相容，卽是託疾助揚圓教意也。知此五意，先命聲聞者，使其自述被折之辭，令衆皆聞，使彼大衆畏愛兼抱；將來入室，聞法心慇，而後得益廣大也；身子爲智慧第一，故首先命之。〔壬〕二、辭不堪任詣：

**舍利弗白佛言：「世尊，我不堪任詣彼問疾；**

〔壬〕三、述昔被訶斥分二：〔癸〕（一）述宴坐（二）述被訶。今初：

**所以者何？憶念我昔曾於林中宴坐樹下，**

林中宴坐，卽十二頭陀之一。佛世比丘，飯食已訖；若非聞法，卽各行其道，舍利弗智慧第一者，慧由定生，其性常樂宴坐，卽收攝身心，結跏趺坐，寂然不動也。〔癸〕二、述被訶分二：〔子〕（一）正訶（二）結許。今初：

**時維摩詰來謂我言：『唯舍利弗，不必是坐爲宴坐也；**

唯者，發語之端，謫譴之聲也。聲聞宴坐，外息諸緣，內心無喘，厭惡喧動，故居林下；此訶不必是坐者，非謂全錯，但未是究竟耳！

夫宴坐者，不於三界現身意，是爲宴坐；不起滅定而現諸威儀，是爲宴坐；不捨道法而現凡夫事，是爲宴坐；心不住內亦不在外，是爲宴坐；

聲聞入定，必先身居靜處；身如木石，是現身相；心思背捨，是現意相；菩薩一念回光，身心俱空，故云不於三界現身意。聲聞入定，受想心滅而不復起，故不能現諸威儀之相；菩薩心契實相，念念不失，雖現舉動進止，而不離於實相，故云不起滅定而現諸威儀。凡夫事業有妨道法，二乘畏而捨之，方可入道而後習定，何能復染斯事？菩薩觀心行平等，見於道法與諸世法，悉皆無二，故云不捨道法而現凡夫事。二乘入定，攝心在內；出定放心於外；菩薩直達心體，本無處住，有何內外？故心不住內，亦不在外。

於諸見不動，而修行三十七道品，是爲宴坐；不斷煩惱而入涅槃，是爲宴坐；

諸見卽六十二見也，動卽變動棄捨義，二乘必動捨六十二邪見，然後方修道品；菩薩觀邪見性與道品諸法，其性體同，故不捨邪見而修道品。煩惱爲生死之因，涅槃爲道品之果，二乘視生死如怨家，故勇猛精進，斷諸煩惱，而入涅槃；菩薩觀煩惱性空，與涅槃性空，無二無別，故不斷而入。〔子〕二、結許：

**若能如是坐者，佛所印可。』**

此結許上菩薩宴坐法也，謂若能如上宴坐者，卽冥契佛心，故佛印可。〔壬〕四、結不堪之由：

**時我，世尊，聞說是語，默然而止，不能加報！故我不任詣彼問疾。」**

此出其不堪之所以也，謂彼時我聞訶責，不能報答一語，只是默然聽受！若往問疾，不能報命，則玷辱世尊矣！故不堪任往詣也。初命舍利弗竟。〔辛〕二、命目犍連分四〔壬〕（一）命往彼問疾（二）辭不堪任詣（三）述昔被訶斥（四）結不堪之由。今初：

**佛告大目犍連：「汝行詣維摩詰問疾。」**

目犍連『譯音』姓也，正云沒特伽羅，此云采菽氏，上古仙人以菽豆爲食，是其種族，故姓目連；名拘律陀，樹名，父母禱此樹神而生，因以爲名。生便有大智慧，諸弟子中神通第一者也。〔壬〕二、辭不堪任詣：

**目連白佛言：「世尊，我不堪任詣彼問疾；**

〔壬〕三、述昔被訶斥分二：〔癸〕（一）爲居士說法（二）被淨名彈訶。今初：

**所以者何？憶念我昔入毗耶離大城，於里巷中爲諸居士說法；**

里巷爲屈曲之徑，非平坦大道，此處狹也；目連止見居士色相，不觀根性，爲說人天戒善等法，不逗機宜，又雖說出世善法，皆是破析取捨欣厭等法，不稱大乘之機，此法狹也。〔癸〕二、被淨名彈訶分二：〔子〕（一）訶斥不如法性（二）誨令如法而說。今初：

**時維摩詰來謂我言：『唯大目連，爲白衣居士說法，不當如仁者所說；夫說法者，當如法說：**

此總訶也。白衣居士，以過去而言，不知根性大小，不應以小教導引；以現在而觀，五性之中，爲不定種性，亦不應以小教種根；此即對機不如法說也。又如來設五味教，本無定體；若定執小教以爲普利群生之法，不但不合機宜，抑亦不知教體，是執法相而不達法性；此對教不如法說也。對機、對教，皆不如法，故云：「不當如仁者所說，當如法說也。」

法無衆生，離衆生垢故；法無有我，離我垢故；法無壽命，離生死故；法無有人，前後際斷故。

二乘不了法性，執著法相；四相爲諸相之總，若非離之，則諸相叢生，故首先言無。四大陰界入等，叢聚而生，名曰衆生；又四生六道衆類出生，故曰衆生；既有衆生，卽有作業，名衆生垢。二乘以析法等觀斷諸煩惱，名離衆生垢；修習諸品道法，證入涅槃，名度衆生。殊不知有衆生可度，卽衆生相；有煩惱可斷，卽衆生垢相也。菩薩觀諸法性平等，無衆生相也；煩惱性卽是法性，則無煩惱，離衆生垢相也。凡夫將堅濕煖動識性和合以爲我相，既已有我，卽有我知我見，卽我垢相。二乘觀法無我，乃析法無我也，既有能觀之人，卽是我相；有所析之法，卽我垢相。菩薩見無我理，於我無我而不二，見眞無我，故云法無有我；既云無我，卽無我所作業，卽離我垢也。壽卽凡夫分段色身；領受一期相續之命，故云壽命，卽壽者相；一期命終。死此生彼，卽生死相。二乘厭離生死，求證涅槃，卽壽者相；分段生死雖離，變易猶在，卽生死相。菩薩觀諸法性過去無始，未來無終，卽無壽命相；壽命尚無，何生死之有？凡夫以前際已起，後際未滅，於其中間現住者，爲人相；對現住已往，爲前際相；對現住未起，爲後際相。二乘雖觀人空，乃以析法，白骨微塵，方歸於空；既以析法爲觀，而能析者卽是人相；未修觀行以前，卽前際相；更析微塵歸空以後，卽後際相。菩薩觀法住法位，法性常住，無能主之者，則無人相；無所從來，卽無前際相；亦無所去，卽無後際相；故云法無有人，前後際斷故。

法常寂然，滅諸相故；法離於相，無所緣故；法無名字，言語斷故；法無有說，離覺觀故；法無形相，如虛空故；

二乘滅有歸無，方得寂相；雖滅有相，猶著無相。菩薩見法性本體常自寂然，不著有無，故云滅諸相故。二乘雖得人空，猶著法相，故有所緣；菩薩不住法相，故無所緣。二乘法執未破，不能離名字語言；菩薩法執已破，故云法無名字言語道斷故。二乘見有生死可了，有涅槃可證，故有所說，不離覺觀；菩薩明了中道理體，擬議則錯，動念卽乖，故云法無有說，離覺觀故。二乘不著人相，猶著法相，所謂離相滅相斷相；菩薩明了法性，本非大小黑白方圓，故云法無形相，如虛空故。

法無戲論，畢竟空故；法無我所，離我所故；法無分別，離諸識故；法無有比，無相待故；

凡夫二乘或著諸法是有，或著諸法是無，或著亦有亦無，或有非有非無，皆戲論法也。菩薩明了　眞空之理，離四句，絕百非，故云：「法無戲論，畢竟空故。」二乘雖斷見思煩惱，於諸法不善明了，於我修我證不得解脫；菩薩明見法無我理，何有我所？故　云法無我所，離我所故。二乘不得無分別智，依於識性而起分別，苦集二諦，是　世間法；道滅二諦，是出世法。菩薩證得無分別智，不依於識，觀諸法性，煩惱卽菩提，生死卽涅槃，無二無二分，無別無異故，故云法無分別，離諸識故。二乘觀智，必須比對而觀，滅有還無，是相待也；菩薩明了實相，離能所，絕對待，故云法無有比，無相待故。

法不屬因，不在緣故；法同法性，入諸法故；法隨於如，無所隨故；法住實際，諸邊不動故；

二乘以因緣觀，方能入道證滅；菩薩明見眞空，不假因緣，故云法不屬因，不在緣故。法性者卽諸法自性，二乘所得偏眞之理，只可入淨，不可入染，只能入涅槃，不能入生死；菩薩所得諸法自性之理，於一法入一切法，於一切法入一法，故云法同法性，入諸法故。如者卽如如理也；二乘理事不能相隨，入定方能觀理，出定只能觀事；如聲聞六通，入定方有，不得隨也。菩薩動靜不二，理事如一，不隨他轉，故云法隨於如，無所隨故。二乘見有生死可了，見有涅槃可證，即是二邊；菩薩證得實際理地，不落有邊，不落無邊，不落常邊，不落斷邊，故云法住實際，諸邊不動故。

**法無動搖，不依六塵故；法無去來，常不住故；法順空，隨無相，應無作；法離好醜，法無增損，法無生滅，法無所歸，法過眼耳鼻舌身心，法無高下，法常住不動，法離一切觀行。**

二乘雖滅六塵，對境則有微細搖動，即塵沙惑也；菩薩見塵性體空，與法性同體，故云法無動搖，不依六塵故。二乘自見從三界出，來證涅槃，雖則常住，變易未斷，非常住也；菩薩明見法性，本無去來，如下文云：「來無所從，去無所至。」所可見者。更不可見云。故法無去來，常住不動故。空無相無作者，即三三昧也，亦名三解脫門；二乘雖得此三昧，入觀則有，出觀則無，不能將此三昧普應諸法；菩薩見諸法性與三三昧同體無二，故云法順空，隨無相，應無作。二乘見法相差別，故有好醜；菩薩見法性平等，故云法無好醜。二乘見法數衆多，故有增損；菩薩見法性無二，故云法無增損。二乘見法相成住壞空，故有生滅；菩薩見法性長遠如是，故云法無生滅。二乘見法相義理分齊，故法有所歸；菩薩見法性充塞法界，故云法無所歸。二乘見陰入處界卽是法相，故不能超過；菩薩見法性無相，故云法過眼耳鼻舌身心。二乘見諸法名相，故有高下；菩薩見諸法實相，故云法無高下。二乘見法相代謝，故非常住；菩薩見法性如如，故云法常住不動。二乘見諸法義，故有觀行；菩薩達諸法理，故云法離一切觀行。以上三十句義，乃對治二乘法執未亡，縱然說法，不能使聞者得大利益，故以大乘法責之也。〔子〕（二）、誨令如法而說：

唯！大目連，法相如是，豈可說乎？夫說法者，無說無示；其聽法者，無聞無得；譬如幻士爲幻人說法，，當建是意而爲說法。當了衆生根有利鈍；善於知見，無所罣礙；以大悲心讚於大乘，念報佛恩，不斷三寶；然後說法。

法相如是者，指上諸句，一一攝歸第一義諦實相之中。實相者何？言語道斷，心行處滅，擬議則錯，動念則乖，故云豈可說乎！無說無示無聞無得者，若果如是，何異草木瓦礫？佛法則成斷滅矣！此云無說無示，是說者傳意外之言；無聞無得，是聞者得言外之意；此無說卽眞說，無聞卽眞聞也；忠國師云：「無情說法。」亦此意也。幻士爲幻人說法，此喻也；幻士明知幻人無性，而爲說法者，雖說而意不在說也；幻人聞幻士說法而動作行爲者，豈有意識而聞者乎？此卽雖說而眞無說，雖聞而眞無聞也；如是說法卽爲建是意也。當了衆生根有利鈍下，皆誡勉之詞也，以了根之利鈍，而後說法，淺深皆不失宜。善於知見無所罣礙者，旣已知機無礙，猶當以道種智如諸法性，以擇法眼見諸法相，故於諸法逆順縱奪，皆得自由而無所礙也。說法皆爲拔苦，目連雖爲居士說法，以小敎濟渡，而悲心不廣，由是誡勉以大悲心說大乘法，故云讚於大乘；若僅以小乘人說小乘教，則無一人發菩提心，當來無有成佛者，卽斷當來佛寶；旣無佛寶，則無說法者，亦無聽法者，卽無法僧二寶；若能說大乘法眞報佛恩，能使三寶相續不斷故；所以誡云，念報佛恩，不斷三寶，然後說法。述昔訶斥竟。〔壬〕四、結不堪之由：

**維摩詰說是法時，八百居士，發阿耨多羅三藐三菩提心，我無此辯！是故不任詣彼問疾。**

目連所說小敎不能使發大心，其所說徒勞而無利益；淨名以大法而訶斥其非，能令居士發菩提心其益良多；故不堪任詣彼問疾也。命目連竟。〔辛〕三、命大迦葉分四：〔壬〕（一）命往彼問疾（二）辭不堪任詣（三）述昔被訶斥（四）結不堪之由。今初：

**佛告大迦葉：「汝行詣維摩詰問疾。」**

迦葉翻大龜氏，其先代學道，靈龜負仙圖而應，從德命族，故稱龜氏，此姓也；或云飲光，其身金色光明，能映餘光故。諸弟子中頭陀第一，頭陀此翻抖擻，謂能抖擻煩惱塵勞也。比丘當離憒鬧，不樂飾好，心絕貪求，無諸驕慢，清淨自活，以求無上眞正之道，應行頭陀行法也，法有十二：一阿蘭若，「譯音」此翻寂靜處，即住處也。二常行乞食。三次第乞食。四一食。五節量食。六過午不飲漿。七著糞掃衣。八但三衣。九塚間坐。十樹下坐。十一露地坐。十二但坐不臥。迦葉行此行法，爲佛稱讚，分半座令坐，故爲弟子之所恭敬，亦名金色頭陀也。〔壬〕二、辭不堪任詣：

**迦葉白佛言：「世尊，我不堪任詣彼問疾；**

〔壬〕三、述昔被訶斥。分二：〔癸〕（一）因乞食（二）被彈訶。今初：

**所以者何？憶念我昔於貧里而行乞，**

乞食爲比丘之本行，於貧里而行乞者，意謂貧者宿不植福，故受斯報，今不度者，來世益貧，故往行乞，爲彼植福耳！〔癸〕二、被彈訶：

**時維摩詰，來謂我言：「唯！大迦葉，有慈悲心，而不能普，捨豪富，從貧乞；**

阿羅漢結習已盡，應受人天供養，堪爲世人福田；其乞食者，以慈悲心，爲人間植福故；但迦葉不見佛性平等，對境彼此斯分；豪富處世則易，貧窮度生維艱，其捨富乞貧，爲貧植福，乃悲心也；不知分別一起，卽成愛見大悲，非無緣慈，故不能普；應被淨名之所訶也。

**迦葉！住平等法，應次行乞食；**

住平等法，謂應當住平等寂滅法性也。此之法性，我既如是，諸佛亦然，衆生亦爾，不見有貧富之分，其何有苦樂之別？住如是法而行乞食者，則我無分別心，縱乞彼乞此，亦無非次第，故云住平等法，應次第行乞也。

**爲不食故，應行乞食；**

菩薩行道，爲證無餘涅槃常樂我淨不食之果，行乞食法，以助我修斷苦之因，亦欲使彼施者種此不食之因，當來得此不食之果；此不食法，衆生悉皆有分，是故應行乞食；豈觀貧富苦樂之相，行乞食法，爲救貧之助哉！

**爲壞和合相故，應取揣食；**

身爲四大和合之相；菩薩行道，爲欲壞此和合之身，以取淸淨法身；由是假此四大摶合之食，資養四大和合之身，爲修觀行之助；豈以和合色身苦樂爲懷，令他植福，轉貧爲富，資養和合色身而已哉！食有四種：一摶食，四大和合有形段者。二願食，亦名思食；如饑年貧婦，懸沙囊於樑，誑兒爲糧，兒命不絕；卽願食也。三業食，如地獄衆生，不食猶活。四識食，無色衆生，識想相續以爲食也。

**爲不受故，亦應受彼食；**

迦葉已得不受後有，其乞食者，爲令他得不受後有也；既已不受後有，何有貧富之相？又菩薩行道，爲證大般涅槃，究竟不受後有；故乞食資身修觀，願彼施者亦得不受，豈願轉彼貧受爲富受哉！

**以空聚想，入於聚落；**

此教以眞空絕相觀也。聚落乃衆人叢安居之處；菩薩行道，不離觀行，見色卽空，非滅色而後歸空，色性自空；見聚落時，卽是空聚；故云以空聚想，入於聚落。豈分貧富住宅之色相哉！

所見色與盲等，所聞聲與響等，所嗅香與風等，所食味不分別，受諸觸如智証，知諸法如幻相；

此教以理事無礙觀也。盲者見色者，色相非無，故理不礙事；盲者不見，故事不礙理。聞聲如響者，音聲非無，故理不礙事；如響無義，故事不礙理。齅香如風者，香氣非無，故理不礙事；風無氣味，故事不礙理。味不分別者，味相非無，故理不礙事；不起分別，故事不礙理。觸如智證者，觸相非無，故理不礙事；如同智證，故事不礙理。法如幻相者，法相非無，故理不礙事；如幻非實，故事不礙理。迦葉分別貧富者，不得理事圓融耳！

無自性，無他性；本自不然，今則無滅。

此教以周徧含容觀也。觀諸法無自性，則諸法不自生；無他性，故亦不從他生；自他不生故，則無共生，亦不得無因而生；如是無生之理，周遍法界，故無在不在；豈只徧富而不徧貧哉！本自不然，今則無滅者，謂本無如是事，今何有滅之者？由是則法性無生無滅，圓滿湛然；卽含容義，豈獨含富而不含貧哉！

迦葉！若能不捨八邪，入八解脫，以邪相入正法；以一食施一切，供養諸佛，及衆賢聖，然後可食；

迦葉已得八解脫道，乃修八背捨法；離八邪境而後入者，必須以能觀之心，觀於所觀之境；如初觀色身不淨，以至爛壞，悉皆不淨，卽捨所觀之境，而能觀之心亦寂，卽入解脫；此乃因緣次第觀也。不知能觀之心，所觀之境，皆是心體之影象；八邪之體，卽解脫體；若能直觀心體，則八邪不捨，解脫自證；以事觀理，理皆邪相，以理觀事，事皆正法；故云以邪相入正法。由不捨八邪而入八解，以邪相入正法，故得親證法身之理；得不思議法喜之食，然後對世間食，無非法喜，故能七粒徧十方，普施周沙界，鉢飯悉飽法會，猶故不儩，此卽以一食施一切，供養諸佛及衆賢聖義也。若能如是，然後方可食人之食，雖受一人之施，能令一切得益，是普慈悲，豈拘貧里哉！

**如是食者；非有煩惱，非離煩惱；非入定意，非起定意；非住世間，非住涅槃；其有施者，無大福，無小福，不爲益，不爲損；**

如上證法性身而取法喜食，則煩惱性卽菩提性，故非有非離；法身本無定動，故非入非起；法身本無生滅，故世間涅槃俱非；乞者既證法身之果，施者亦種法身之因，故福無大小，不爲損益。

是爲正入佛道，不依聲聞。迦葉！若如是食，爲不空食人之施也。』」

如上行乞，雖非究竟菩提，已入分證法身，故云正入佛道；聲聞不發菩提心，於此絕分，故曰不依聲聞。不空食人之施者；迦葉捨富乞貧，爲貧者植福，福性無常，終歸於空，卽是空食人之施；如上觀平等法身，行平等乞，不著施者見，不著受者見，不著所施之食見，三輪體空，歸於法身，却非斷滅，故云爲不空食人之施也。述被訶斥竟。〔壬〕四、結不堪之由：

時我，世尊，聞說是語，得未曾有，卽於一切菩薩深起敬心！

迦葉爲聲聞之利根，久行頭陀，雖有法執之障，較他微薄；得聞如是大法，雖未便遽行捨小向大，而已得法喜；故云得未曾有，卽於菩薩深起敬心！

復作是念：斯有家名，辯才智慧乃能如是！其誰聞此不發阿耨多羅三藐三菩提心？我從是來不復勸人以聲聞辟支佛行。是故不任詣彼問疾。」

意謂在家大士辯才智慧尚爾，已有自鄙小乘之心，其誰不發無上菩提心者？已有向大之心；不復勸人以二乘行者，已知二乘力弱不能利人；述宣此法，密助淨土之教已非淺鮮矣！命迦葉已竟。〔辛〕四、命須菩提分四：〔壬〕（一）命往彼問疾（二）辭不堪任詣（三）述昔彼訶斥（四）結不堪之由。今初：

**佛告須菩提：「汝行詣維摩詰問疾。」**

須菩提「譯音」此翻善吉，亦云善業，又云空生；因其生時家中財寶皆空，父母驚之，請相士占，則曰善，如是財寶復現，則曰吉，因以名焉。由無量刧來，修習空觀，在母腹中，即知空寂；今於釋迦座下諸弟子中，解空第一。〔壬〕二、辭不堪任詣：

**須菩提白佛言：「世尊，我不堪任詣彼問疾；**

〔壬〕三、述昔被訶斥分二：〔癸〕（一）因入舍乞食（二）被施飯彈訶。今初：

**所以者何？憶念我昔，入其舍從乞食；**

維摩詰智慧甚深，辯才無礙，神通廣大，三昧解脫，悉皆具足；人所皆知，五百弟子及諸淺行菩薩，莫敢窺其門；須菩提恃其解空第一，又得無諍三昧，毫無疑懼，迥然直詣其舍乞食；意謂貧者艱辛，往詣乞食，恐被逼迫，是諍食也；富者易捨，若不爲彼植福，其驕奢放逸，福盡還貧；維摩詰雖有勢力，我得無諍，故無畏怯，直入其舍從乞食。〔癸〕二、被施飯彈訶分二：〔子〕（一）逆彈（二）順訶。今初：

時維摩詰取我鉢，盛滿飯，謂我言：『唯！須菩提，若能於食等者，諸法亦等，諸法等者，於食亦等；如是行乞，乃可取食；

此以不思議法喜食訶也。淨名預知來意，若非先施後折，彼有富者吝惜之譏！盛滿飯者，以表法喜充滿；恐其取鉢而去，不盡言論，故不與鉢而言。訶意謂若見平等法性，則法界諸法悉皆平等；食與法等，法與食等，施者受者亦復平等，以諸法性本無二體，故云如是行乞乃可取食。意斥捨貧乞富，爲富續福，則貧者即起諍端，是他諍也；既有貧富之見，則有彼有此，即自起諍端，是自諍也；自他皆諍，如是行乞，即是諍食；其無諍三昧安在？

若須菩提不斷淫怒癡，亦不與俱；不壞於身，而隨一相；不滅癡愛，起於解脫；

淫怒癡即貪瞋癡三毒，二乘見之如毒蛇，安得不斷？凡夫見之如甘蜜，焉得不俱？菩薩見淫怒癡性即是解脫，是故不斷，亦不與俱。二乘觀身不淨，至於白骨微塵，

析歸訶空，方爲一相；菩薩觀五陰身自性本空，故不壞身而隨一相。二乘觀癡愛等

纏覆心智，故必滅除而後解脫；菩薩見癡愛性與解脫性無二無別，故不滅癡愛起於

解脫。

**以五逆相而得解脫，亦不解不縛；不見四諦，非不見諦；非得果，非不得果；**

五逆有事有理。事五逆者：殺父、殺母、殺阿羅漢、惡心出佛身血、破羯磨轉法輪僧。聲聞人見有此五罪，應墮泥犂，永不得解脫；菩薩人見罪性本空，由心所造，心若不起，罪業自亡，故得解脫。理五逆者：無明爲父、貪愛爲母、微細習氣名阿羅漢，前七轉識名佛身血、異相陰和合爲僧。若能行此五逆，卽得解脫法身，故云以五逆罪而得解脫。亦不解不縛者，菩薩觀罪性實相卽解脫相，何更以解脫而求於解脫？證得解脫時，聖諦亦不爲，何煩惱之可縛？故云亦不解不縛。二乘見有苦可離，有滅可證，故斷集修道；菩薩觀實際理地，無苦無樂，無修無證，故不見四諦；常住法性之中，眞實不虛，故云非不見諦，卽見第一義諦也；由不見四諦，故不得四聲聞果，由見第一義，常得無上佛果；故云非得果非不得果。

**非凡夫，非離凡夫法；非聖人，非不聖人；雖成就一切**

**法，而離諸法相；乃可取食。**

不爲一切煩惱所繫，故非凡夫；現一切身普利一切，故非離凡夫法；示同凡夫行事，故非聖人；而不爲凡夫事染，故非不聖人。雖成就一切法而離諸法者，謂成就上三毒，不爲所染，不壞身而現身，癡愛不爲所動，縛脫不爲所拘，諦果不爲所束，凡聖情盡，體露眞常之法也；此諸法相卽法相而不著於法相，故曰離諸法相；如是則法喜充滿，故云乃可取食。

**若須菩提不見佛，不聞法；**

須菩提因見佛，禮佛爲師，而爲弟子，因其聞法，方得道果，得無諍三昧。此乞食者，乃以悲田令他植福，是聞小教得益，依教奉行者也；大士以頓教彈斥，云不見佛不聞法者，意欲不起佛見法見，直令見性耳！如楞伽云：「報化非眞佛，亦非說法者。」諸佛要集經中，文殊起佛見法見，貶向二鐵圍山，此亦是彼意也；佛見、法見尚不許起，豈許雜貧富見而乞食哉！

**彼外道六師：富蘭那迦葉、末伽梨拘賒梨子、刪闍夜毗羅胝子、阿耆多翅舍欽婆羅、迦羅鳩馱迦旃延、尼揵陀若提子等，**

姓迦葉名富蘭那，其人謂一切法斷滅性空，即斷見外道。末伽梨字也，拘賒梨是其母，其人謂衆罪垢無因無緣，即無因外道。刪闍夜是其字，毗羅胝是其母名，其人謂久經生死刧，苦盡自得道果，無須修證，此即自然外道。阿耆多翅舍是其字，欽婆羅毳弊衣名，其人著毳弊衣，拔髮熏鼻，五熱炙身，謂受苦盡自得道果，即苦行外道。迦羅鳩馱迦旃延是其人名，此人應物起，問有答有，問無答無，即不定外道。尼犍陀是其字，若提是其母，其人謂罪福苦樂由前世造，要當必償，即常見外道。

是汝之師，因其出家，彼師所墮，汝亦隨墮，乃可取食；

須菩提向受小教，其教中言外道邪見，不明正理，自陷陷他，弟子與師，當墮泥犂；大士以圓教彈斥，行於非道，是菩薩道；菩薩見三途地獄等與諸淨土，無別無異；衆生不見法性，起於分別，謂爲劇苦；菩薩以大慈悲，現外道身，行邪見行，墮於地獄，受劇苦惱，令諸衆生見者聞者，不行非道，向於佛道；如法華經中提婆達多，佛爲授記，華嚴經中無厭大王，婆斯蜜女涅槃經中廣額屠兒，是其類也；故云汝亦隨墮，乃可取食；意謂非道尚是佛道，豈以富者受樂即非佛道？猶待聲聞乞食續福哉！

若須菩提入諸邪見，不到彼岸；

小教以邪見爲煩惱之根，卽是此岸；涅槃爲不生滅果，卽是彼岸。二乘怕煩惱，故不敢入邪見；畏生死，故不敢不到彼岸。大乘煩惱卽菩提，故入諸邪見而不怕，生死卽涅槃，故不到彼岸而不畏。

住於八難，不得無難；

八難前已廣釋；小教以八難障道，不見佛，不聞法，故不敢遇逢；必得無難，而後可以見佛聞法，修道證滅。大乘頓教中，佛若出世，若不出世，法性常住，故云住於八難不得無難。

同於煩惱，離清淨法；

小教必斷煩惱，而後得清淨；大乘煩惱性卽是佛性，故下文云煩惱之儔，是如來種，故同於煩惱。二乘得寂滅樂，爲眞清淨；菩薩視小乘寂滅，爲解脫深坑，故云離清淨法。

汝得無諍三昧，一切衆生亦得是定；

善吉能解諸法皆空，而無有相，無相則無彼無此，諍端自不能起；內既不諍，亦能善順群心，使無諍訟；故於五百弟子之中，獨得無諍三昧，別人不得，此泯相而無諍者；淨名意謂衆生法性與須菩提法性無二，無二則成一相，諍端自不能起，此卽同體而無諍者；故云汝得無諍三昧，一切衆生亦得是定。

**其施汝者，不名福田；供養汝者，墮三惡道；**

小始終教，皆以布施得福，供養三寶，生三善道。淨名以頓圓彈斥，法性平等，本無取捨，是故施者無福；法性湛然，本非善惡。若以希求心而供養者，卽有貪心，貪爲餓鬼之因；若尊重而供養者，則必輕視一切衆生，高下不平卽有爭，爭卽是瞋，瞋爲地獄因；若起愛而供養者，愛卽是癡，癡爲畜生因；故云供養汝者，墮三惡道。

**爲與衆魔共一手作諸勞侶，汝與衆魔及諸塵勞等無有異；**

具云魔羅；此翻奪命，謂能奪人之命根；亦翻殺者，謂損法身殺慧命者。聲聞人無大神力，見魔卽避，何敢相近爲侶及作塵勞等事，菩薩以實智見法身淸淨，本無諸相，若見有衆生相可度者，卽是法身魔事，由悲重故，方便現身，以權智手，作諸法事，普度有情，卽是與魔爲侶共手作諸塵勞義也；故云等無有異。非二乘境界，故下置鉢而不敢取。

於一切衆生而有怨心，謗諸佛毁於法，不入衆數，終不得滅度，汝若如是，乃可取食。」

聲聞見自出三界，而衆生不能，深著衆生之相，雖無度脫一切衆生之心，而亦不敢起於怨心；菩薩見一眞法界，本無衆生，又心、佛、衆生，三無差別，衆生卽非衆生；若起一念衆生見，卽當除滅，故於一切衆生而有怨心；此頓敎義也。聲聞依佛法僧住，然後方得涅槃，何敢謗毁不入衆僧之數？菩薩見一眞法界，自性涅槃，不復更滅；若起佛法僧見，卽法身病，應當除滅；故云謗諸佛，毁於法，不入衆數，終不得滅度。須菩提若能解上所說眞空絕相之理，方能受人之施，亦使施者當得眞空絕相，乃可取此不思議法喜食也。逆彈竟。〔子〕二、順訶分二：〔丑〕（一）善吉聞大畏懼（二）淨名舉喩安慰。今初：

時我，世尊，聞此茫然，不識是何言，不知以何答，便置鉢欲出其舍；

此科來意，以善吉解空第一，法執未破；若執有法，則爲易破；執於空法，則難滅除；故淨名以全體精神不遺餘力，用法身眞空之理，以破析空；以大乘了義究竟極談，以除法執；故此茫然，不識何言報答？解空第一之心，至此已不敢自命矣！爲富續福之念，至此亦不敢復起矣！其置鉢欲出其舍者，亦是無諍三昧之現相也。（丑）二、淨名舉喻安慰：

維摩詰言：『唯須菩提，取鉢勿懼；於意云何？如來所作化人，若以是事詰，寧有懼不？』

須菩提聞如是法，心欲思而不了，口欲說而難言，故有恐懼；淨名知其意，因舉喻以安慰之。詰者問也；化人卽如來神力變化之人，無有自性，聞法不起分別，何恐何懼？意謂不起分別，是眞實了義；不答一字，是說菩提；以此爲問者，欲其返觀自省也。

我言不也，維摩詰言：『一切諸法，如幻化相，汝今不應有所懼也；

既知化人無自性，不懼於法；諸法亦無自性，如幻如化，汝亦不應懼於法也。

所以者何？一切言說，不離是相；至於智者，不著文字，故無所懼。何以故？文字性離，無有文字，是則解脫；解脫相者，則諸法也。』

此釋成諸法如化也。謂一切語言，因音聲以立文字，由文字以寄顯其義；言說無自體性，故如幻化之相。以正智而觀，言說無體，文字假名，都無實義；何懼之有？又文字從衆緣而有，亦無自性，故文字性離；離文字則無所分別，故云是則解脫。又云解脫相者，則諸法也，此結上所說諸法應無恐懼之所以也；謂既得離文字相而得解脫相者，即是淨名以上所說之諸法相也，何得便生恐懼乎？此上述昔被彈訶竟。〔壬〕四、結不堪之由：

**維摩詰說是法時，二百天子得法眼淨，故我不任詣彼問疾。」**

維摩室內，常有諸佛菩薩天龍八部往來其中，聞大士所說大法，隨聞入觀，因觀悟理，明了大小教殊，得擇法眼，故云得法眼淨。前往乞食，被如是彈訶，豈堪再任往彼問疾？〔辛〕五、命富樓那分四：〔壬〕（一）命往彼問疾（二）辭不堪任詣（三）述昔被彈訶（四）結不堪之由。今初：

**佛告富樓那彌多羅尼子：「汝行詣維摩詰問疾。」**

富羅那，翻滿願，是其父；彌多羅尼，翻慈女，是其母；連父母得名，云滿慈子。諸弟子中說法第一者也。〔壬〕二、辭不堪任詣：

富樓那白佛言：「世尊！我不堪任詣彼問疾；

〔壬〕三、述昔被彈訶分二：〔癸〕（一）因說法（二）被彈訶。今初：

所以者何？憶念我昔於大林中，在一樹下，爲諸新學比丘說法；

什師云：「近毗耶離城有園林，林中有水，水名獼猴池，園林中有僧房，是毗耶離三精舍之一也，富樓那於中爲新學比丘說法。」〔癸〕二、被彈訶分二：〔子〕（一）正訶（二）結過。今初：

時維摩詰來謂我言：『唯富樓那，先當入定，觀此人心，然後說法，無以穢食置於寶器；

此訶不入定觀機也。二乘行淺，非入定不能鑑機；定力深者，照八萬劫；淺者三二劫不等。以宿命智方能知近機，淨名法身大士，常在定中，以現量智照機，一見卽識，知滿慈子說法失宜，故訶先當入定，觀人心淨穢，而後說法。穢食喻小法，寶器喻大乘根性也。

當知是比丘心之所念，無以瑠璃同彼水精；

此訶不知心念也。衆生佛性雖無優劣，各有習慣念想之殊；大士見諸比丘夙習大乘，中雖忘失，猶有昔因；應當發其宿業，何得另以小乘法而再下種？故云無以瑠璃同彼水精。瑠璃紺青色寶，體質不虛，喻大乘機；水精不實，喻小乘機；遽以小乘法而教導，是乃不入定之失也。

汝不能知衆生根源，無得發起以小乘法；彼自無瘡，勿傷之也；

此訶不知根之失也。衆生根有利鈍，源有大小；此諸比丘源發大心，以淨佛國土成就衆生爲己任；非若聲聞視生死如瘡疣，用觀練以熏之，針灸以除之者也；能發起以小乘法而教導之，是傷無病之法身也。

欲行大道，莫示小徑；無以大海內於牛跡，無以日光等彼螢火。

此訶不知樂欲也。過去所習行業爲根源，現在將行行業爲樂欲；此諸比丘欲學圓滿菩提之大道，滿慈子爲說小教，是示小徑也；此諸比丘欲以萬行莊嚴淨佛國土，滿慈子教以生滅四諦，是以大海內於牛跡也；此諸比丘欲學如來一心三智，滿慈子爲說二乘出世間智，是以日光比於螢火也；有此諸失，由不入定觀機故也。〔子〕二、結過富樓那此諸比丘久發大乘心，中忘此意；如何以小乘法而教導之？我觀小乘智慧微淺，猶如盲人，不能分別一切衆生根之利鈍。』

往昔已植大乘種子，若得現行大乘法雨所潤，卽發大乘芽，而根莖花葉枝果相隨生矣！今以小乘教導，卽壞其大乘種子；故云小乘智慧猶如盲人，不別根之利鈍。述昔被彈訶竟。〔壬〕四、結不堪之由分二：〔癸〕（一）結利益（二）結不堪。今初：

時維摩詰卽入三昧，令此比丘自識宿命，曾於五百佛所植衆德本，回向阿耨多羅三藐三菩提，卽時豁然，還得本心；

大士入定，神力加被，令知宿發大心，卽今還得本心者，以證前訶之不謬也。

於是諸比丘稽首禮維摩詰足，時維摩詰因爲說法，於阿耨多羅三藐三菩提不復退轉。

此諸比丘得益，故修敬禮；大士再爲說法者，卽菩提芽發，再灌漑也，故得不退轉菩提。〔癸〕二、結不堪：

**我念聲聞不觀人根，不應說法；是故不任詣彼問疾。」**

〔壬〕六、命迦旃延分四：〔癸〕（一）命往彼問疾（二）辭不堪任詣（三）述昔被彈訶（四）結不堪之由。今初：

**佛告摩訶迦旃延：「汝行詣維摩詰問疾。」**

摩訶翻大；迦旃延是其姓，此翻文飾，又云利根；諸弟子中論議第一。〔癸〕二、辭不堪任詣：

**迦旃延白佛言：「世尊！我不堪任詣彼問疾；**

〔癸〕三、述昔被彈訶分二：〔子〕（一）因覆講（二）被彈訶。今初：

**所以者何？憶念昔者佛為諸比丘略說法要；我即於後敷演其義，謂無常義、苦義、空義、無我義、寂滅義。**

如來無定法與人，但隨眾生心病而說；又所說法相，亦無定義，但隨眾生心量所解也。昔者佛為諸比丘略說法要，既云略說，即非廣演，既云法要，即是提綱；如來所說無常苦空無我，並及寂滅，其義無窮，深者聞之即義深，淺者聞之則義淺。但說其名，未釋其義，故云略說。無常苦空無我，統攝世間法也，諸法悉皆無常等故；寂滅一法，統攝出世間法也，諸法終歸寂滅海故；又寂滅一法統攝世間法也，以世間相常住故；無常苦空無我等，統攝出世間法也，以無常卽是常故；卽此五法，統攝如來一代時教，故云法要。迦旃延以小教覆講，其所釋之五義，皆是小乘；將圓融無礙之法狹於小教之中，謂世界身心遷變不停，是無常義；領納前境，擾亂身心，是苦義；世間諸法悉歸磨滅，是空義；世間諸法無有主宰，是無我義；煩惱斷盡，灰身泯智，是寂滅義；覆講竟。〔子〕二、被彈訶：

**時維摩詰來謂我言：『唯！迦旃延，無以生滅心行說實相法；**

心住實相，則所說所行，皆是實相，以不見有二相故；心行生滅，則所行所說，皆是生滅，以有二見故；諸法皆是實相，以生滅心行說者，則實相轉爲生滅矣！故云無以生滅心行說實相法。迦旃延分段雖無，變易全在，猶是生滅心行也。

**迦旃延，諸法畢竟不生不滅，是無常義；**

二乘見不生不滅是常，何得是無常義？菩薩見諸法性本自不生，今亦不滅，故云畢竟不生不滅；既見畢竟不生滅理，卽不住於常無常，故云是無常義。

**五受陰洞達空無所起，是苦義；**

二乘以分析觀，見五受陰空，卽無有苦，何得是苦義？菩薩以實智而照，五受陰性卽是法性，法性本自不起，故云洞達空無所起；以起而無起，卽苦中以見眞諦義理，故云是苦義。

**諸法究竟無所有，是空義；**

二乘以析法而觀諸法無有實體，雖則歸空，未見空理；菩薩觀諸法本無體性，故云究竟無所有；以見眞空理故，卽是空義。

**於我無我而不二，是無我義；**

二乘不見眞我，故觀諸法無我，以爲解脫；菩薩明了法身眞我，於我無我而不二，卽無我義。

**法本不然，今則無滅，是寂滅義。』**　註：然同燃

二乘滅除生滅，方證寂滅；菩薩以正智而觀，諸法性空，本自不生，則何有滅？故云是寂滅義。彈訶竟。〔壬〕四、結不堪之由：

**說是法時，彼諸比丘心得解脫；故我不任詣彼問疾。」**

〔辛〕七、命阿那律分四：（一）命往彼問疾（二）辭不堪任詣（三）述昔被彈訶（四）結不堪之由。今初：

**佛告阿那律：「汝行詣維摩詰問疾。」**

或云阿㝹樓陀，亦云阿泥樓豆；此翻無貧，亦云如意；因過去世饑，曾以一鉢稗飯施辟支佛，感九十一劫受如意樂，不受貧窮；今生為斛飯王太子，摩訶男之弟，佛之堂弟也。隨佛出家，好貪睡眠，佛訶之，如是七日不睡，失其雙明；佛愍之，教以金剛照明三昧，遂得半途天眼，於諸弟子中天眼第一。〔壬〕二、辭不堪任詣：

**阿那律白佛言：「世尊！我不堪任詣彼問疾；**

〔壬〕三、述昔被彈訶分二：〔癸〕（一）因為說天眼（二）被維摩詰訶。初中二：〔子〕（一）梵王問（二）那律答。今初：

**所以者何？憶念我昔於一處經行，時有梵王，名曰嚴淨，與萬梵俱，放淨光明，來詣我所，稽首作禮，問我言：『幾何阿那律天眼所見？』**

梵王為大千世界主，報得天眼，能見大千；聞佛弟子阿那律者天眼第一，故來作禮，而問阿那律天眼所見幾何者，意在比較天眼之優劣也。〔子〕二、那律答

**我即答言：『仁者！吾見此釋迦牟尼佛土三千大千世界，如觀掌中菴摩勒果。』**

此修得天眼也；梵王報得天眼，見大千世界，雖是常見，遠處不能清晰；阿那律修

得天眼，入定則有，出定則無，所見大千分明清晰，故如掌果。修得報得，二種天眼，比對而觀，互有優劣。〔癸〕二、被維摩詰訶分三：〔子〕（一）淨名訶斥（二）諸梵請問（三）讚佛天眼。今初：

**時維摩詰來謂我言：『唯！阿那律，天眼所見，爲作相耶？無作相耶？假使作相，則與外道五通等；若無作相，即是無爲，不應有見。』**

此以中道義訶也。梵王報得天眼，雖不作意，而有相對，即是作相；那律修得天眼，必須作意而後見相，亦是作相。訶意云：若作相者，是無常法，故云則等諸外道五通；若不作相，是斷滅法，故云不應有見。此即淨名一鏃破雙關耳，若非實證中道了義，何有如是辯才？〔子〕二、諸梵請問：

**世尊！我時默然；彼諸梵聞其言，得未曾有！即爲作禮而問曰：『世孰有眞天眼者？』**

聲聞著空見深，一問不敢復對，是故默然；凡夫著有見深，故躡跡而問。意謂著相非眞天眼，即同外道；不著則無所見，即同無眼；去此二途，誰便能見？故問曰世孰有眞天眼者。〔子〕三、讚佛天眼：

維摩詰言：『有佛世尊得眞天眼，常在三昧，悉見諸佛國不以二相。』

此讚佛而令仰慕也。如來五住煩惱究盡，證得眞淸淨心，故得眞淸淨眼。常在三昧，悉見諸佛國者，親證常寂光土，心無二心，故常在三昧；境無二境，故諸佛淨土常現在前。非有心，非無心，無二心，而常起諸見；非一相，非異相，無二相，而諸相現前；豈同作相不作相二邊之見哉！〔壬〕四、結不堪之由分二：〔癸〕（一）結得益（二）結不堪。今初：

於是嚴淨梵王及其眷屬五百梵天，皆發阿耨多羅三藐三菩提心，禮維摩詰足已，忽然不見！

由讚佛如是眞淨天眼，心生仰慕，故發菩提心。〔癸〕二、結不堪：

故我不任詣彼問疾。」

〔辛〕八、命優波離分四：〔壬〕命往彼問疾（二）辭不堪任詣（三）述昔被訶（四）結不堪由。今初：

佛告優波離：「汝行詣維摩詰問疾。」

亦云鄔波離，此飜上首；以其持律爲衆紀綱故，諸弟子中持戒第一者也。〔壬〕二、辭不堪任詣：

**優波離白佛言：「世尊！我不堪任詣彼問疾；**

〔壬〕三、述昔被彈訶分二：〔癸〕（一）爲比丘說律（二）被淨名訶斥。○初中二：〔子〕（一）比丘請問（二）如法解說。今初：

**所以者何？憶念昔者有二比丘犯律行，以爲恥，不敢問佛，來問我言：『唯！優波離，我等犯律，誠以爲恥，不敢問佛，願解疑悔，得免斯咎！』**

犯律者經無明文，未知犯何等律；若犯性業，根本既壞，律無環轉之條；不敢問佛，縱問優波離，亦無能爲也！若犯遮業，誠以爲恥，不敢問佛者，此二比丘已經慚愧悔過，罪性已銷矣！今白優波離願解疑悔者，不知過咎能否懺除也。〔子〕二、如法解說：

**我即爲其如法解說；**

如法者卽如律法而解說也。二比丘所犯之罪，輕重尚未之知！優波離卽如律法以分別解說，是性業，是遮業，是准懺，是不准懺之罪名；故云如法解說。〔癸〕二、被淨名訶斥：

時維摩詰來謂吾言：『唯！優波離無重增此二比丘罪！當直除滅，勿擾其心；

二比丘所犯之罪，既不敢白佛，卽生恐懼；或是其心不覺，而誤入於罪中；尚不知其罪之輕重，已有憂懼在懷，於自性清淨心已擾攘不安；今優波離如律科其罪名，卽定業不轉，是於自性清淨戒中重增其罪也。罪從一念不覺，被境所轉，故犯如來之律禁，今當滅除所犯罪之境，則心自清淨而不擾焉！

所以者何？彼罪性不在內，不在外，不在中間；如佛所說，心垢故衆生垢，心淨故衆生淨；心亦不在內、不在外、不在中間，如其心然，罪垢亦然諸法亦然，不出於如。

優波離拘守小乘律法，故爲如律分別罪相。淨名以大乘定共戒而觀，執心不起，故罪無自性；若有自性者，必在內外中間三處；今定共戒現前時，過去心不可得，罪性不在內；未來心不可得，罪性不在外；現在心不可得，罪性不在中間。定共戒中心垢卽是罪，故云心垢故衆生垢；心淨則無罪，故云心淨則衆生淨。正當定共戒現前時，三際俱斷，故云心不在內外中間，求心相了不可得，罪垢豈可復得哉！故云罪垢亦然。此既如是，一切諸法皆然，不出於如；如者定共戒體也。

如優波離以心相得解脱時，寧有垢不？』

此反乞問也，謂優波離以心相除滅煩惱，得解脫道時，猶有垢相否？

我言：『不也』。維摩詰言：『一切衆生心相無垢，亦復如是；

若觀一切衆生身相，卽罪業無邊；若觀一切衆生心體相者，卽空無相無作；故云無垢亦復如是。

唯優波離，妄想是垢，無妄想是淨；顚倒是垢，無顚倒是淨；取我是垢，不取我是淨；

此卽爲二比丘懺罪也。優波離只知用拙法懺罪，必須分別罪相，作法羯磨，方能滅罪；維摩詰善知用巧法懺罪，以定共戒，心與定合，自性如如，卽能滅罪。以自性本來清淨無染，如起信云：「眞如不守自性。」而有其念，卽成妄想，則淨隱垢顯；故云妄想是垢，無妄想是淨。背理向事，背眞向妄，背體向用，執著事相，違背眞如，皆是顚倒；以顚倒故，則作業因緣果報相繼不斷，故云顚倒是垢，無顚倒是淨。我相爲諸相之首，若著我相，則諸相叢生；故云取我是垢，不取我是淨。如是懺罪，但觀心不起，罪性本空，故爲巧法懺罪。

優波離，一切法生滅不住，如幻如電，諸法不相待，乃至一念不住；

此假無常觀以懺罪也。觀世間諸法無有常住者，故云生滅不住；幻法無體，亦不得久住；電光迅滅，人所皆知；此法不待彼法生而後滅、彼法來而後去，各各趣向生滅，故云諸法不相待；總而言之，乃至一剎那頃無有停止，故云一念不住。若如是觀，罪性無常，何愁不滅？

諸法皆妄見，如夢如燄，如水中月，如鏡中像，以妄想生；

此假無我觀以懺罪也。諸法無我實體，故云皆妄見；夢燄水月鏡像等，皆無體性也；諸法既無我體，罪性豈出諸法之外而有體性哉！

其知此者是名奉律，其知此者，是名善解。』

此結成上義也。意謂能知此上定共戒爲體，道共戒中慧觀爲用；若能如是，是名奉律善解也。奉律卽善治義，善解卽三解脫法門；又卽善解奉律法門也。此上彈訶竟。〔壬〕四、結不堪之由分四：〔癸〕（一）二比丘鄙小（二）優波離讚大（三）二比丘得益（四）正結不堪由。今初：

於是二比丘言：『上智哉！是優波離所不能及，持律之上而不能說。』

淨名奉大乘慧解脫戒，解其疑悔，故稱上智；優波離奉小乘律儀戒，不能解其疑悔，故云所不能及。〔癸〕（二）優波離讚大：

我答言：『自捨如來，未有聲聞及菩薩能制其樂說之辯，其智慧明達爲若此也！』

五百弟子及諸菩薩，皆被訶斥，故云未能制其辯。〔癸〕（三）二比丘得益：

時二比丘疑悔即除，發阿耨多羅三藐三菩提心，作是願言：『令一切眾生皆得是辯。』

〔癸〕（四）正結不堪由：

故我不任詣彼問疾。」

〔辛〕九、命羅睺羅分四：〔壬〕（一）命往詣問疾（二）辭不堪任詣（三）述昔被彈訶（四）結不堪之由。今初：

佛告羅睺羅：「汝行詣維摩詰問疾。」

此翻宮生，亦云覆障，乃佛之子；佛出家六年後方生，因往昔塞鼠穴六日，餓死群鼠，由是多生常處胎六年。智論云：「羅雲往昔爲王，期看仙人；王乃著樂，遂忘是事；仙人在外六月乏食，故感處胎六年之報。」諸弟子中密行第一。〔壬〕（二）辭不堪任詣：

**羅睺羅白佛言：「世尊！我不堪任詣彼問疾；**

〔壬〕三、述昔被彈訶分二：（一）說出家功德（二）被淨名訶斥。○初中二：〔子〕（一）諸長子請問（二）羅睺羅爲說。今初：

**所以者何？憶念昔時，毗耶離諸長者子來詣我所，稽首作禮，問我言：『唯！羅睺羅，汝佛之子，捨轉輪王位，出家爲道，其出家者，有何等利？』**

羅睺羅若不出家，當爲鐵輪王，（卽四轉輪之一）王一閻浮提，地下十由旬鬼神，空中十由旬鬼神，皆屬羅睺羅爲其給使；旣捨人中最尊之位，出家爲道，必有超過轉輪王處，故請問其出家者有何等利？〔子〕（二）羅睺羅爲說：

**我即如法爲說出家功德之利；**

如法爲說者，卽如小敎而說也。小敎中出家者，能得三明，具八解脫，能得三昧，能斷生死，能得涅槃，有如是功德；轉輪王乃世間麤淺無常之福，不可爲比。〔癸

㈡二、被淨名訶斥。分四：㈠子㈡（一）訶所說之失（二）讚出家之法（三）勸依身出家（四）勸依心出家。今初：

**時維摩詰來謂我言：『唯！羅睺羅，不應說出家功德之利；所以者何？無利無功德，是為出家；**

羅睺羅依小教說出家，發小心，行小行，證小果，對世間而言，有小利益，故說出家功德之利；淨名大士依大乘頓圓說出家，發大心，行大行，證大果，對了義而言，無利無功德，是真出家；故非小乘人之所能及也。

**有為法者，可說有利有功德；夫出家者，為無為法，無為法中，無利無功德；**

此釋無功德之所以也。小教中出三界家，對淨妙法身為有為法，以有三界可出，有生死可了故，可說有利有功德；大乘頓圓法中，出無明家，證真空理，為無為法，法尚無為，何功德利益之有？故云無為法中，無利無功德。㈠子㈡（二）讚出家之法：

**羅睺羅！夫出家者，無彼無此，亦無中間；**

此讚出無明家也。意謂若能頓破無明，則法身顯露，是真出家；法身不落二邊，故云無彼無此；不居中道，故云亦無中間；三處俱無，豈更有功德利益哉！

**離六十二見，處於涅槃；智者所受，聖所行處；**

由三處無故不著有無等諸見，故離六十二見；處見俱離，則自性湛然，故無生滅去來諸相，卽是處於涅槃義也。如是出家之法，諸有智者之所受持，三賢十聖之所行處也。

**降伏衆魔，度五道，淨五眼，得五力，立五根；不惱於彼，離衆雜惡；摧諸外道，超越假名，出淤泥，無繫著；無我所，無所受；無擾亂，內懷喜；護彼意，隨禪定，離衆過；若能如是，是眞出家。』**

衆魔卽四魔也，謂煩惱魔、死魔、五陰魔、天魔；已往不來五道受生，故云度五道；圓明照見法界，故云淨五眼；成就信進念定慧等五力，深立信進念定慧等五根。不惱害一切衆生，純一趣於至善之地，不以善惡雜糅，故云離衆雜惡。以正知見導引，使諸異學咸歸於正，故云摧諸外道；達妄卽眞，故云超越假名；能出生死煩惱，故云出淤泥；不爲愛見之所纏縛，故云無繫著。不著我相，則無有我；以無我故，我所自無；我所無故，則無能受之人及所受之法。二乘出三界家，則無煩惱擾亂；菩薩出無明家，則一切惑障不能為礙，故云無擾亂。以出家故，清心寡欲，道法充滿，故內云懷喜。能加被一切學者，莫生退志故云護彼意。心念如一，不起亂想，故云隨禪定。定性圓滿，外不動亂，則離外過；內不昏散，則離內過；內外過除，故云離諸過。

此結大乘出家也，謂若能如上諸法相而出家者，是真出家也。〔子〕三、勸依身出家：

**於是維摩詰語諸長者子：『汝等於正法中宜共出家，所以者何？佛世難值！』**

正法有事有理；事正法者，如來出世，所說之法，能令離二死苦，得涅槃樂；非外教偏邪之法，有修無證，故云佛世難值。理正法者，不落二邊直顯中道，能生正智；佛不出世，此理雖是常存，無人開示，終難悟入，故云佛世難值。由是義故，宜共出家。〔子〕四、勸依心出家：

**諸長者子言：『居士！我聞佛言，父母不聽，不得出家。』維摩詰言：『然，汝等便發阿耨多羅三藐三菩提心，是即出家，是即具足。』**

此卽四句中身不出家心出家也。大丈夫出家，皆爲無上覺道，既發無上道心，云已出乎世外；出家皆爲受具足戒，發菩提心，則一切具足，故云是卽具足。〔壬〕四、結不堪之由分二：〔癸〕（一）得利益（二）結不堪。今初：

**爾時三十二長者子皆發阿耨多羅三藐三菩提心，故我不任詣彼問疾。」**（癸二結不堪）

〔辛〕十、命阿難分四：〔壬〕（一）命往詣問疾（二）辭不堪任詣（三）述昔被彈訶（四）結不堪之由。今初：

**佛告阿難：「汝行詣維摩詰問疾。」**

阿難此翻慶喜，白飯王次子，調達親弟，佛之堂弟也。佛成道日所生，天人空中白淨飯王言：「太子成道。」後宮報云：「白飯生子。」當時舉國歡喜，因名慶喜。諸弟子中多聞第一，卽持佛法藏結集者也。〔壬〕二、辭不堪任詣：

**阿難白佛言：「世尊！我不堪任詣彼問疾；**

〔壬〕三、述昔被彈訶分三：〔癸〕（一）因爲佛乞乳（二）被淨名訶斥（三）聞空聲安慰。今初：

**所以者何？憶念昔時世尊身小有疾，當用牛乳，我卽持**

**鉢，詣大婆羅門家門下立；**

小教人只見如來應身，不見法身；應身假四大合成，一大違和，則三大相爭，故似有疾；大病須藥，小疾只須飲食調和，故爲持鉢乞乳；小家恐牛乳之不便，故詣大家之門。〔癸〕二、被淨名訶斥分二：〔子〕（一）說疾即是謗佛（二）讚歎如來法身。今初：

**時維摩詰來謂我言：『唯！阿難何爲晨朝持鉢住此？』**

晨朝非乞食之時，持鉢至此，必有以也，故云何爲晨朝持鉢至此。

**我言：『居士！世尊身小有疾，當用牛乳，故來至此。』維摩詰言：『止止！阿難，莫作是語；如來身者，金剛之體，諸惡已斷，衆善普會，當有何疾？當有何惱？**

答意者，謂師有疾，應用牛乳以療，弟子理當供給侍俸，故持鉢至此，以盡弟子之道也。止止莫作是語者，即當頭一棒也；小乘不發菩提心，故不能見如來堅固法身，此云如來身者金剛之體，即指法身而言也；法身迥出世表，故云諸惡已斷；法身淨法滿足，故云衆善普會；如是之身，當何疾惱之有？

**默往阿難，勿謗如來，莫使異人聞此麤言；無令大威德**

諸天及他方淨土諸來菩薩得聞斯語；

佛爲三界之大醫王，言有疾者，即是謗也；故令默往勿謗。異人即外道六師也，外道若聞佛疾。即謗爲善不足，故感斯疾，即是麤言。大威德天及他方菩薩，仰慕道德而來，若聞有疾，即生退志，故云無令得聞斯語。

阿難！轉輪聖王，以少福故，尚得無病；豈況如來無量福會普勝者哉！行矣阿難，勿使我等受斯恥也！

輪王因行世間十善，自行敎他，報得輪王少福，身尚無病；何況如來經無量劫，行盡世間一切諸善，故云福會普勝者；如是之人，豈有疾哉！我等爲佛弟子，佛若受恥，我等隨恥，故勸潛行，勿使我等隨受其恥也！

外道梵志，若聞此語，當作是念：何名爲師？自疾不能救，而能救諸疾人。可密速去，勿使人聞；

梵志翻淨裔，乃印度出家外道；自言先祖從梵天口生。外道若聞世尊有疾，謂眞有疾，即生毀謗，安足稱無上醫王？自疾尚且不治，焉能救治一切疾人？故令密速而行，勿使人聞。〔子〕二、讚歎如來法身：

當知！阿難，諸如來身即是法身，非思欲身；佛爲世尊，過於三界；佛身無漏，諸漏已盡；佛身無爲，不墮諸數；如此之身，當有何疾？』

謂如來示現四大和合之身，卽是法化所生之身，非如來業果所感分段思欲之身；佛爲三界獨尊，雖現身於三界，不爲三界所拘故云過於三界。諸漏卽欲漏有漏無明漏也，斷五住煩惱盡，方證佛果，故云佛身無漏；諸漏已盡，世間有爲法，或墮於定數，如來五住煩惱斷盡，二種生死永亡，故非有爲法也；豈數量之能限哉！故云不墮諸數。如此下結詞也，謂如上非思欲，過三界，諸漏盡，離數量，不可思議之身，更有何疾生起？故云當有何疾？被淨名彈訶竟。〔癸〕三、聞空聲安慰分二：〔子〕（一）阿難羞愧（二）空聲安慰。今初：

時我，世尊，實懷慚愧，得無近佛而謬聽耶！

實懷慚愧者，如上維摩詰彈訶，其言剛直，其理分明，讚歎佛身，本無有疾，更無疑義；又如來眞實語者，今言有疾，不敢疑佛錯說；我既多聞第一，向無差忒，或是心麤謬聽佛語耶！因此遂生慚愧。〔子〕二、空聲安慰：

即聞空中聲曰：『阿難！如居士言；但爲佛出五濁惡世，現行斯法，度脫衆生；行矣阿難，取乳勿慚。』

空中聲者，以阿難不疑佛語之錯，不疑居士說法之非，但生慚愧，疑自聞之謬，從此不敢自謂多聞，墮於疑悔之中，究竟不知是義之所歸趣；故感如來眞空無相法身中出聲，安慰開示。如居士言者，謂淨名所說佛身無疾之言。但爲佛出五濁惡世。現行斯法者，五濁卽刼濁見濁煩惱濁衆生濁命濁也，以五濁衆生剛强憍慢，嫉妬正法；現行斯事，卽現有疾乞乳，以化度如是衆生也。行矣取乳勿慚者，此正安慰也，意謂如來逆順皆是方便，度脫一切有情，深位菩薩尚不能盡知，豈以行位俱淺之聲聞而得知之乎！〔壬〕四、結不堪之由：

**世尊！維摩詰智慧辯才，爲若此也；是故不任詣彼問疾。』**

智慧辯才爲若此者，指上所辯佛身無疾之辭也；前旣被斥，今若再往，復被訶斥，則又玷辱於佛也，故不堪任詣彼問疾。十命阿難竟。總詰上文命十大弟子竟。

〔庚〕二、五百弟子皆辭不堪：

**如是五百弟子，各各向佛說其本緣，稱述維摩詰所言，皆曰不任詣彼問疾。**

此卽結廣也。謂不但十大弟子被訶，卽五百弟子皆有被訶之緣，各說本緣者，述其被訶之本因緣也；以未來此土，今故略之。以上弟子品竟。〇如來命使問疾科下〔己〕二、命菩薩分二：〔庚〕（一）釋品（二）釋文。今初：

# 菩薩品第四

此品來意者，以如來欲垂淨佛國土之教，而淨佛國土之機未熟，本懷未暢，欲吐欲茹；淨名預知其意，昔爲旁敲，種種訶小訶漸，令發淨土之心；今爲正助，示疾訶身讚佛，助揚淨土之化。如來先命弟子者，欲使述昔被訶，自鄙非淨佛國土之機，令其捨小慕大也；今命菩薩者，欲使述昔被斥，擔任行淨佛國土之行，以成就衆生也；故有此品相隨而來。其利生之心亦良苦矣！〔庚〕二、釋文分二：〔辛〕（一）命四菩薩行詣問疾（二）餘衆菩薩皆辭不堪。初中分四：〔壬〕（一）命彌勒分四〔癸〕（一）命往彼問疾（二）辭不堪任詣（三）述昔被難問（四）結所以不堪。今初：

**於是佛告彌勒菩薩：「汝行詣維摩詰問疾。」**

彌勒此翻慈氏，過去刧曾爲王，慈育國人，國人稱爲慈氏，自爾至今，常名慈氏；姓阿逸多，翻無能勝；或云阿逸多是名，慈氏是姓，未見出典，故從此義；爲娑婆當來一生補處菩薩也。〔癸〕二、辭不堪任詣：

彌勒白佛言：「世尊！我不堪任詣彼問疾；

菩薩辭不堪任詣者，非聲聞之可比也；彌勒爲一生補處，言不堪詣者，豈眞不堪哉！其不詣有深義也：一者，彌勒爲此土輔佛宣化之人，當順佛意，世尊以當度之機尚未純熟，頓圓大教不宜速說，常以方便漸教滋潤，令其增長大志；彌勒亦以方便漸教助佛弘揚，無意中被淨名以頓圓大義窮詰；昔被抑折，今往問疾，諸多不便。二者，彌勒預知佛意，欲令已述前被屈之事，以揚淨名之德，必至物機敬仰，將來入室，聞法易解。三者，彌勒當來成佛，其應度之機，皆在當來，縱往問疾，利益無多；現前機在文殊，彼往問疾，利益廣大。有此三義，故云我不堪任詣彼問疾。〔癸〕二、述昔被難問分二：〔子〕（一）爲天王說法（二）被淨名窮詰。今初：

所以者何？憶念我昔爲兜率天王及其眷屬說不退轉地之行，

兜率翻知足，以此天之樂五欲悉皆具足，天人亦已知足，故名兜率。天王知彌勒當生此天而爲教主，故常來恭敬親近；說不退轉地之行者，天人躭染天樂，無心修道，福盡應當退墮，彌勒應機說法，故爲說不退轉之行；必須證初住位，破一分無明，分證一分菩提，方得三不退轉。

〔子〕二、被淨名窮詰。分二：〔丑〕（一）詰受菩提記（二）釋發菩提相。今初：

**時維摩詰來謂我言：『彌勒！世尊授仁者記，一生當得阿耨多羅三藐三菩提；**

阿耨多羅三藐三菩提，此翻無上正等正覺。淨名以此為問者，意以彌勒為天說法，由滯方便漸次教中，不能作寂光淨土之因；頓圓大法知幻卽離，別無方便；離幻卽覺，亦無漸次；何有退不退轉地位階級？故以頓圓大義詰問其一生得記也。

**為用何生得受記乎！過去耶？未來耶？現在耶？若過去生，過去生已滅；若未來生，未來生未至；若現在生，現在生無住，如佛所說：「比丘，汝今即時亦生亦老亦滅。」**

彌勒說不退轉地之行，必也分證一分菩提，方不退轉；卽是恃我得菩提，而他不得，故以不退轉菩提而為說法。謂既受一生得菩提記，詰其生在何生？過去已滅，不得謂之生；未來未至，不得謂之生；現在雖謂之生，以念念遷謝，新新不住，亦不得謂之生；佛說亦生亦老亦滅，此證無住義也，無住則無現在生，生尚不可得，菩提豈可得乎？菩提既無得，則無受者，既無受則無菩提，無菩提則何有不退轉菩提之行可說？

**若以無生得受記者，無生即是正位，於正位中，亦無受記，亦無得阿耨多羅三藐三菩提，云何彌勒受一生記乎？**

既無有生，卽無有滅，無生無滅，卽是寂滅；故云卽是正位。於正位中若有受記，及得菩提者，卽是生義，既已有生，卽當有滅，有生有滅，卽非正位；故云於正位中亦無受記，亦無得阿耨多羅三藐三菩提。如是義者，云何彌勒得一生記乎？

**爲從如生得受記耶？爲從如滅得受記耶？若以如生得受記者，如無有生；若以如滅得受記者，如無有滅；**

如卽眞如，又卽上文正位中所含之眞理，故名曰如。意謂爲復從如如智生起得受記耶？爲復從如如理寂滅得受記耶？若以如智生而得受記者，如本無生，有生卽是凡夫，却非是如；故云如無有生。若以如理滅而得受記者，如本無滅，執滅卽是外道，却非是如；故云如無有滅。

**一切衆生皆如也，一切法亦如也，衆聖賢亦如也，至於彌勒亦如也；**

佛言大地衆生悉有如來智慧德相，皆由妄想執著而不能證得；若從相而觀，即是衆生；從性而觀，即非衆生；故云一切衆生皆如也。華嚴云：「應觀法界性，一切惟心造，心體即如。」禪宗云：「一裟纔掛體，萬法悉皆知。」亦即一切法亦如義也；如爲修道者之歸趣，故云衆聖賢亦如也；彌勒亦聖賢數，故云至於彌勒亦如也。

**若彌勒得受記者，一切衆生亦應受記，所以者何？夫如者，不二不異；**

既是衆生諸法聖賢彌勒一切皆如，即無二致也；如是則凡聖情盡，體露眞常，何以有得記不得記之異？故云若彌勒得受記者，一切衆生亦應受記。以如體不二不異，受記亦當不二不異，意在情與無情同圓種智，無有佛道可成，豈有記莂可受？

**若彌勒得阿耨多羅三藐三菩提者，一切衆生皆亦應得，所以者何？一切衆生即菩提相；**

此以自性菩提難得記修得菩提也；意謂修得菩提時，即是證得自性菩提，非從外得者；自性菩提，衆生悉皆本具，故云若彌勒得菩提者，一切衆生皆亦應得；一切衆生卽菩提相者，卽釋成自性菩提也。

若彌勒得滅度者，一切衆生，亦當滅度，所以者何？諸佛知一切衆生畢竟寂滅，卽涅槃相不復更滅；

此以自性涅槃難修證涅槃也；意謂修道證得涅槃時，卽是自性涅槃顯現時，非從外得者；自性涅槃，衆生本具，故云彌勒得滅度者，一切衆生亦當滅度；一切衆生畢竟寂滅卽涅槃相不復更滅者，此卽釋成自性涅槃也。

是故彌勒無以此法誘諸天子，實無發阿耨多羅三藐三菩提心者，亦無退者；

此以頓圓大義詰讀漸教之失也。謂於上所顯菩提涅槃，皆是性具，並非修得；性具之法，常遠如是，故無發菩提心者，亦無退菩提心者；若如此者，爲說不退轉地之行，豈非誘哃諸天子哉！詰受菩提記竟。〔丑〕二、釋發菩提相：

彌勒！當令此諸天子，捨於分別菩提之見；

楞嚴經云：「狂心卽歇，歇卽菩提。」不退轉位次也，有位次卽是分別，分別卽是狂心；不起分別，卽是歇心；故云當令此諸天子捨於分別菩提之見。

所以者何？菩提者不可以身得，不可以心得；

菩提卽法性之眞智，非有形、非無形，豈可以幻化不實之身、無常不住之心，而能得乎？

**寂滅是菩提，滅諸相故；不觀是菩提，離諸緣故；不行是菩提，無憶念故；斷是菩提，捨諸見故；**

菩提爲無量智德聚會之名稱，非思量卜度之能及，豈以語言文字能解其義哉！但前文言菩提不可得，雖不可得，然亦不可失；故以二十五句釋其相也。菩提非生滅有相之法，故云寂滅是菩提；有生滅卽有諸相，生滅旣滅，卽無諸相，故云滅諸相故。菩提非緣觀之法，故云不觀是菩提；有能觀之心，卽有所緣之境，旣無能觀，所觀亦無，故云離諸緣故。菩提非行爲之法，故云不行是菩提；有行爲卽有憶想念慮，以無行故，憶念自無。菩提非見見之法，以斷諸見，卽是菩提，非別有也。

**離是菩提，離諸妄想故；障是菩提，障諸願故；不入是菩提，無貪著故；順是菩提，順於如故；**

菩提非思想之法，能離妄想，卽是菩提；妄想不起，則本有智光自現，故云離是菩提；以能離卽智故。菩提乃自性本然，非願欲之能得，卽眞性菩提也；若有願欲，卽障眞性；眞性若現，願欲卽除；故云障諸願故。菩提非受用之境，故云不入是菩提；以不入諸塵，貪著自無故也。菩提卽如如之智，故云順是菩提；以如如智順如如理也。

住是菩提，住法性故；至是菩提，至實際故；不二是菩提，離意法故；等是菩提，等虛空故；

菩提非去來之法，故云住是菩提；以住於法性之中，則不住色聲香味觸法也。菩提本非虛妄，必有所至，故云至是菩提；以至於實際埋地，則智德自具也。菩提本無二相，故云不二是菩提；見不二理，則意與法自無分別，故云離意法故。菩提本無彼此，上至諸佛，下及微細含蠢蠉動諸蟲，悉皆同等，如虛空之普含一切也。

無爲是菩提，無生住滅故；知是菩提，了衆生心行故；不會是菩提，諸入不會故；不合是菩提，離煩惱習故；

生滅爲有爲，菩提本非有爲之法，故云無爲是菩提；證無爲理，則生住異滅有爲諸相自無，故云離生滅也。菩提爲大智慧聚，故云知是菩提；以能了知衆生心之所行故。菩提迴脫根塵，不與衆緣聚會，故云不會是菩提；不會卽是智照，以智照故，諸入不會合也。菩提自性清淨，離諸污染，故云不合是菩提；不合煩惱習氣，卽合自性眞如，眞如中不容虛妄，故云離煩惱習故。

無處是菩提，無形色故；假名是菩提，名字空故。如化是菩提，無取捨故；無亂是菩提，常自靜故；

凡有色相者，卽有處所，菩提本無形色，故云無處是菩提；無形色故。菩提本來離名字相，言菩提者，亦是智德之假名；名字性空，故不可說，以不可說故，方顯自性菩提，故曰假名是菩提，名字空故。菩提雖是性具，本非識心，猶如化人不作取捨知見，故云如化是菩提，無取捨故。菩提性靜，一切聲色不能攪擾，故曰無亂是菩提，常自靜故。

善寂是菩提，性清淨故；無取是菩提，離攀緣故；無異是菩提，諸法等故；無比是菩提，無可喻故；微妙是菩提，諸法難知故。』

菩提自性純清，無諸參雜，對境對心，悉皆寂淨，故云善寂是菩提，性清淨故。菩提一切具足，無所乏少故無所取；以無取故，無有攀緣，故云無取是菩提，離攀緣故。菩提無差別相，一相同相，故云無異；以無異故，諸法皆等，故云無異是菩提，諸法等故。菩提爲無上究竟之道，無倫匹者，故云無比是菩提，無可喩故。菩提之道，甚深無量，廣博無涯，精微奧妙，非思量測度之能知，故云微妙是菩提，諸法難知故。此上二十五句，皆以圓頓了義釋成三菩提相，謂眞性實智方便也；一一攝歸圓滿菩提，並無階級漸次，豈有不退轉地之可說哉！述昔被難問竟。〔癸〕（四）結不堪之由分二：〔子〕（一）結得益（二）結不堪。今初：

**世尊！維摩詰說是法時，二百天子得無生法忍；**

因聞菩提本自無生之眞理，悟知諸法亦復無生，能堪任住於無生，是眞不退轉地矣！其與次第解釋不退轉地之行相去天壤耳！〔子〕二、結不堪：

**故我不任詣彼問疾。」**

〔壬〕二、命光嚴童子分四：〔癸〕（一）命往彼問疾（二）辭不堪任詣（三）述昔逢說法（四）結不堪之由。今初：

**佛告光嚴童子：「汝行詣維摩詰問疾。」**

自性光明不昧，了了寂照，常自莊嚴其心；六度萬行已圓，感衆寶光，用以莊嚴其身；身心皆有光明莊嚴，故名光嚴。有童眞之德，故曰童子。乃在家菩薩！位居補處，示童子身；助佛揚化，亦卽淨名寶積之類也。〔癸〕二、辭不堪任詣：

**光嚴白佛言：「世尊！我不堪任詣彼問疾；**

辭不堪任者，非不敢往也；已知問疾有大法會，說法有人，非我責任，聽衆雖多，非我機宜；若任詣彼問疾，往返徒勞，無多利益，故辭不往也。〔癸〕三、述昔逢說法分二：〔子〕（一）述相逢請問（二）述正爲說法。○初、中二〔丑〕：（一）述相逢（二）正請問。今初：

所以者何？憶念我昔出毗耶離大城，時維摩詰方入城，我即爲作禮而問言：『居士從何所來？』答我言：『吾從道場來。』

此述相逢之處，大城表一乘寂滅場地，即表如來入中一坐成道之場也。光嚴位居補處，只待寂場成道，其心念慮常懷道場；出大城者，以表光嚴常住道場，自不知是道場，背道場而去也。維摩詰方入城者，以表淨名知是道場，特向道場來也。於城門出入相遇者，表二大士雖是法身，皆居因位，未證究竟佛果也。光嚴作禮而問言居士從何所來者，意在法身本無住處，何有往來？問何所來者，即問難淨名，欲藉此以說法也。淨名答言吾從道場來者，已知光嚴戀慕道場，故答從道場來以起問端，將便開導而伏其意也。〔丑〕（二）正請問：

我問：『道場者何所是？』

淨名意在頓圓，盡法界爲一乘寂滅場地，無非道場，故云從道場來。光嚴滯在行位，以因圓果滿菩提樹下一坐成道之場爲道場，故問云道場者何所是。〔子〕（二）述正爲說法：

答曰：『直心是道場，無虛假故；

此下三十三句說道場。初一句是總，中間三十一句是別，末後一句是結。初直心是道場者，心爲法界之體，能造十種法界；道場乃佛界圓滿之所，若虛假不直，則佛界不圓，依然流入九法界矣！故首言直心；直心爲莊嚴道場之基本，基本牢固，然後隨其造作，悉皆牢固；楞嚴云：「心言直故，如是乃至終始地位，中間永無諸委曲相。」故云直心是道場，無虛假故。

發行是道場，能辦事故；深心是道場，增益功德故；菩提心是道場，無錯謬故；

發行者發起萬行也，謂先爲道場而立直心，由直心而發起萬行，以萬行而莊嚴道場，故曰發行是道場，能辦事故。華嚴云：「初發心住，能坐道場，成等正覺。」亦此義也。深心是道場者，若無深心，則所解理麤，所行行淺，終不能至道場；以有深心故，則四願弘大，萬行功多，縱經塵劫而不畏，齊行萬行而不疲；發深心時，卽成道時，何也？以有深心故，中無止息，終歸佛果也；故云深心是道場，增益功德故。菩提心是道場者，修行人若不發菩提心，其歸趣終無準的，或入聲聞緣覺，或墮邪魔外道，亦未可知！以發菩提心故，則終有歸處，故能統攝萬行，不至流溢，以作莊嚴佛土之具，誠諦無差也；故云菩提心是道場，無錯謬故。

**布施是道場，不望報故；持戒是道場，得願具故；忍辱是道場，於諸衆生心無礙故；精進是道場，不懈退故；禪定是道場，心調柔故；智慧是道場，現見諸法故；**

此上言六度是道場也。布施望報，乃人天有漏之因，功德甚小；若觀三輪體空，不見施者受者及所施之物，故不望報，雖不望報，而功不唐捐，冥中莊嚴佛土；故云布施是道場，不望報故。持戒是道場者，謂持如來三聚淨戒。卽能莊嚴四種淨土；饒益聚卽莊嚴同居，律儀聚卽莊嚴方便，善法聚卽莊嚴實報；三聚不缺，卽莊嚴寂光；以戒無缺漏，則心光不昧；戒德完全，方能有願必從，故云持戒是道場，得願具故。忍辱是道場者；生忍，則怨憎毒害，忍耐不報；苦行忍，則衆苦所逼，安受不動；第一義忍，則諦觀諸法，體性虛妄；又得無生法忍，則親見無生理與法身相應；有此諸忍，則不擾亂衆生，故云忍辱是道場，於諸衆生心無礙故。精進是道場者；華嚴經云：「若人心不起，精進無有涯。」由心不起故，與法身相應，是大精進；由精進故定歸寶所，不至中止退還；故云精進是道場，不懈退故。禪定是道場者，心若調和，不動不亂，卽是保養聖胎；諸佛皆由甚深禪定，入金剛三昧，成等正覺；故曰禪定是道場心調柔故。智慧是道場者，若無智慧，則心光黑暗，盲冥無知；以有智慧故，能破無明，無明破盡，則眞現量顯，不由思量，照了諸法，故云智慧是道場，現見諸法故。

**慈是道場，等衆生故；悲是道場，忍疲苦故；喜是道場，悅樂法故；捨是道場，憎愛斷故；**

此言四無量心是道場也。諸佛成道，皆爲利樂一切衆生；若行平等大慈，卽與諸佛同體；故云慈是道場，等衆生故。諸佛出世，卽爲救世；若行平等大悲，救度一切，不生疲厭，卽與諸佛同心；故云悲是道場，忍疲苦故。衆生沉迷不返，諸佛如來，見衆生一念之善，悉皆歡喜；乃至見其念念皆善，得正法，出三界，破無明，顯法身，則大喜無畏；菩薩能行大喜，則契合如來法身，故云喜是道場，悅樂法故。諸佛以無緣慈，平等悲，法樂喜，利益一切衆生而無衆生相，法非法相；憎愛二心，皆悉捨離；菩薩能行如是大捨，卽與法身脗合，故云捨是道場，憎愛斷故。

**神通是道場，成就六通故；解脫是道場，能背捨故；方**

便是道場，教化衆生故；四攝是道場，攝衆生故；

道場成佛，皆爲救度一切衆生；若無神通，如人無手，不能拔濟沉溺之人；以有六通，則利生事易，方能具足佛法利生之事；故云神通是道場，成就六通故。六通卽天眼通，天耳通，神足通，他心通，宿命通，漏盡通。道場者以惡法除盡，善法具足，方能圓滿道場；解脫卽八解脫也；二乘修八背捨，觀八色流光，證八解脫；菩薩修二十五三昧，得解脫道，能背捨一切惡法，成就道場；故云解脫是道場，能背捨故。方便卽善巧，若但以眞實之法，其利生不普，不能圓滿道場；必以善巧隨機設敎，然後引入實際；故云方便是道場，敎化衆生故。四攝卽布施、愛語、利行、同事也，什師云：「惠施有二種，下人以財施，上人以法施；愛語復有二種，下人則以輭言將悅，上人則以法語慰諭；利語亦有二種，下人則爲設方便令得俗利，上人則爲作方便令得法利；同事亦有二種，同惡人則誘以善法，同善人則令增善根。」有此四法，方能圓滿道場，故云四攝是道場，攝衆生故。

多聞是道場，如聞行故；伏心是道場，正觀諸法故；三十七品是道場，捨有爲法故；四諦是道場，不誑世間故；緣起是道場，無明乃至老死皆無盡故；

道場本爲利生，多聞如行，能成就差別智，坐道場時利生得便，故云多聞是道場，如聞行故。伏心卽降伏其心也，以正觀現前，則邪念不起，心自降伏；以降伏故，卽得清淨，心清淨故，卽是道場；故云伏心是道場，正觀諸法故。三十七品，前已廣釋；以此道品，能捨世間諸法，成就寂滅道場也；故云三十七品是道場，捨有爲法故。諦有四諦、三諦、二諦、一諦、無量諸諦之別，合而言之，皆是誠諦之言，非世俗語言虛假不實；故云諦是道場，不誑世間故。緣起卽十二緣生也，爲一切衆生生死流轉波浪不息之大苦海；是故緣覺觀無明滅乃至老死皆滅，卽有盡也；亦是諸佛聖賢寶莊嚴海，如善財童子入海門國，重觀十二有支，生死大海，見佛出興，說普眼經，及佛功德海，諸波羅蜜海，是故無盡；又云若厭十二緣生，別求解脫智海者，如捨冰而求水；故云緣起是道場，無明乃至老死皆無盡故。

**諸煩惱是道場，知如實故；衆生是道場，知無我故；一切法是道場，知諸法空故；**

煩惱實性卽是佛性，如下文云：「煩惱之儔，起如來之種。」故云煩惱是道場，知如實故。衆生由知無我，故發菩提；以發菩提故，卽非衆生，終成佛道；故云衆生是道場，知無我故。見法實性者，法卽是空；非法滅空，以當體空故；卽見眞空之理，與道場證得無二無別；故云一切法是道場，知諸法空故。

**降魔是道場，不傾動故；三界是道場，無所趣故；師子吼是道場，無所畏故；**

魔如佛如，本無二體；魔羅不守如體，別起知見，以不順己之知見，則擾害之；降魔非起知見與其爭鬪，但如如不動，魔力自消，消則復還如體；故云降魔是道場，不傾動故。明見三界不實，常遊三界，化度衆生，非業果趣，故云三界是道場，無所趣故。獅子吼名決定說也；以智照理，理無不徹；以智鑑機，機無不知；故於衆中說法，如獅子吼，自無怖畏，令其聞者，怖畏發心，修菩提道；故云師子吼是道場，無所畏故。

**力、無畏、不共法是道場，無諸過故；三明是道場，無餘礙故；**

十力、四無所畏、十八不共法，皆是佛果所有之法也；以得如上之法，故無諸過，得坐道場。三明卽天眼宿命漏盡也，由三明通達無礙，方得見理分明，能坐道場。

**一念知一切法是道場，成就一切智故；**

道場所得智慧，於一念間，豎窮三際，橫徧十方，於一切法無不知者；以成就一切智，方坐道場；此卽究竟圓滿道場義也。

如是，善男子！菩薩若應諸波羅蜜，教化衆生，諸有所作舉足下足，當知皆從道場來，住於佛法矣！』

意謂菩薩若能應上諸波羅蜜自行、化他，心之所念，身之所行，一切造作營爲，舉足下足，皆從道場來，卽是步步踏佛階矣！住於佛法者，卽無一非佛法矣！述昔逢說法竟。〔癸〕四、結不堪之由分二：〔子〕（一）結得益（二）結不堪。今初：

說是法時，五百天人皆發阿耨多羅三藐三菩提心；

〔子〕二、結不堪：

故我不任詣彼問疾。」

〔壬〕三、命持世菩薩分五：〔癸〕（一）命詣彼問疾（二）辭不堪任詣（三）述昔被魔撓（四）被淨名降魔（五）結不堪之由。今初：

佛告持世菩薩：「汝行詣維摩詰問疾。」

此出家菩薩也；以持三世惡業不生，持三世善法不失，故名持世。此菩薩常樂靜居，持心不亂，故名持世。〔癸〕二、辭不堪任詣：

持世白佛言：「世尊！我不堪任詣彼問疾；

〔癸〕三、述昔被魔撓分四：〔子〕（一）天魔現相（二）善言誡勸（三）魔獻天女（四）却不肯受。今初：

所以者何？憶念我昔住於靜室，時魔波旬從萬二千天女，狀如帝釋，鼓樂絃歌，來詣我所；與其眷屬，稽首我足，合掌恭敬，於一面立；

波旬此翻殺者，常欲斷人慧命，故名殺者；又云惡中惡者。因持世厭惡喧囂，貪樂靜謐；由是天魔候得其便，從來天女鼓樂弦歌稽首恭敬者，魔以順情之境撓亂其意志也。〔子〕二、善言誡勸：

我意謂是帝釋，而語之言：『善來憍尸迦，雖福應有，不當自恣；當觀五欲無常，以求善本，於身命財而修堅法。』

持世爲魔所蔽，以爲帝釋，故爲說法也。憍尸迦帝釋姓也；既爲天主，報得天福，故云雖福應有；從萬二千大女，鼓樂弦歌而來人間，卽是放縱；故曰不當自恣。五欲者，五根所受用之情境也；五欲雖有，終歸無常；故云當觀無常，以求善本也。善本卽眞常不壞之本，乃眞如自性是也；天人雖是身命財寶較人殊勝，現前放逸貪著，終歸敗壞；若能以道為念，忘其身命，施捨財寶，當來必得身命財三堅固之法；故勸修三堅法也。〔子〕三、魔獻天女：

即語我言：『正士！受是萬二千天女，可備掃灑。』

因教修三堅法，即乘其便欲遣魔女撓亂其心也。〔子〕四、却不肯受：

我言憍尸迦：『無以此非法之物要我沙門釋子，此非我宜。』

持世知根智未現其前，故被波旬所惑；彼以曲心獻女，欲借嬌嬈以惑其心志；此由戒根清淨，直以正念而斥其非法。言非法者，以此染污之法如來法律之所不容；强迫與之，故云要我；彼既所施不淨，故云非我所宜。述昔被魔撓竟。〔癸〕二、述淨名降魔分四：〔子〕（一）降魔受女（二）為女說法（三）魔求還女（四）還女誡勉。○初、中二：〔丑〕（一）告是魔（二）為降伏。今初：

所言未訖，時維摩詰來謂我言：『非帝釋也，是為魔來嬈固汝耳！』

淨名以淨天眼觀見持世被魔所厄，即運神足而來，先告是魔非天，即使持世心得清淨明了，然後降伏也。嬈固汝者，以嬌嬈之女惑汝堅固之志也。〔丑〕二、為降伏：

即語魔言：『是諸女等，可以與我，如我應受。』

降魔意者，先以正智照魔屈曲之心；謂汝欲以女施人者，我爲白衣，非是沙門釋子，受女無妨；從其索女者，一爲令魔驚心，二爲受女教化，故云是諸女等可以與我，如我應受。

魔即驚懼，念維摩詰將無惱我？欲隱形去，而不能隱；盡其神力，亦不得去。

卽由障蔽人心，伺其便而撓害，既被識破，心不自安；欲隱形去而不得去者，淨名神力之所制也。

即聞空中聲曰：『波旬以女與之，乃可得去。』魔以畏故，俛仰而與。

空中出聲，亦淨名神力所作也；魔以畏故，俛仰而與者，因不得已而與之，故曰俛仰。〔子〕二、爲女說法分二：〔丑〕（一）勸發心（二）勸修行。今初：

爾時維摩詰語諸女言：『魔以汝等與我，今汝皆當發阿耨多羅三藐三菩提心。』

意謂既爲女身，應守柔順之德；屬魔既已隨其欲貪，屬正應當隨其道業；發菩提心，爲萬行之根本，故先教以發菩提心也。〔丑〕（二）勸修行分三：〔寅〕（一）隨應爲說勸樂法樂（二）天女請問法樂之相（三）廣爲解釋法樂之相。今初：

**即隨所應而爲說法，令發道意；復言：『汝等已發道意，有法樂可以自娛，不應復樂五欲樂也。』**

隨所應而爲說法者，即觀根性而授教也；發心爲入道之初門，故先觀根性；然後以方便令發道意，既發道意，即教以行行。此教樂法樂者，以天女一向躭樂，故云有法樂而可以自娛，此即對病與藥也。〔寅〕二、天女請問法樂之相：

**天女即問：『何謂法樂？』**

天女躭五欲之樂，猶嫌不足，聞說法樂，即便欣然；意謂法樂必更勝於五欲之樂。故即問言何謂法樂。〔寅〕三廣爲解釋法樂之相

**答言：『樂常信佛，樂欲聽法，樂供養衆，樂離五欲；**

此即先勸樂四不壞信也。華嚴云：「信爲道源功德母，長養一切諸善法。」天女常住魔宮，即是闡提信不具者；淨名以神力降伏收歸，爲說法樂，故勸樂四信。佛爲三界大師，四生慈父，故當信之；法爲濟苦舟航，療病良藥，故當信之；僧爲五德

六和，弘法利生，故當信之；戒爲菩提根本，修行儀軌，故當信之；離五欲即戒也。四者爲入道之門，故首先勸之；樂此四事，當來樂無窮盡，豈天樂之可比哉！

**樂觀五陰如怨賊，樂觀四大如毒蛇，樂觀內入如空聚；**

此令觀身是苦，不貪著身，即捨欲樂而得法樂也。衆生因貪五陰之身，故損害法身；刼奪功德法財，故云怨賊；因受四大之相，殺害刼奪他之財命，以自資養，造無量罪，毒害法身，相隨受苦，故云如毒蛇；因貪內入受用之具，造業受報，故當觀內入無常，不久敗壞，現有非實，猶如空聚，免至造業也。若能作如是等觀，則不至造罪受苦，即是法樂也。

**樂隨護道意，樂饒益衆生，樂敬養師；**

發隨喜功德，護持道法之心，當得無窮利益，故云樂隨護道意；自既得益。應當使他亦得是益，故云樂饒益衆生；我得利益，由師所授，知恩必報，應當恭敬供養，故云樂敬養師。

**樂廣行施，樂堅持戒，樂忍辱柔和，樂勤集善根，樂禪定不亂，樂離垢明慧；**

此勸樂修六度也；以六度爲行之總，行此六法，當得無量福德，無量智慧，二種莊嚴，樂何如也！

樂廣菩提心，樂降伏衆魔，樂斷諸煩惱，樂淨佛國土，樂成就相好故，修諸功德，樂莊嚴道場；

樂廣菩提心者，謂發廣大菩提心，卽四弘誓願也；既發菩提，恐被魔撓，故樂降伏衆魔；煩惱障礙菩提，故樂斷煩惱；外伏諸魔，內斷煩惱，卽淨土之因，故樂淨佛國土；淨土行成，卽加功進步，故樂成就相好修諸功德；然後樂莊嚴道場，以便當來坐道場成正覺，卽樂之極也，豈天樂之能及哉！

樂聞深法不畏；樂三脫門，不樂非時；樂近同學，樂於非同學中心無恚礙；

聞甚深微妙之法，樂而行之，必窮其底，若生畏怯，卽苦非樂，以無畏故，則是眞常之樂也。三脫門卽空無相無作，二乘於此三門雖樂而不究竟，卽是非時；菩薩於此三門能得究竟，卽成三三昧，故云樂三脫門，不樂非時。同學卽同行者，彼此同學大乘，故名同學，應當親近；非同學者，彼此所學各異，故名非同學，而亦不起瞋恚之心，卽平等樂也。

樂將護惡知識，樂親近善知識；樂心喜清淨，樂修無量道品之法，是爲菩薩法樂。』

惡知識卽懷惡心行惡事喜造惡業者也；若不護彼，將起惡感，於彼不能轉惡爲善，於我將爲彼所撓亂，卽不得樂；以護彼故，卽生善感，或可轉惡爲善，不至撓亂，卽自他兩樂；故樂護惡知識。善知識者，是大慈航，能生行人三乘道力，五分法身，故當親近。心不染於塵垢，其樂雍雍，故樂心淸淨。若修無量道品之法，便得無量安穩快樂，故當樂之。苟能如是，則現得法喜之樂當來能得眞常寂滅之樂，豈無常天樂之能及哉！爲女說法竟。〔子〕三、魔求還女分二：〔丑〕（一）邀諸女同還（二）向淨名索還。今初：

於是波旬告諸女言：『我欲與汝俱還天宮。』諸女言：『以我等與此居士，有法樂我等甚樂，不復樂五欲樂也。』

諸女宿植善根，因貪五欲，而墮魔宮；今聞淨名說法，發起宿世善根，故不願還魔宮。〔丑〕二、向淨名索還：

魔言：『居士可捨此女？一切所有施於彼者，是爲菩薩。』維摩詰言：『我已捨矣！汝便將去，令一切衆生得法願具足。』

菩薩凡所作爲，皆爲利益一切衆生；女既聞法得樂，縱還魔宮，亦不失其善根，非前往魔宮之可比；或可在宮而轉魔歸正，是故捨之；又則滿魔之願，或可因此回心向道，轉成法願，故發願言，令一切衆生得法願具足。〔子〕四、還女誡勉分三：〔丑〕（一）天女問住魔宮之法（二）淨名爲說無盡燈門（三）天女作禮，隨魔還宮。今初：

於是諸女問維摩詰：『我等云何止於魔宮？』

昔在魔宮，以五欲爲樂；今聞法樂勝五欲樂，若還宮則法樂失矣！意在不失法樂，故問云何止於魔宮。〔丑〕二、淨名爲說無盡燈門：

維摩詰言：『諸姊！有法門名無盡燈，汝等當學；無盡燈者，譬如一燈燃百千燈，冥者皆明，明終不盡；

此喻說也；魔宮喻幽暗之室，唯佛法燈能破。無盡燈者，橫則一傳無量，而各不滅其本體；竪則光光相續，而永不斷其光明；故云冥者皆明，明終不盡。

如是諸姊！夫一菩薩開導百千衆生，令發阿耨多羅三藐三菩提心，於其道意亦不滅盡，隨所說法，而自增益一切善法，是名無盡燈也。

此合法也；謂發菩提心即是菩薩，能破衆生無明黑暗，猶如燈光；一菩薩開導百千衆生令發菩提心，猶如一燈然百千燈；不滅道意隨所說法而自增益者，即是冥者皆明明終不盡義也。

汝等雖住魔宮，以是無盡燈，令無數天子天女，發阿耨多羅三藐三菩提心者；爲報佛恩，亦大饒益一切衆生。

』此結歸天女得益也。然世間衆生不定，故爲易化；魔仗業力神通，成邪定聚，幽暗難化；故敎天女還宮，傳無盡燈法門，令天子天女皆發菩提心，即是以魔降魔也；橫則普徧魔宮，人人皆發菩提，豎則魔之眷屬，世世相傳不絕；故云爲報佛恩，亦大饒益一切衆生。

〔丑〕三、天女作禮隨魔還宮：

爾時天女頭面禮維摩詰足，隨魔還宮，忽然不現。

〔癸〕五、結不堪之由：

世尊！維摩詰有如是自在神力，智慧辯才，故我不任詣彼問疾。」

〔壬〕四、命善德分四：〔癸〕（一）命詣彼問疾（二）辭不堪任詣（三）述昔承說法（四）結不堪之由。今初：

佛告長者子善德：「汝行詣維摩詰問疾。」

善德即在家菩薩，亦是法身大士；示現長者子身，助佛宣揚化法者，即五百長者子之一也；言善德者，天台云：「善是善巧，德謂得理，（德字應得）以善巧得理，故名善得。」今從藏本，依然善德。〔癸〕二、辭不堪任詣：

善德白佛言：「世尊！我不堪任詣彼問疾；

〔癸〕三、述昔承說法分六：〔子〕（一）善德但設大財施會（二）淨名責宜財法二施（三）時衆聞法發菩提心（四）善德聞法解瓔供奉（五）領受瓔珞上供下施（六）現神變已復爲說法。今初：

所以者何？憶念我昔自於父舍，設大施會，供養一切沙門婆羅門，及諸外道貧窮下賤孤獨乞人，期滿七日；

父舍即祖父相承所住之舍也。生公云：「即度婆羅門法，七日祀梵天，行大施會，期生彼天。」關河舊解云：其家父祖邪見，世世恒修邪祠，下祠用羊，中祠用牛，上祠用人；善德教化絕此邪祀，勸修正道，行眞檀施，其家大富，四事豐饒；營斯大會，供養一切，出家在家，內道外道，及諸貧賤，來者無隔，供給所須，期滿七日，此卽設財施會也。

〔子〕二淨名責宜財法二施分六〔丑〕（一）斥責（二）請問（三）略說（四）重請（五）廣說（六）總結，今初：

時維摩詰，來入會中謂我言：『長者子！夫大施會不當如汝所設，當爲法施之會，何用是財施會爲？』

淨名慈悲普被，聞大施會，故來入會，爲種福田；旣入會中，見其有財無法，終是有漏之因，何爲大施之會？故斥云當爲法施之會，何用是財施會爲。〔丑〕二、請問：

我言：『居士！何謂法施之會？』

〔丑〕三、略說：

『法施會者，無前無後，一時供養一切衆生，是名法施之會。』

此略說法施之會，卽財施以顯法施也；謂施者堅觀則無前後際，橫觀則一時供養一切衆生；無前後則中道理顯，受者得平等惠，卽能戀慕平等，而得法喜；又無前無後正施財時，卽是中道法施；一時供養一切衆生，卽是普徧法施；如是財施卽法施也。又無前無後，則無時分限量；一時供養一切衆生，則無彼此限量；如是卽成無量法施也，故名法施之會。〔丑〕四、重請：

**曰：『何謂也？』**

因所說法施，言略義深，不能普令衆解；意在此施會中，諸所來者，根行不齊，欲令廣演斯義，令衆悉皆開解，莊嚴施會，卽成就法施，故重請耳！〔丑〕五、廣說：

**謂以菩提，起於慈心；以救衆生，起大悲心；以持正法，起於喜心；以攝智慧，行於捨心。**

此四無量心也。謂施會皆爲衆生得樂而設，菩薩爲利樂一切衆生而發菩提心；又若勸衆生發菩提心，當得眞常樂果，卽是眞大慈也；故云謂以菩提起於慈心。衆生迷眞逐妄，無始以來，茫茫大夜，常在生死輪廻之苦；若爲說法令出生死，是名眞大施主，故云以救衆生，起大悲心。無偏無陂之謂正，衆生執有無斷常諸見，不知中道正理；若持正理之法以設施會者，於諸衆生當得無窮利樂法喜，故云以持正法起於喜心。衆生盲冥無智，不知三輪體空，於身命財貪得無厭，故受種種諸苦；縱有微少惠施，心期廣大果報；菩薩以大智慧觀照諸法本空，法尚應捨，何況非法？卽無不知已捨也，自以此心設大施會，使諸受者亦得此心，故云以攝智慧行於捨心。

以攝慳貪，起檀波羅蜜；以化犯戒，起尸羅波羅蜜；以無我法，起羼提波羅蜜；以離身心相，起毗梨耶波羅蜜；以菩提相，起禪波羅蜜；以一切智，起般若波羅蜜。

起法施會，皆爲攝生；六波羅蜜，攝生廣博，故次四無量心而說也。檀那翻布施，慳貪衆生，非施不攝；波羅蜜翻到彼岸，謂先以財法無畏三施，以滿其願欲，攝其歸心，後說布施能到彼岸，使其得法；故云以攝慳貪，起檀波羅蜜。尸羅翻清涼，諸犯戒者，先以尸羅安其心意；然後爲說尸羅能到彼岸，故云以化犯戒，起尸羅波羅蜜。羼提翻忍辱，衆生我見深重，遇逆情之境，則起瞋恚；若以無我法而設施會，則成就自他忍辱；故云以無我法起羼提波羅蜜。毗梨耶翻精進，衆生貪愛身心，其於修道，少有微苦，卽心生懈怠，身生疲倦；若說離身心相法而說施會，卽成就自他精進；故云以離身心相，起毗離耶波羅蜜。禪那翻靜慮，衆生常在散亂，故本有寂光不現；若說菩提相而設施會，則能成就自他禪定，菩提卽寂滅；故云以菩提相，起禪波羅蜜。般若翻智慧，衆生無有智慧，則於一切是法非法，是應作是不應作，而不能辨；若敎學一切智而設施會，則成就自他智慧，故云以一切智，起般若波羅蜜。

教化衆生，而起於空；不捨有爲法，而起無相；示現受生，而起無作；

此卽以三解脫門而設施會也。二乘與權敎菩薩，有衆生相，則不得空；空則無衆生相；圓頓菩薩親見眞空之理，眞空非空非不空，故常敎化衆生，而常不失眞空，故云敎化衆生而起於空。二乘與權敎菩薩，若住有爲則非無相，若住無相，則非有爲；圓頓菩薩，親證法身，自知法身非有爲非無爲，卽住有爲無爲，皆不失其法身；故云不捨有爲法而起無相。二乘與權敎菩薩。見受生卽是作業所感，圓頓菩薩得意生身，雖現受生而非作業，故云示現受生，而起無作。以此三法設大施會者，則爲眞大法施會也。

護持正法，起方便力；以度衆生，起四攝法；以敬事一切，起除慢法；於身命財，起三堅法；於六念中，起思念法；於六和敬，起質直心；

正法即正法眼藏，乃法身之體；方便即不思議大用，乃法身之力；護持正法，則得法身全體；起方便力，則得法身大用；體用全張，如是設施，功莫大焉！度生之最善巧者，莫如四攝；行此四法，能令衆生來相親愛，故云以度衆生，起四攝法。見佛性平等，故一切恭敬；敬心起故，慢心自除；故云以敬事一切，起除慢法。三堅法前已廣釋；謂觀身命財，猶如幻化；若能捐捨以利衆生，當來自得法性身堅固不壞，長壽命不至中夭，功德財用之不竭，故云捨身命財起三堅法。六念即念佛念法念僧念戒念捨念天，思念六法，即是法施，故云於六念中，起思念法。六和敬者，什師云：「一以慈心起身業，即身和同住；二以慈心起口業，即口和無諍；三以慈心起意業，即意和同悅；若得食時，減鉢中飯，供養上座一人，下座二人，即利和同均；五持戒清淨，即戒和同修；六漏盡智慧，即見和同解；若行此六法，則衆常和順。」故云於六和中起質直心。

正行善法，起於淨命；心淨歡喜，起近賢聖；不憎惡人，起調伏心；以出家法，起於深心；

正行即四依行也，謂常行乞食、著糞掃衣、阿蘭若住處、腐爛藥治病；淨命即乞食自活，非方口維口仰口下口四邪命食以自活也，故云正行善法起於淨命。三賢十聖，作淨佛國土之行者，若非自淨其心，歡喜恭敬，則難親近，故云心淨歡喜，起近賢聖。惡人以瞋恚為力用，若人於彼起憎惡之心，彼之瞋恚即便有力，則惡心轉熾；菩薩以平等大慈，不起憎愛，內自調心，亦能調伏惡人；故云不憎惡人，起調伏心。在家修道，諸多纏縛，其心不深；出家修道，心期佛果，故為深心；故云以出家法，起於深心。

**以如說行，起於多聞；以無諍法，起空閑處；趣向佛慧，起於宴坐；解眾生縛，起修行地；**

如說而行，即聞斯行之；其所聞者，不至虛棄；如是則所聞者多，所行者廣；故云以如說行起於多聞。眾人叢聚，則多諍論；住空閑處，如是息諍；故云以無諍法起空閑處。宴坐即手足宴安，跏趺而坐也；身不起於動作，則身安；心不緣於外境，則心安；身心宴安，一心直照覺體。即趣向佛慧義；故云趣向佛慧起於宴坐。因發大願，解脫一切眾生，方修眾行，經云：「若自無縛，能解彼縛。」故云解眾生縛，起修行地。

**以具相好及淨佛土，起福德業；知一切眾生心念，如應**

說法，起於智業；知一切法，不取不捨入一相門，起於慧業；

菩薩廣修萬行，皆爲利生；若無福德智慧莊嚴，利生不普；故云以具相好及淨佛土，起福德業。智力不具，則逗機多乖，故云知一切衆生心念如應說法起於智業。明了審實之謂智，分別剖斷之謂慧；若無慧力，則被法縛，不能入一相門；故云知一切法，不取不捨，入一相門，起於慧業。

斷一切煩惱、一切障礙、一切不善法，起一切善業；以得一切智慧、一切善法，起於一切助佛道法；

有煩惱則福德不具，故斷一切煩惱；有障礙則智慧不具，故斷一切障礙；不善法卽是惡業，能隨善法，故斷一切不善法起一切善業。以得一切智慧，卽智慧具足；以得一切善法，卽福德具足；助佛道法者，卽大乘無漏諸法，及諸三昧波羅蜜等也；廣說竟。〔丑〕六、總結：

如是善男子，是爲法施之會；若菩薩住是法施會者，爲大施主，亦爲一切世間福田。』

是爲法施之會者，結上三十二番所說諸法相也。若設施會說此諸法，與食平等布施，則爲世間之大施主，何也？以財施不能展轉，法施展轉無窮；財施只得有漏之福，法施能得無漏之福；故云亦爲一切世間福田。淨名責宜財法二施竟。〔子〕三、時衆聞法發菩提心：

世尊！維摩詰說是法時，婆羅門衆中二百人，皆發阿耨多羅三藐三菩提心；

因善德設財施大會，婆羅門等皆預會中，復聞淨名說法施之法。即二施備矣！婆羅門此翻外意，別有經書，成襲相承，即五明四圍等；自恃己學，憍慢一切，今聞佛道法施之利，故發菩提心耳！〔子〕四、善德聞法解瓔供奉：

我時心得清淨，歎未曾有！稽首禮維摩詰足，即解瓔珞價值百千，以上之；不肯取，我言：『居士願必納受，隨意所與。』

善德設財施會，淨名爲不請之友，來會說法，成就法施；領悟法施之理，利益無窮，即財施時不著功德利益之想，故云心得清淨；又善德向執漸教，故設財施，以莊嚴福德；今聞淨名所說頓圓大教之法施，不但莊嚴福德，亦且莊嚴自他智慧；故歎未曾有！感德情深，故解瓔珞致敬。淨名不肯取者，有二意；一者本自大富，何得復受他人之施；二者方說法施，受人財施，言行相違，難逃嫌議，其將何以利生？故不肯取！善德重請令受者，以大士說法，感德情深，聊奉微財，以表敬信，若非納受，則敬意不申故重請耳！縱不為己受用，亦好別作法事，故云隨意所與。

〔子〕五、領受瓔珞上供下施：

維摩詰乃受瓔珞，分作二分，持一分施此會中一最下乞人，持一分奉彼難勝如來；一切眾會皆見光明國土難勝如來，又見珠瓔在彼佛上變成四柱寶臺，四面嚴飾，不相障蔽。

此顯財施卽法施也。淨名見最下乞人與諸佛佛性平等，故將瓔珞分施，以成就平等法施也；若如是施，則功德難勝，故奉難勝如來，以表其義也；變成四柱寶臺者，以表平等法施為因，當來成就佛果涅槃四德也；不相障礙，表實報莊嚴淨土也。

〔子〕六現神變已復為說法

時維摩詰現神變已，又作是言：『若施主等心施一最下乞人，猶如如來福田之相，無所分別，等於大悲，不求果報，是則名曰具足法施。』

若據四十二章經，比較所施得福，施於最下乞人，與施佛之功德，天壤懸殊，彼始終漸教義也。此云等心施一最下乞人，猶如如來福田之相者，此頓圓大教義也；意謂見平等理，行平等行，作平等法施，自然得平等福田；如是不求果報，則果報不可思議，故云是則名曰具足法施。述昔承說法竟。

〔癸〕四、結不堪之由分二：〔子〕（一）結時衆得益（二）結所以不堪。今初：

城中一最下乞人，見是神力，聞其所說，皆發阿耨多羅三藐三菩提心。

〔子〕二、結所以不堪：

故我不任詣彼問疾。」

結命善德問疾竟，總結四大菩薩問疾竟。

〔辛〕二、餘衆菩薩皆辭不堪：

如是諸菩薩各各向佛說其本緣，稱述維摩詰所言，皆曰不任詣彼問疾。

此菩薩品中舉四略餘也；或是結集者略之，或有餘文，未來此土；言各各向佛說其本緣，稱述維摩詰所言者，必如來一一命往，諸菩薩各述相遇維摩詰之因緣，各有被訶之辭，故皆曰不任詣彼問疾。結上菩薩品竟。總結上文大科第二弟子菩薩二品彈訶小始終教讚歎頓圓已竟。

維摩詰所說經講義錄卷一之下終

# 維摩詰所說經講義錄卷二之上

〔丙〕三、室內六品，廣辯示現頓圓淨土因果。分六：〔丁〕（一）文殊問疾品廣辯對治身心二病以為莊嚴佛土因行（二）不思議品示現頓圓不思議力以顯菩薩淨土果報（三）觀衆生品維摩詰說頓圓淨因天女散花示現淨果（四）佛道品廣說即此五濁穢土轉成實報淨土因行（五）不二法門品衆聖各說不二法門以為寂光淨土因行（六）香積佛品示現上方淨佛國土以為淨土法門作證。○初、文殊問疾品。分二：〔戊〕（一）釋品（二）釋文。今初：

## 文殊師利問疾品，第五；

此品來意者，由上弟子菩薩二品而來也。以淨名念佛問疾，意謂城中人民乃教外之人，雖來問疾，不善問答；縱為說法，其得益甚微；若得世尊或大弟子來問疾者，互相酬唱，必使大法弘宣，廣益群品；如來已知其意，先命弟子菩薩，使彼述其往事，以為問疾法事之前矛；文殊之智德行位，能與淨名同等，昔時或相遇會，其問答酬對，必不至為其折錯；今若命往，必能擔斯重任；又則文殊衆望所崇，若往問疾，其相隨者必多，及至入室，聞法得益者必衆；故有此品來也。〔戊〕二、釋文分二：〔己〕（一）佛命文殊（二）文殊奉命。今初：

**爾時佛告文殊師利：「汝行詣維摩詰問疾。」**

文殊師利此翻妙德，又云妙吉祥，以生時現十事吉祥瑞相故：一光明滿室。二甘露盈庭。三地涌七珍。四神開伏藏。五雞生鳳子。六猪娩龍豚。七馬產麒麟。八牛生白澤。九倉粟變金。十象具六牙。有此十事吉祥，故云妙吉祥。經云：「曾已成佛，名龍種尊；今於娑婆，現菩薩身，助佛化導。」爲釋迦如來菩薩弟子中，智慧最勝者也。〔己〕二、文殊奉命分二：〔庚〕（一）承任奉命（二）正往問疾。〇初、中三：〔辛〕（一）自謙尊彼（二）稱歎德行（三）正承佛旨。今初：

**文殊師利白佛言：「世尊！彼上人者難爲酬對；**

難爲酬對者，以其道高德重；酬對唯艱，故稱上人；前者弟子菩薩，悉皆辭命，已獨任命，恐遭物議，以爲自高，故特對佛謙言，揚彼之德，眞所謂知己知彼者也。

〔辛〕二、稱歎德行：

**深達實相，善説法要，辯才無滯，智慧無碍；一切菩薩法式悉知，諸佛秘藏無不得入；降伏衆魔，遊戲神通，其慧方便，皆已得度。**

深達實相，歎實智也！實相之體，小教人不達，安問深淺？始終漸教人，達而不深；唯有頓圓大士達而且深，即位鄰極果者也。善說法要，歎權智也！諸法最要之關節，本不可說，而能假設言詞，善巧說之，令衆開解，故云善說。辯才無礙，即四無得辯也；智慧無礙者，即眞現量智現前，鑑機照法，分明顯了，皆無滯碍也。一切菩薩法式悉知，即是因圓；諸佛秘藏無不得入者，雖未入而能得入，即帶果滿義也道行高遠。底悉魔伎，故能降魔。爲利生而現不思議變化，皆非實事，故云遊戲神通。其慧方便皆已得度者，於實權二智已得解脫自在也。

〔辛〕三、正承佛旨：

**雖然，當承佛聖旨，詣彼問疾。」**

雖然是縱詞，當承是奪詞；謂雖有如是威德，縱難酬對；如來命下，豈不遵行！又弟子菩薩，悉皆辭命；如此衆會問疾佛事，豈可廢棄不行？縱被折伏，亦當勉强而行；故曰承佛聖旨，詣彼問疾。初承任奉命竟。

〔庚〕二、正往問疾。分三：〔辛〕（一）海衆相隨。（二）淨名預備。（三）正入問疾。今初：

**於是衆中諸菩薩大弟子，釋梵四天王等，咸作是念，今**

二大士文殊師利維摩詰共談，必說妙法；即時八千菩薩，五百聲聞，百千天人，皆欲隨從。

衆欲隨從者，因上弟子菩薩皆頌揚其德，辭命不往，早欲得一問疾之人，互相辯難，以究深理；文殊智德兼高，衆所欽仰，若與維摩詰辯論，必能研究一切精微妙理，誰不樂聞！是故皆欲隨從；五百聲聞，乃是利根樂聞妙法者。餘者皆是鈍根定性，自謂所作已辦，而於深妙大法謂非已事，無有欣樂之心，故不隨從耳！

於是文殊師利與諸菩薩大弟子衆，及諸天人恭敬圍繞，入毗耶離大城。

庵羅樹園在毗耶離城外，維摩詰室在毗耶離城中；圍繞入城者，如衆星拱月，任運遷移，此乃衆生根熟，感斯大會，將必法雲普覆，慈蔭一切耳！〔辛〕二、淨名預備：

爾時長者維摩詰心念，今文殊師利，與大衆俱來；即以神力空其室內，除去所有及諸侍者，唯置一床，以疾而臥。

以神力空室意者，淨名示疾，原爲衆集，扶助如來淨佛國土之教；衆將來集，演唱淨土，必須先從根本建立，然後枝葉敷蘇；除去所有及諸侍者，卽空依正二報；唯一空室，以表菩薩分證寂光淨土，以爲根本，方可容納莊嚴三土耳！身表法身，牀表法界；法身遍滿法界，以臥表之；以疾而臥者，起淨土之見；已是法身之病也。預備已竟，以待問疾者來，作說法之張本也。

〔辛〕三、正入問疾分二：〔壬〕（一）主賓相見（二）正申問疾。〇初、中二：〔癸〕（一）主問於賓（二）賓答於主。今初：

文殊師利既入其舍，見其室空，無諸所有，獨寢一床；時維摩詰言：「善來文殊師利，不來相而來，不見相而見。」

文殊入舍見空已得知其所表之意；既入寂光，擬議卽錯，故不發言，以待主動，然後乃可酬唱。淨名先問者，已知文殊會意；常寂光中必依體起用，故主先問賓；意謂寂光本無來去，而來問疾，卽是妄來，不是善來也。既入其舍，知寂光中不可思議，不發一言，是知寂光而來，卽是善來，雖來不失寂光；故云不來相而來。寂光無相，能見無相之理，故云不見相而見。〔癸〕二、賓答於主：

文殊師利言：「如是居士，若來已更不來，若去已更不去，所以者何？來者無所從來，去者無所至，所可見者，更不可見。

如是居士者，然其所說也；謂從寂光來，不復更來，若來已更來者，則有二來，寂光無有二相，故云若來已更不來。非但不來，亦復不去，故云若去已更不去；所以者何？釋成無來去義也。以法身遍滿於法界，故云來無所從；寂光普含於法界，故云去無所至。所見此理，不復更見；若更見者，則有二見；一謂爲能見，二謂爲所見；二見則乖正報法性身，則碍依報寂光土，故云所可見者，更不可見；由眞智照理時理智不二故。〔壬〕二、正申問疾分六：〔癸〕（一）問疾之療治起滅（二）問室之依正二報（三）問疾之形相合離（四）問菩薩問疾慰諭（五）問有疾菩薩調心（六）結時衆聞品得益。〇初、中二：〔子〕（一）文殊問（二）淨名答。〇初、分二：〔丑〕（一）自由慰問療治（二）傳命慰問起滅。今初：

且置是事，居士是疾，寧可忍不？療治有損，不至增乎！

談理之事，非來本意，故云且置。色身之疾，由四大相爭，輕則可忍，重則不可忍；法身之疾，由悲心化他，順化則可忍，不順化則不可忍；故問寧可忍不。色身之疾，必假觀照療治，運無緣慈則有損，起愛見悲則有增；故云療治有損，不致增乎！〔丑〕二、傳命慰問起滅：

世尊慇懃，致問無量；居士是疾，何所因起？其生久如？當云何滅？」

世尊慇懃致問無量者，此傳佛意也；慇懃乃珍重周至之詞，意謂色身有疾，所因內不節食，外失調和而起；居士法身，色相不能拘礙，其疾何所因而生起？色身之疾，生有久近；法身超過三際，其疾生於何時？色身疾有滅期，法身長遠如是，其疾當云何滅？此三問意，義味無窮，眞所謂善於問疾者，故敢承命而來也。〔子〕二、淨名答。分三：〔丑〕（一）答久近（二）答起滅（三）答因起。今初：

維摩詰言：「從癡有愛，則我病生；

癡卽無明，以無明故，則生諸有；生諸有故，則貪愛叢生，故諸病叢起；無明無始，貪愛紛無頭緒，菩薩悲之，卽法身病生，有何久近？〔丑〕二、答起滅。分三：〔寅〕（一）標起滅（二）釋起滅（三）喻起滅。今初：

以一切衆生病，是故我病；若一切衆生得不病者，則我病滅；

法身不起不滅，何有病起病滅？以運悲故，卽法身病；衆生病起，悲心隨起，卽法身病起；衆生病滅，悲心隨滅，卽法身病滅；起滅皆依他緣，非法身有起滅也。〔寅〕二、釋起滅：

所以者何？菩薩為衆生故入生死，有生死則有病；若衆生得離病者，菩薩無復病；

法身菩薩隨類現身說法，卽是為衆生故；來入生死現身，卽是法身之病；故云有生死則有病，此釋病起也。衆生若發菩提心，行道業，出生死，則菩薩度生事畢，不復病矣！此釋病滅也。〔寅〕三、喻起滅。分二：〔卯〕（一）喻（二）合。今初：

譬如長者，唯有一子，其子得病，父母亦病，若子病癒，父母亦癒；

父母愛子心殷，子病隨病，子愈隨愈；世間父母，由貪愛故，隨其一子病起病滅。

〔卯〕二、合：

菩薩如是，於諸衆生，愛之若子；衆生病則菩薩病，衆生病癒，菩薩亦癒。

菩薩慈愛衆生，猶如一子，故隨其病生病愈；菩薩爲出世間父母，由慈愛故，隨諸衆生病起病滅。上喻起滅竟。〔丑〕三、答因起：

又言是疾何所因起，菩薩疾者，以大悲起。」

因見衆生常在生死輪廻，穢惡國土，不知出離；故運同體大悲，欲度脫之，令入寂光；然法性身入寂光土時，身卽是土，土卽是身，身土無二，皆無相見；若見有衆生可度者，卽法身病，故云菩薩疾者以大悲起。初問疾之療治起滅竟。〔癸〕二、問室之依正二報。分二：〔子〕（一）總問總答（二）隨問隨答。○初、中二：〔丑〕（一）文殊總問（二）淨名總答。今初：

文殊師利言：「居士此室，何以空無侍者？」

空室之義，賓主相見時，問答之詞，已露鋒鋩；但時衆雲集，有解不解，故重請問，意欲深究淨佛國土之教焉！〔丑〕二、淨名總答：

維摩詰言：「諸佛國土，亦復皆空。」

諸佛圓滿寂光淨土，不受一塵，本自空寂，非三土之有相莊嚴，故云亦復皆空；意顯菩薩分證寂光，故其室空。〔子〕二、隨問隨答。分二：〔丑〕（一）問答眞空理智（二）問答理從何求。今初：

又問：「以何爲空？」

文殊難意，謂寂光淨土，一切皆空；此空爲復本空？爲復修證而後空？若是本空，一切衆生，皆有佛性，亦應得此眞空，衆生既不能得，卽非本空；若是修證而後空者，以何所修爲而後空？故問以何爲空。

答曰：「以空空。」

淨名答意，謂寂光淨土，原本是空；而衆生無始以來，不守本空，起惑造業受報，是故不空；菩薩以眞空智照本有眞空理故空，故答曰以空空。

又問：「空何用空？」

文殊難意，謂眞空不二，何須照而後空？既有智照，則有能空所空對待；有對待則非眞空；若得眞空，一空無二，何待能空空於所空？故曰空何用空。

答曰：「以無分別空故空。」

答意，謂眞空智照眞空理時，理智不二，無所分別，故云以無分別空故空。

又問：「空可分別耶？」

問意，謂證眞空時，擧心則錯，動念則乖，豈有分別不分別見！故云空可分別耶？

答曰：「分別亦空。」

答意，謂證得眞空時，並非擧心動念分別前境；能分別者卽寂中之光，照義也；所分別者卽光中之體，寂意也；寂光同時，不前不後，猶如兩鏡對懸，中間無物，故云分別亦空。二大士問答眞空，展轉廻互，間不容髮；至此理極詞窮，眞所謂龍象蹴踏者也。問答眞空理智竟。〔丑〕二、問答理從何求：

又問：「空當於何求？」

問意，謂空理如是，住眞空者，則不分別是空不空，當何所顯而知是空耶？故云空當於何求。

答曰：「當於六十二見中求。」

答意，謂眞空無體，邪見著相；欲得眞空無相之體，須離邪見種種之相，此卽離妄卽眞也。又六十二見無有實體，無體卽是眞空，於六十二見中見眞空理，故云當於六十二見中求。六十二見卽於五陰中起見，謂色大我小，我在色中；我大色小，色在我中；卽色是我；離色是我；此色陰四見也。受想行識亦復皆然，成二十見；現在計二十見，過去未來各二十見，成六十見。加根本斷見常見，成六十二見。

又問：「六十二見當於何求？」

問意，謂由邪見而得眞空，邪見復因何而有？

答曰：「當於諸佛解脫中求。」

答意，謂邪見並非本有，由不信諸佛解脫道，卽成邪見；故云當於諸佛解脫中求。

解脫卽一切纏縛斷盡之稱耳！

又問：「諸佛解脫當於何求？」

問意，謂不信解脫卽成邪見，解脫還是本有？還是修得？故云諸佛解脫當於何求。

答曰：「當於一切衆生心行中求。」

答意，謂諸佛寂光與諸衆生悉皆同體；被諸煩惱習氣之所纏縛，謂之衆生；能離煩惱習氣，謂之解脫；衆生體性，卽解脫性；故云當於一切衆生心行中求。

又仁所問『何無侍者？』一切衆魔，及諸外道，皆吾侍也。

意謂，菩薩於自受用寂光土中，離一切相，故無侍者；若現他受用三土，依正莊嚴，則有愛見；菩薩急於利生，卽是愛見；衆魔外道助愛見者也，猶是順情之給侍，故曰皆吾侍者。

所以者何？衆魔者樂生死，菩薩於生死而不捨；外道樂諸見，菩薩於諸見而不動。」

魔貪五欲，故常在生死中不捨；菩薩於生死中，現身弘法利生，若捨生死則度生事絕，由是不捨；又菩薩見生死性卽涅槃性，無須捨生死而取涅槃。外道無有正信，堅固我執，故起種種邪見；菩薩若住自性寂光，本無一切諸見；若於三土度生，邪見方生，正見卽現；邪見增長，正見熾盛；邪見若滅，正見亦無；菩薩若捨諸見，則度生事廢，是故不動捨諸見。又菩薩住正見時，則不分別是邪是正，無須捨邪見而取正見。不捨生死，卽衆魔相助自性涅槃；不動諸見，卽外道對顯正知正見；故云衆魔外道皆吾侍者。二問室之依正二報竟。〔癸〕三、問疾之形相合離。分二：

〔子〕（一）問答形相（二）問答合離。今初：

文殊師利言：「居士所疾，爲何等相？」維摩詰言：「我病無形不可見。」

問意，謂法身無相，不墮形色；菩薩從法身運悲，欲度衆生，卽成法身之病，此病爲有相？爲無相？若是有相，則可利生；若無有相，云何能利有相衆生？故云所疾爲何等相。答意，謂菩薩運無緣慈同體悲，有何形相？以無相法，方便開導，接引衆生，同歸寂光，故云我病無形不可見。

〔子〕二、問答合離。分二：〔丑〕（一）問答身心合離（二）問答四大合離。今初：

**又問：「此病身合耶？心合耶？」答曰：「非身合，身相離故；亦非心合，心如幻故。」**

問意，謂既是無形不可見，無形之病必有合處而後知病，故云此病身合耶？心合耶？答意，謂因含悲度生成疾，不與身心相合；身相不實，不能以不實之法度生，故非身合；心無定相，對境方生，猶如幻事，不能以幻法度生，故非心合。〔丑〕二、問答四大合離：

**又問：「地大、水大、火大、風大，於此四大，何大之病？」答曰：「是病非地大，亦不離地大；水火風大，亦復如是；而眾生病，從四大起，以其有病，是故我病。」**

問意，謂四大和合而成身，凡夫人身若有病，即四大俱病；菩薩之病既非合於身心，離四大外，別無所謂病者，雖非四大俱病，或是一大之病，故云於此四大何大之病。答意，謂凡夫色身之病離四大外別無所謂病者；菩薩悲憫眾生，起法身病，非凡夫色身病之可比，法身偏滿於法界，非四大亦不離四大，故云是病非地，亦不離地，水火風大亦復如是。菩薩因衆生病，衆生病從四大起，是故菩薩之病，雖非四大，亦不離四大也。三問疾之形相合離竟。〔癸〕四、問菩薩問疾慰喻。分二：〔子〕（一）問慰喻有疾之法（二）答為說慰喻之法。今初：

**爾時文殊師利問維摩詰言：「菩薩應云何慰喻有疾菩薩？」**

問意，謂菩薩既是法身中之大悲疾，非色身四大疾之可比；問疾菩薩云何慰喻方順有疾菩薩之意，文殊意謂若以資養色身，調和四大之法以慰喻之，不但不能順其意，而除其疾，且更增長其疾也；必以圓頓無修證之大法，而慰喻之，則能度之教，簡易善巧；所度之機，衆多無量；方順有疾菩薩之意。文殊不自說而問維摩詰者，令宣慰喻教法，使衆得益也。〔子〕二、答為說慰喻之法：

**維摩詰言：「說身無常，不說厭離於身；說身有苦，不說樂於涅槃；說身無我，而說教導衆生；說身空寂，不說畢竟寂滅；**

此以四念處觀為慰喻法也。肇師云：「慰喻之法，應為病者說身無常，去其貪著；

不應爲說厭離令取證也。不觀無常不厭離者，凡夫也；觀無常而厭離者，二乘也；觀無常不厭離者，菩薩也。」私謂說身無常者，有疾菩薩，以無常法而利生，正順大悲之病；而說厭離於身，卽取小果之證，永無度生事業，與大悲病相違，故不應說。說身有苦者，菩薩因爲說衆生身苦，欲度脫之，故現身有疾，今說身苦，正慰有疾菩薩之意，若說樂於涅槃，卽無度衆生者，如是則衆生不得出苦，與大悲病相違；故不應說。說身無我者，明知此身，諸緣會合而有，無我實體；而說教導衆生者，不說衆生畢竟空而廢度生之事，卽慰有疾菩薩意也。說身空寂者，雖說此身終歸於空，而常現受生，作度生事業；而不說畢竟入於涅槃，恐成定性聲聞，無有一念度生之想，則違菩薩大悲疾也，故云不說畢竟寂滅。

**說悔先罪，而不說入於過去；**

菩薩現身有疾，示同衆生有罪，而後以己之疾，而勸令衆生悔罪，爲有疾菩薩說悔先罪，正洽彼意也；不說入於過去者，若說入於過去，則罪有定性，三際不斷，以罪性本空，故不說入於過去。

**以己之疾，愍於彼疾；**

以己推物，正合大悲菩薩之意；我有微疾，若尙如斯！何況衆生生老病死，受無量苦哉！示同有疾而相憐，即有疾菩薩之本懷，以此慰問，眞所謂知音同氣者也。

**當識宿世無數劫苦，當念饒益一切衆生；**

當念曠劫以來，枉受無數極苦，並非爲道及諸衆生而受諸苦也；今既以大悲心爲衆生病，雖有微苦，必獲大利，亦當與諸衆生同其苦樂，故云當念饒益一切衆生。以此慰喻，方得其宜。

**憶所修福，念於淨命，勿生憂惱，常起精進；當作醫王，療治衆病；菩薩應如是慰喻有疾菩薩，令其歡喜。」**

菩薩爲衆生病，當爲衆生造福，於有病時當憶所修之福化導衆生，令彼衆生修諸福德莊嚴，故云憶所修福。菩薩於有疾時，當以正命自活；勿思救身起邪命法，而要常存此身，使諸衆生譏嫌，故云念於淨命。菩薩爲衆生捨頭目髓腦，尚無懊惱，何況小疾只受微苦？故宜喻令勿生憂惱。菩薩經無量刼，度諸衆生，而不懈怠，豈因小疾而生退惰？故宜喻令常起精進。菩薩以我之大悲病，世無能療治者，故喻令應發大願。當爲無上醫王，療治衆生一切身心諸病。如是慰喻，方契有疾菩薩之心，令其歡喜。四、問菩薩問疾慰喻竟。〔癸〕五、問有疾菩薩調心。分二：〔子〕（一）文殊問（二）淨名答。今初：

**文殊師利言：「居士！有疾菩薩云何調伏其心？」**

問意，謂菩薩大悲之疾，問疾菩薩富順有疾菩薩之意而慰喻之；然大悲之疾，非世間藥餌之能療，亦非他人語言之能治，有疾菩薩必須自心調伏，故問有疾菩薩云何調伏其心。〔子〕二、淨名答。分四：〔丑〕（一）以眞空絕相觀調伏（二）以理事無礙觀調伏（三）以周徧含容觀調伏（四）離調不調伏以明行。○初、中三：〔寅〕（一）觀人空（二）觀法空（三）觀俱空。○初、中三：〔卯〕（一）觀因緣空故人空（二）釋因緣離故人空（三）結知病本故人空。今初：

**維摩詰言：「有疾菩薩應作是念：今我此病，皆從前世妄想顚倒諸煩惱生，無有實法，誰受病者！**

答意，謂菩薩大悲心病，非他能療，必自觀心調伏，然後調伏一切衆生，令諸衆生，亦自觀心調伏，如是則菩薩病愈也。初觀有身卽病，我此身病由無始以來，眞如不守自性，卽成妄想，此爲生因；以妄想故，卽失本眞，而取假我，卽成顚倒，此爲助緣；由顚倒故，種種煩惱叢生，此卽我之病相也。若以正智而觀，既從妄想顚倒煩惱種種所生者，則無實體；以無實體故，受病者誰？故得人空。〔卯〕二、釋因緣離故人空：

所以者何？四大合故，假名爲身；四大無主，身亦無我；又此病起皆由著我，是故於我不應生著。

因假借四大和合，以爲身相，四大各無主宰，則四大本空，能成之四大既空，其所成之身，豈有我體？故云無我。病起皆由著我，若不著我，則我相空，我空則病無由起，是故不應著我。

〔卯〕三、結知病本故人空：

既知病本，卽除我想及衆生想，

菩薩大悲度生，卽有我想衆生想，故成法身之病；既已知其病本，則不復起我及衆生想矣！如是而觀，則我及衆生皆空；內以此法觀心，外以此法利生，卽自他二利，而自他皆空；如是則病無寄託矣！觀人空竟。〔寅〕二、觀法空。分三：〔卯〕（一）觀諸法從緣起滅。（二）觀諸法各不相知。（三）觀諸法顛倒應離。今初：

當起法想，應作是念：但以衆法合成此身，起唯法起，滅唯法滅。

此藉法想以治我想也，謂假衆法成身，則身卽是法；又法無定體，從緣起滅；故云起唯法起，滅唯法滅。〔卯〕二、觀諸法各不相知：

又此法者，各不相知；起時不言我起，滅時不言我滅；

衆緣會合，則諸法起；諸法起時，互不相知；衆緣離散，則諸法滅；諸法滅時，互不相知；又起時自不知起，滅時自不知滅，故云不言我起，不言我滅。〔卯〕三、觀諸法顛倒應離：

彼有疾菩薩爲滅法想，當作是念：此法想者，亦是顛倒，顛倒者即是大患，我應離之。

前有我想之病，假以法藥療治；我想病除，若執法藥不捨，則猶是病，故亦我應離之。二觀法空竟。〔寅〕三、觀俱空。分三：〔卯〕（一）觀我法皆離（二）觀我法平等（三）觀我法皆空。今初：

云何爲離？離我我所。云何離我我所？謂離二法。

此觀俱空也；謂初觀離我則人空，次觀離法則法空；然則以何所爲而能離於法耶？謂內觀身心皆空，則離我；外觀器界皆空，則離我所，我所卽法也。云何能得離我我所？本一寂光，倏起二見，有我我所；不起二見，則無二我；故云謂離二法。〔卯〕二、觀我法平等：

云何離二法？謂不念內外諸法行於平等。云何平等？謂我等涅槃等。

云何能得離於二法？謂以平等智觀，內不見有根身識等諸法，外不見有物情塵等諸法，故云行於平等。云何能得平等？謂我此主宰，上至諸佛，下及衆生，本無二致，則我等也；寂滅自性，我及諸佛衆生皆然，則法等也。〔卯〕三、觀我法皆空：

所以者何？我及涅槃，此二皆空。以何為空？但以名字故空；如此二法，無決定性，得是平等；無有餘病，唯有空病；空病亦空。

所以者何者，釋上平等也；謂證得眞空時，不見有吾我之相，故我空；亦不見有涅槃之法，故法空，故云此二皆空。以何為空下，釋成空義也；謂我及涅槃，但有假名，皆無實義；由背眞空而取生死，假名吾我；由背生死而趣眞空，假名涅槃；吾我涅槃一法二義，故云無決定性。得是空者，方得平等，人法皆空故云無有餘病，唯有空病。若得眞空理現，則空病亦空，如眞空觀云：「謂所觀眞空、不可言卽色不卽色，不可言卽空不卽空；一切法皆不可，不可亦不可；此語亦不受，迥絕無奇，非言所及，非解所到，是謂行境。何以故？以生心動念卽乖法體失正念故。」此卽空病亦空義也。眞空絕相觀調伏竟。〔丑〕二、以理事無礙觀調伏。分五：〔寅〕（一）依理成事觀（二）理徧於事觀（三）以理奪事觀（四）事法非理觀（五）結觀成利益。今初：

**是有疾菩薩，以無所受而受諸受，未具佛法，亦不滅受而取證也；**

此下理事無碍觀也。謂菩薩依前所觀，證得眞空之理，其中不受一塵，故云無所受；我已證得此理，而諸衆生常在輪廻，受此諸受；菩薩運同體之悲，爲諸衆生說法離受，從無所受中現身，而受諸受；諸受卽苦樂捨三受也。菩薩以佛果未滿，決不滅因行以取徧眞之證，故云未具佛法，亦不滅受而取證也。〔寅〕二、理徧於事觀：

**設身有苦，念惡趣衆生，起大悲心，我旣調伏，亦當調伏一切衆生；**

此卽釋成不滅受取證意也。意謂我此心理，與衆生同，我受苦事，而惡趣衆生苦事，於我更有加焉！其悲憫之心，不覺自起；我觀苦樂如幻，無有自性，終歸磨滅，調伏其心，忍而受之，亦當使諸衆生皆知如此義，以自調伏其心耳！〔寅〕

三、以理奪事觀：

但除其病，而不除法，爲斷病本而教導之；何謂病本？謂有攀緣，從有攀緣，則爲病本；何所攀緣？謂之三界；云何斷攀緣？以無所得，若無所得，則無攀緣；

唯除所觀之境，不除能觀之智，故云但除其病，而不除法；爲斷病本下釋成除病不除法也。病有本末，斷其根本，枝末自枯，是故以斷根本之法而教導衆生；病本者卽以能緣之心，緣於所緣之境，故云謂之攀緣，緣心方動，卽有境對，爲致病之根源，故爲病本；何所攀緣謂之三界者，三界爲所緣之境，若無所緣之境，則能緣之心自無；欲斷攀緣，必以無所得處眞空之理以爲所緣之境，如是則第二念能緣之心不起，而攀緣不除自除矣！〔寅〕四、事法非理觀：

何謂無所得？謂離二見。何謂二見？謂內見外見，是無所得。

意謂眞空之理不離內外而求；心想念慮，爲之內見；物情諸法，爲之外見；以正智觀，法住法位。則外相如；智識一體，則內心如；內外皆如，故云內見外見是無所得。〔寅〕五、結觀成利益。分二：〔卯〕（一）正結（二）譬顯。今初：

文殊師利！是爲有疾菩薩調伏其心，爲斷老病死苦，是菩薩菩提；若不如是，己所修治，爲無慧利。

謂如是修觀調伏其心者，則不厭生死，能爲衆生斷老病死苦，方是菩薩菩提之道。若不如是者，反顯也；謂若非如是作觀，其所修行，內不足以利己，則無智慧莊嚴；外不足以利他，則無福德莊嚴；故云爲無慧利。〔卯〕二、譬顯：

譬如勝怨，乃可爲勇；如是兼除老病死者，菩薩之謂也。

譬如力士，見勝怨家，即鬬諍之心陡起，勇銳之氣倍增；菩薩亦然，見三惑如勝怨，陡增觀智。乃可調伏攀緣，二見乃惑障也，自能調伏，兼能爲諸衆生除老病死，即是菩薩之本行也。以理事無礙觀調伏竟。〔丑〕三、以周徧含容觀調伏。分二：〔寅〕（一）事如理觀（二）理如事觀。○初、中二：〔卯〕（初）正觀（二）簡過。今初：

彼有疾菩薩，應復作是念：如我此病，非眞非有，衆生病亦非眞非有。

謂法身本無有病，因大悲心則病生；今以正智而觀，大悲心者亦是虛妄，故病非眞；實無衆生得度者，故病非有；我既如是，衆生亦然，故云衆生病亦非眞非有。

〔卯〕二、簡過。分三：〔辰〕（一）簡愛見大悲過（二）簡貪著禪味過（三）簡二智不具過。今初：

**作是觀時，於諸衆生若起愛見大悲，即應捨離；**

謂正作上非眞非有觀時，未能深入性體；嘗起衆生之見，卽便貪愛而起悲愍，名爲愛見大悲；乃修觀之病，故云卽應捨離。

**所以者何？菩薩斷除客塵煩惱而起大悲。愛見悲者，則於生死有疲厭心；**

此釋愛見之過也。菩薩修觀之時，以如如智直照寂光；若有微細外境，能擾寂照光明，名爲客塵煩惱，急應斷之；我與衆生寂光同體，亦當愍彼使其同斷；故云斷除客塵煩惱而起大悲。若著衆生見愛而愍之，卽是愛見大悲；以有所愛衆生乃是外境，卽客塵也；能擾不動寂光，卽煩惱也；動極思靜，故於生死有疲厭心。

**若能離此，無有疲厭，在在所生，不爲愛見之所覆也；所生無縛，能爲衆生說法解縛；**

肇師云：「夫有所見，必有所滯；有所愛，必有所憎；此有極之道，安能致無極之用？若能離此，即法身化生，無在不在；生死無窮，不覺爲遠；何有見愛之覆疲厭之勞乎！」既離愛見，隨所生處，皆得解脫，故云無縛；然後能爲衆生，說解脫法以解其縛也。

如佛所說：『若自有縛，能解彼縛？無有是處！若自無縛，能解彼縛，斯有是處。』是故菩薩不應起縛。

此引佛說作證也。以修觀乃心中之事，甚深隱微，稍起知見，即成心境，爲法身病，難爲調伏；雖上微細發明，猶恐物機生疑，故引佛語爲證，以取信於人耳！文顯易知，無須重釋。〔辰〕二、簡貪著禪味過：

何謂縛？何謂解？貪著禪味，是菩薩縛；以方便生，是菩薩解。

此釋縛解二義，亦即修觀者之病及藥耳！禪即觀之異名；前者愛見，乃觀中之有相境；此乃觀中之無相境耳！然以觀智契理之時，本無意味可解；若於寂靜中得味，即爲貪著，乃是法身之纏縛；以味著寂靜之境，法身光明不能透脫，不作利生事業，故云是菩薩縛。以方便生者，以觀智契理之時，本自不生，而能方便受生說法利生者，則不被無生所拘，故云是菩薩解。〔辰〕三、簡二智不具過。分二：〔已〕〔

一）以四句顯二智具不具（二）釋四句明二智具不具。今初：

**又無方便慧縛，有方便慧解；無慧方便縛，有慧方便解；**

方便是權智，慧是實智；被境纏繞，謂之縛；初二句對淨境言二智，次二句對染境言二智。謂修觀行時，若無方便權智，但有實慧，以實慧照理，理卽是如，久照則智力衰微，其所照之理卽變成淨境，智光卽被淨境障蔽，故云無方便慧縛；若以實慧照理之時，兼有方便權智相助，則常令惺惺，如是則愈照愈寂，故云有方便慧解。若無實慧，但有方便權智，以權智照事，事卽是如，久照則智力衰微，其所照之事卽變成染境，智光卽被染境纏繞，故云無慧方便縛；若以權智照事時，兼有實慧相助，則常寂寂，如是則愈寂愈照，故云有慧方便解。〔己〕二、釋四句明二智具不具：

**何謂無方便慧縛？謂菩薩以愛見心莊嚴佛土，成就衆生；於空無相無作法中，而自調伏，是名無方便慧縛。**

莊嚴佛土，成就衆生，菩薩之慧行也；於空無相無作中而自調伏，菩薩之定行也；於定慧中。若起愛見，而無權智所照，卽不知法身非慧而圓照法界，非定而寂然不動；以定慧爲實法，卽被定慧之境所纏，故云是名無方便慧縛。

何謂有方便慧解？謂不以愛見心莊嚴佛土成就衆生，於空無相無作法中，以自調伏，而不疲厭，是名有方便慧解。

若菩薩不起愛見而修慧定二行者，以權智而兼照；動則莊嚴佛土，成就衆生，而亦不作莊嚴之想；靜則在三三昧，而亦不起三昧之見；不住於法，故無疲厭；不被定慧之境所纏，故云是名有方便慧解。

何謂無慧方便縛？謂菩薩住貪欲瞋恚邪見等諸煩惱，而植衆德本，是名無慧方便縛。

殖衆德本，乃菩薩之權智；破諸煩惱，乃菩薩之實慧；若菩薩住煩惱而殖德本者，德本雖殖，煩惱未除，卽是善惡雜糅法身不得清淨，以無實慧照破故也；故云無慧方便縛。

何謂有慧方便解？謂離諸貪欲瞋恚邪見等諸煩惱，而植衆德本，迴向阿耨多羅三藐三菩提，是名有慧方便解。

若菩薩離煩惱而殖德本者，衆德具備，煩惱皆無，卽是福德莊嚴，而法身清淨，不彼纏繞；復能不住功德，廻向菩提卽是智慧莊嚴，故云是名有慧方便解。簡過竟。

結上事如理觀竟。〔寅〕二、理如事觀。分二：〔卯〕（一）結上起下（二）正說觀行。今初：

**文殊師利！彼有疾菩薩，應如是觀諸法。**

〔卯〕〇二、正說觀行。分二：〔辰〕（一）以四念明二智（二）以不離明二智。

初、中二：〔己〕（一）正觀入理明實智（二）理卽如事明權智。今初：

**又復觀身無常苦空非我，是名爲慧。**

觀身無常者，此身念念遷謝，新新不住，故無常；寒暑往來疾病逼迫，故是苦；前現假住，終歸磨滅，故是空；四大假合，無有主宰，故無我；此以四念處觀入眞空性理也。以有眞空慧照，方得無常苦空無我，故云是名爲慧。

〔己〕二、理卽如事明權智：

**雖身有疾，常在生死，饒益一切而不厭倦，是名方便。**

謂以權智而修觀行；憐愍衆生，故身有疾；衆生常在生死，菩薩本出生死，爲度衆生故，隨入生死；雖經無量刼，度生未畢，終不厭倦生死；此卽以權智而觀，理如事如，一如無二，故不厭倦生死也；故云是名方便。〔辰〕二、以不離明二智：

**又復觀身，身不離病，病不離身，是病是身，非新非故，是名為慧。設身有疾，而不永滅，是名方便。**

有身皆病，故不相離；如法身徧滿法界，則無有病；色身質碍法身，身卽是病，故云不離；既云不離，則身病一體，誰先誰後？新故卽先後義也。如是觀者，則見身病實相，故名為慧。若身疾而欲捨身入滅，卽失大悲；菩薩設身有疾，悲愍同疾，而不入於涅槃，故云是名方便。上結以周徧含容觀調伏竟。〔丑〕四、離調不調伏以明行。分二：〔寅〕（一）明離二法以起行（二）明鎔諸法以成行。○初、中三：〔卯〕（一）明不住調伏不調伏心（二）釋不住調伏不調伏義（三）明離此卽成菩薩之行。今初：

**文殊師利！有疾菩薩應如是調伏其心不住其中，亦復不住不調伏心。**

前明三觀調心，其所顯者，猶是法身光影門頭事。今云不住調伏不調伏中，正顯法身向上事耳！菩薩見法身不二，故於衆生起同體之悲，卽成法身之病；修觀調伏其心，原為療治自他同體法身之病；初修觀行，是為悲病之藥；悲病既愈，觀藥當除；若住調伏不調伏心，卽是執藥成病，是故不住調伏不調伏中。〔卯〕二、釋不住調伏不調伏義：

所以者何？若住不調伏心，是愚人法；若住調伏心，是聲聞法；

凡夫着有，不能調伏其心，故云若住不調伏心，是愚人法。二乘滯寂，調伏其心以入滅，故云若住調伏心，是聲聞法。〔卯〕三、明離此即成菩薩之行：

是故菩薩不當住於調伏不調伏心，離此二法，是菩薩行。

調伏、不調伏是二邊法，不顯中道；是故菩薩不當住此。離此二法是菩薩行者，中道了義，乃菩薩行道之根本，如此行行，則諸行皆入中道矣！〔寅〕二、明鎔諸法以成行。分五：〔卯〕（一）鎔二法以成行（二）超一法以成行（三）鎔道品以明行（四）鎔二邊以成行（五）鎔依正因果行。今初：

在於生死，不為污行；住於涅槃，不永滅度，是菩薩行；非凡夫行，非賢聖行，是菩薩行；非垢行，非淨行，是菩薩行；

在生死而不污，即生死而非生死；住涅槃而不滅，即涅槃而非涅槃；鎔融二法，處於中道，如是行行菩薩事備矣！不行欲色無色行，却非凡夫；不證空無相無作，却非賢聖；凡聖情盡，體露眞常，如是行行，法身清淨矣！不造淫怒癡業，故非垢行；不求寂滅無爲，故非淨行；不染不淨，非色非空，如是行行，眞性如如矣！（卯）二、超一法以成行：

**雖過魔行，而現降伏衆魔，是菩薩行；求一切智，無非時求，是菩薩行；雖觀諸法不生，而不入正位，是菩薩行；雖觀十二緣起，而入諸邪見，是菩薩行；雖攝一切衆生，而不愛著，是菩薩行；**

菩薩正觀已足，本妨入邪；本願普度一切衆生，邪魔亦衆生歟，菩薩現行魔事，而超過諸魔，以降伏之，此卽行邪成正也。一切智卽佛智也，因行未圓，求證果滿，卽非時求；菩薩雖願求佛果，而常行菩薩因行，故無非時之求。菩薩與二乘同觀諸法無生，共入無生之理；二乘慧力衰微，忽忽取證；菩薩願廣行深，志堅慧利，故能超出，不入正位。十二緣起，因緣法也；外道自著諸法從自在勝妙士夫世性微塵時方等生，起諸邪見，至六十二，故佛爲說因緣法以破之；菩薩住正見時，則不分別是邪是正，故雖觀緣起，而入諸邪見。菩薩愛念衆生，故修四攝法以攝之，以便度脫；其愛念者，以彼法性與佛同體，故愛念也；非若愛彼來歸，起貪著也；故云雖攝一切衆生，而不愛著，是菩薩行。

雖樂遠離，而不依身心盡，是菩薩行；雖行三界，而不壞法性，是菩薩行；雖行於空，而植衆德本，是菩薩行；雖行無相，而度衆生，是菩薩行；雖行無作，而現受身，是菩薩行；雖行無起，而起一切善行，是菩薩行；

二乘人樂出三界，以灰身泯智爲遠離法；菩薩樂入遠離理，而不實行灰身泯智事，故云而不依身心盡。雖行三界不壞法性者，法界觀引經云：「法身流轉五道，名曰衆生；衆生現而法身不現。」此卽凡夫行三界而壞法性也；二乘人雖不壞法性，而不顯行三界；菩薩人卽三界以見法性，以事能顯理故，是以不壞也。眞空不礙萬有，菩薩見眞空理，故住空三昧，而殖衆德本。見眞空無相者，一切色相不能爲礙，菩薩大悲心切，故住無相三昧而度衆生。無作卽無所作業，無作業則不受果報，卽不受身；菩薩急於利生，雖住無作三昧，而現受身。起卽心起，菩薩見心自性本自不動，一法不立，故行無起；違背無起，卽是惡法；隨順無起，卽是善心；菩薩順理而觀，一物也無，故行無起；順事而觀，不捨一法，故起一切善行；又從無起中，建立一切善行；故下文云：「從無住本立一切法。」即此意也。

雖行六波羅蜜，而遍知衆生心心數法，是菩薩行；雖行六通，而不盡漏，是菩薩行；雖行四無量心，而不貪著生於梵世，是菩薩行；雖行禪定解脫三昧，而不隨禪生，是菩薩行；

波羅蜜翻到彼岸，謂度過煩惱大海，登涅槃岸也；心心數法，即八識心王，五十一心所法也；波羅蜜乃自行寂淨，心心數法，乃衆生煩惱；菩薩自行寂淨，欲令衆生亦得寂淨，徧知心心數法以滅除之，故云雖行六波羅蜜，而徧知衆生心心數法，是菩薩行。二乘人之六通，必盡諸漏而出三界；菩薩六通，留惑潤生，以利有情，故不盡漏。四無量心，卽慈悲喜捨；四心皆無量也，行此四行，應生梵天；菩薩悲愍下界苦極，故不願生梵世而獨得其樂也。禪卽四禪，定卽四空，解脫卽八解脫，三昧卽三三昧；菩薩志在度生，若取禪定解脫等諸樂果，則廢棄度生事業，卽是菩薩魔事，故不隨生也。〔卯〕三、鎔道品以明行：

雖行四念處，不畢竟永離身受心法，是菩薩行；雖行四正勤，而不捨身心精進，是菩薩行；雖行四如意足，而

**得自在神通，是菩薩行；**

身受心法；凡夫以爲常樂我淨，故貪愛不捨，卽落有邊；二乘以爲不淨無常苦空無我，故厭惡離之，卽落無邊；菩薩行行，二邊不住，中道不居，是故雖行四念處，而不畢竟永離身受心法。斷惡生善，乃修道之通途；二乘斷麤惡，生少善，便入涅槃，卽已停止斷惡生善之行；殊不知纔起取捨，卽是性惡，小果涅槃，違背大善；菩薩從初發心以至菩提，於其中間斷惡生善，無暫停止，故云雖行四正勤而不捨身心精進。四如意足，卽欲念進慧，能發神通，如意滿足故；菩薩雖行小乘作意神足，而自心久契妙理，不思議無作妙理皆已具足，故云雖行四如意足，而得自在神通，是菩薩行。

**雖行五根，而分別衆生諸根利鈍，是菩薩行；雖行五力，而樂求佛十力，是菩薩行；**

信、進、念、定、慧，有此五根，則易治疑懈昏散愚；小乘雖能自修五根，而不能善知衆生根性；菩薩五根已具，亦能分別他根，故云雖行五根，而分別衆生諸根利鈍。五力具足，則能破疑懈昏散愚等五蔽；小乘人破此五蔽，見偏眞理，開覺意花，結正道果，出三界，入涅槃，更不進求無上菩提，佛果十力；菩薩雖具五力，六以爲足，樂求佛果十力，斷二障，離二死，圓滿法身廣度一切，故非小乘之能及也。

雖行七覺分，而分別佛之智慧，是菩薩行；雖行八正道，而樂行無量佛道，是菩薩行；

七覺分，亦名七覺支，卽念覺支、擇覺支、進覺支、喜覺支、輕安覺支、定覺支、捨覺支。覺卽念也，念趣外境，卽名妄想；念向心體，卽名覺支。七覺以念爲主；覺沉時，念用擇進喜以起之；覺浮時，念用輕安定捨以抑之。二乘雖行此七覺，只能調念趣寂歸空；菩薩行此七覺，猶調念分別佛慧，故非二乘之可比也。八正道謂無漏聖法，故名爲正；通至涅槃，故名爲道；卽正見、正思惟、正語、正業、正精進、正定、正念、正命。二乘行此八法，直趣涅槃，不求更進；菩薩雖行此法，而樂行無量佛道，卽是同行而不同證也。〔卯〕四、鎔二邊以成行：

雖行止觀助道之法，而不畢竟墮於寂滅，是菩薩行；雖行諸法不生不滅，而以相好莊嚴其身，是菩薩行；雖現聲聞辟支佛威儀，而不捨佛法，是菩薩行；雖隨諸法究竟淨相，而隨所應爲現其身，是菩薩行；

繫心不動，不緣外境，謂之止；慧光凝聚，返照心理，謂之觀。止觀能趣涅槃；二乘修止觀以入滅，故云助道之法；菩薩志在度衆生盡，是故雖修止觀，不墮寂滅。二乘滅一切相入於涅槃，方得不生不滅；菩薩觀諸法本自不生，亦復不滅；是故行諸法不生不滅，卽行法身行也。而以相好莊嚴其身，卽行報身行也。現二乘威儀者，外現是聲聞也；而不捨於佛法者，內秘菩薩行也。以自證而言，實際理地，不受一塵，故云雖隨諸法究竟淨相；以化他而言，佛事門中不捨一法，故云而隨所應為現其身，卽觀音妙音等行，豈二乘能仰望哉！〔卯〕五、鎔依正因果行：

**雖觀諸佛國土永寂如空，而現種種清淨佛土，是菩薩行；雖得佛道轉於法輪入於涅槃，而不捨於菩薩之道，是菩薩行。」**

此收歸本經佛國因果之教依正二報也。觀諸佛國土永寂如空者，是行寂光行也；現種種清淨佛土者，是行實報方便同居三土行也。此乃行依報行。得道轉輪入滅，卽是果滿；不捨菩薩之道，卽是因行；此乃帶果行因者，卽是行正報行。助佛宣揚淨土之教，其功莫大焉！五問有疾菩薩調心竟。〔卯〕六、結時衆聞品得益：

**說是語時，文殊師利所將大衆，其中八千天子，皆發阿**

耨多羅三藐三菩提心。

天子發菩提心者，因聞此品問答辯論，皆是對治身心之病，使得身心清淨，卽正報清淨也；正報既淨，依報必無穢濁，卽成淨土；此非小乘能爲，故發菩提心，以便將來行菩薩道，淨佛國土，成就衆生耳！問疾品竟。

〔丁〕二、不思議品示現圓頓不思議力以顯菩薩淨土果報。分二：〔戊〕（一）釋品（二）釋文。今初：

# 不思議品第六

此品來意者：遠在方便品，淨名示現有疾，皆爲集不思議衆，說不思議法，現不思議境，讚佛不思議功德，令衆皆發不思議心，淨不思議佛土，成就不思議衆生，此品之義，正從方便品來也。近意者，前問疾品，空其室內，以表寂光淨土；此品寶座莊嚴，正顯實報淨土；前品治疾調心，所談者悉是淨因之法；此品現不思議，所說者皆是淨果之法；前品多談性理，此品皆說事實；前品調心行行，悉說因行；此品不思解脫，皆顯果德；此品之義，近從問疾品來也。不思議者，所現大小相容之事，不可以心思，不可以言議；所說諸佛菩薩解脫，不可以心思，不可以言議，故名不思議品。

〔戊〕二、釋文。分五：〔己〕（一）身子念座被訶（二）淨名詢問借座（三）廣說不思解脫（四）迦葉讚歎自恥（五）淨名述成逆行。初、中二：〔庚〕（一）身子起心念座（二）淨名知意訶讀。今初：

**爾時舍利弗，見此室中，無有床座；作是念：斯諸菩薩大弟子衆，當於何坐？**

念牀座者；於問疾時，論說妙義；其好法者，得法喜樂，而忘身疲；聲聞雖是好法，其所談者，皆是菩薩自治調伏心病；行菩薩行，廣度衆生，究非已事，故於問答將息之間，身倦念座；又聲聞結業之身，非比菩薩其身堅固，入室以來，聽法既久，身已疲勞，以己推他，故念是諸菩薩大弟子衆當於何坐？〔庚〕二、淨名知意訶讀。分三：〔辛〕（一）詰問爲法爲座（二）直答爲法而來（三）正被淨名訶讀。今初：

**長者維摩詰，知其意，語舍利弗言：「云何仁者爲法來耶？爲床座耶？」**

淨名以他心智知其念座，卽知聲聞爲法心輕；若重法者，法喜充滿，何暇顧及於身？如法華經：「五十小刼，猶如半日。」今既念座，故問之曰：「爲法來耶？爲牀座耶？」意在就其答而讀之也。〔辛〕二、直答為法而來：

**舍利弗言：「我為法來，非為床座。」**

即此一答，有三種過；心念牀座，口言為法，即心口相違過；前說如是大法，疲怠念座，縱云為法，非心所好，即輕法重身過；前者大法既輕，今云為法，必是為小，即捨大取小過；有如是過，無怪乎淨名訶責也！

〔辛〕三、正被淨名訶責。分七：〔壬〕（一）約貪求牀座訶（二）約陰入三界訶（三）約佛法僧寶訶（四）約四諦總相訶（五）約四諦別相訶（六）結身子與念遍（七）明天子聞法益。今初：

**維摩詰言：「唯舍利弗！夫求法者，不貪軀命，何況牀座？**

如來因地，為法身燃千燈，以求半偈；藥王為法焚身，即是求法，不貪軀命者；正求法時，只知有法，不知有身，身尚不惜，何暇貪牀座乎！〔壬〕二、約陰入三界訶：

**夫求法者，非有色受想行識之求，非有界入之求，非有欲色無色之求；**

陰界入和合而成身，乃凡夫之正報；欲色無色三界，乃凡夫之依報。正聞法間，身疲思坐，是求正報受用；思座而坐，是求依報受用；如是則同凡夫，故云。夫求法者，非有色等諸求。

〔壬〕三、約佛法僧寶詞：

**唯舍利弗！夫求法者，不著佛求，不著法求，不著衆求；**

依小乘教，投佛出家，聞佛說法，依法修觀，觀成得果，成羅漢僧，三寶備矣！何須更求於法？今云我爲法來，必求大乘了義法也；大乘了義，在於明了法性身，莊嚴法性土，成就法界一切衆生，不必拘定著求於佛法僧也，故云，夫求法者，不著佛法衆求。

〔壬〕四、約四諦總相詞。分二：〔癸〕（一）正詞（二）解釋。今初：

**夫求法者，無見苦求，無斷集求，無造盡證修道之求；**

小乘人依生滅四諦法門，斷惑證眞；今詞云勿作是求者，阿羅漢人，苦已知、集已斷、滅已證、道已修，今云我爲法來，此卽勸其勿復更求如是法也；必須發大心、求大法、行大行、證大果報，而後普利一切有情，故云無見苦斷集，造盡證修道之求。〔癸〕二、解釋：

**所以者何？法無戲論，若言我當見苦斷集，證滅修道，是則戲論，非求法也。**

以釋生滅四諦之過也。法無戲論者，卽指大乘了義法門，二邊不著，中道不居，故無戲論；若言我當見苦，卽與樂對；我當斷集，卽與纏縛對；我當證滅，卽與生死對；我當修道，卽與邪道對；有對卽有二邊，二邊乃戲論也；與了義法敵體相違，故云是則戲論，非求法也。問：四諦通大小二乘，何得與了義相違？答：佛為法王，於法自在，或說四諦，或說二諦，或說三諦，或說一諦，或說無諦。苦集是俗，滅道是眞，故說眞俗二諦；以有眞俗，於其中間非眞非俗者，說為中諦，卽三諦義；諸諦皆相因待，唯有自性誠諦不虛，故說第一義諦；眞如法性，只可以默契，不可以言宣，但有言說，都無實義，故說無諦。淨名言四諦是戲論者，就一諦無諦了義法言也。〔壬〕五、約四諦別相訶。分四：〔癸〕一、約苦諦訶：

**唯舍利弗！法名寂滅，若行生滅，是求生滅，非求法也；**

小乘人依生滅四諦法修，得禪得定，得道得果，得諸三昧；我執雖破，而四諦法執甚堅；淨名大慈，欲令彼等破其法執，入法性身，居法性土，然後普利衆生；前以四諦總相訶，今更以四諦別相訶也。法名寂滅等者，諸法自他共無因，皆悉不生；以無生故，則無有滅；無生滅故，卽是寂滅；若念牀座安養其身，身卽無常，是生滅法，若如是求，故云是則生滅，非求法也。〔癸〕二約集諦訶：

法名無染，若染於法，乃至涅槃，是則染著，非求法也；法無行處，若行於法，是則行處，非求法也；

小乘人以貪瞋癡慢疑等諸煩惱爲世間染，乃界內之集，故急斷之，以出三界；深著三昧解脫涅槃，以爲法樂；殊不能知若著於法，卽染法身，乃界外之集，故云是則染著，非求法也。法無行處者，行卽心行，處卽境處；二乘人以能觀之心，觀於寂滅無爲之境，是其行處；雖非凡夫染於六塵，心著寂滅無爲，卽塵沙也；了義法中，無如是事；故云若行於法，是則行處，非求法也。

〔卯〕三、約滅諦訶：

法無取捨，若取捨法，是則取捨，非求法也；法無處所，若著處所，是則著處，非求法也；法名無相，若隨相識，是則求相，非求法也；法不可住，若住於法，是則

**住法，非求法也；**

二乘人捨生死，取涅槃，故以無取捨訶之；二乘人以涅槃爲所歸處，故以無處所訶之；二乘人離世間相，取滅諦相，故以無相訶之；二乘人住眞諦二涅槃中，故以無住訶之；以二乘人不見佛性，縱得有餘無餘二種涅槃，非是究竟大般涅槃，雖云求法，皆不了義，故云非求法也。

〔卯〕四、約道諦訶：

**法不可見聞覺知，若行見聞覺知，是則見聞覺知，非求法也；法名無爲，若行有爲，是求有爲，非求法也。**

見聞覺知，卽六根之性；二乘人不入六塵，雖離見聞覺知，得解脫道；然無明未破，法身未顯，其所見偏眞之理，猶是偏見；故經云：「淺智樂小法，若有若無見，是則不能見，滅見安隱法。」二乘聞法得解，故稱爲聞，猶有聞在；覺知世諦是苦，覺知眞諦爲樂，猶是覺知；殊不能知無上覺道，雖不離見聞覺知，而非見聞覺知之能到，故以不可見聞覺知訶之。寂滅無爲，小乘已證；今所云無爲者，非小乘滅有歸無之無爲，乃大乘中法住法位，本無造作營爲，故曰若行有爲，是求有爲，非求法也。約四諦別相訶竟。〔壬〕六、結身子興念過：

**是故舍利弗！若求法者，於一切法，應無所求。」**

一切無求，方顯法身圓滿具足；法尚無求，豈可參雜求座而聞法乎！〔壬〕七、明天子聞法益：

**說是語時，五百天子，於諸法中，得法眼淨。**

天子報得天眼，見一切相，無所障礙；而於諸法自性，理不明了，亦乃求法者也；今聞大乘了義，應無所求，卽便求心頓意，豁然見理，是故於諸法中得法眼淨。身子念座被訶竟。

〔己〕二、淨名詢問借座。分七：〔庚〕（一）詢問文殊（二）文殊復答（三）淨名借座（四）請衆就座（五）上人就座（六）權小不昇（七）禮佛方坐。今初：

**爾時長者維摩詰，問文殊師利：「仁者遊於無量千萬億阿僧祇國，何等佛土有好上妙功德成就師子之座？」**

假座意者，菩薩說法，當隨其意；前者空室所表，佛事已圓；若迥然以此空空，初機則為菩薩所修貧所樂法，福德不具，焉能利人！詢借上妙寶座者，以顯菩薩實報莊嚴也。又者身子念座，若但訶不與，何異貧者饗客，自不能營，反讀賓客？故借寶座以滿其意，則不失其機宜。夫豈自不知其何佛國土有好妙座，而問文殊師利者，一者自爲謙光，知而故問，以尊文殊之德；二者來衆皆是文殊所將之機，而問文殊，以爲作證，其將取信於機，故問何等佛土有好上妙功德成就師子之座。〔庚〕二、文殊復答：

**文殊師利言：「居士！東方度三十六恆河沙國，有世界名須彌相，其佛號須彌燈王；今現在，彼佛身長八萬四千由旬，其師子座高八萬四千由旬，嚴飾第一。」**

須彌相翻妙高，以彼世界微妙高顯故。彼佛智慧，無微不照，故稱須彌燈王；身長八萬四千由旬者，表八萬四千諸波羅蜜門；又佛身者即法身，法身無相，對機應現，大小隨機，此現八萬四千由旬者，以有大機故也。座高八萬四千由旬者，座乃依報；依無定相，隨正報轉；佛身高大，座亦如然。微妙第一者，無量福德所感之報果也。由旬乃印度之里數，上者八十里，中者六十里，下者四十里。〔庚〕三、淨名借座。分三：〔辛〕一現神通力：

**於是長者維摩詰，現神通力。**

〔辛〕二彼佛遣座

**即時彼佛遣三萬二千師子之座，高廣嚴淨，來入維摩詰**

室；

此即華嚴大小相容境界也。以淨名法身大士，冥契十方諸佛如來法身，舉心動念，諸佛皆知，故遣座來入其室；以三萬二千高廣之座，來入方丈小室，而不迫迮者，淨名證得法性之身，世間依正二報，皆隨法身之所轉變，故於一多大小，圓融無礙，互攝互容，不可以心思言議也。〔辛〕三、大衆歎仰：

諸菩薩大弟子釋梵四天王等，昔所未見！其室廣博，悉皆包容三萬二千師子座，無所妨礙；於毗耶離城，及閻浮提，四天下，亦不迫迮，悉見如故。

在外見其室小，在內見其室大，能包容廣大多數之寶座，不迫不迮，毗耶閻浮，不為質礙，亦不寬濶，而其本相如故，大衆昔所未見，是故歎仰！眞所謂是法住法位，世間相常住，是法不相知，各各無妨礙者也。不思議菩薩神力如斯，豈權小之能及哉！〔庚〕四、請衆就座：

爾時維摩詰語文殊師利：「就師子座。」與諸菩薩上人俱坐，當自立身如彼座像；

立身如彼座像者，如座之高廣像也。〔庚〕五、上人就坐：

其得神通菩薩，即自變形爲四萬二千由旬，坐師子座。

變形爲四萬二千由旬就座者，意以彼佛之座，却非我有；菩薩因位，故現半身，以表實報淨土菩薩分證故也。〔庚〕六、權小不昇：

諸新發意菩薩及大弟子，皆不能昇；爾時維摩詰，語舍利弗：「就師子座。」舍利弗言：「居士！此座高廣，吾不能昇。」

前者佛以足指按地，所現淨土，各各見坐寶蓮花者，其所表是性具實報莊嚴，人人分，故各各見坐蓮花。今此淨名所借寶座，以表修證實報；佛身滿證，故八萬四千；菩薩分證，故四萬二千；權小無分，故不能昇。

〔庚〕七、禮佛方坐：

維摩詰言：「唯舍利弗！爲須彌燈王如來作禮，乃可得坐。」於是新發意菩薩及大弟子，即爲須彌燈王如來作禮，便得坐師子座。

權小爲佛作禮，然後得坐者，以表權小回心向大，方得入於實報莊嚴，其顯不思議菩薩分證實報莊嚴淨土之果，意在如斯也。

〔己〕三、廣說不思解脫。分二：〔庚〕（一）身子歎不思議神力（二）淨名說不思議教法。今初：

**舍利弗言：「居士！未曾有也，如是小室，乃容受此高廣之座，於毗耶離城，無所妨礙，又於閻浮提聚落城邑，及四天下諸天龍王鬼神宮殿，亦不迫迮。**

天台云：「身子見此神力，諸座高廣，直置一座，八萬四千由旬，閻浮已不容受，何者閻浮地只長七千由旬，豈能容斯一座？何況三萬二千，來入小室，於毗耶離閻浮依正，無所妨損，了不迫迮，莫測之然，故身子歎也！」愚按即此一室，已現四種佛土，前者空室，即常寂光土；今借多數寶座容於一室，即實報莊嚴；權小不能就座，即方便有餘；凡夫於外見此小室，即凡聖同居；足見四土唯心所現，不堅不橫，非並非別，助揚淨土之教，如斯顯著矣！〔庚〕二、淨名說不思議教法。分三：〔辛〕（一）總說不思議名（二）別說不思議相（三）結歎不思議力。今初：

**維摩詰言：「唯舍利弗！諸佛菩薩，有解脫名不可思議；**

眞如性理，生佛本同，其差別者即權智耳！衆生不守眞如，即成妄想，故有分別；

由是彼此各殊，大小各別，處處窒碍；菩薩不失眞如，用卽權智，故能依正無碍，大小融容，故非識情之能思議也。〔辛〕別說不思議相。分八：〔壬〕（一）小能容大（二）世界往還（三）時分延促（四）依正攝入（五）一毛普現（六）風火無碍（七）上下相移（八）身聲現出。今初：

若菩薩住是解脫者以須彌之高廣內芥子中，無所增減，須彌山王本相如故，而四天王忉利諸天，不覺不知己之所入，唯應度者乃見須彌入芥子中，是名不可思議解脫法門。又以四大海水入一毛孔，不嬈魚鼈黿鼉水性之屬，而彼大海本性如故，諸龍鬼神阿修羅等，不覺不知己之所入，以此衆生亦無所嬈。

此大小相容也；須彌大海之大，芥子毛孔之小；非放芥子毛孔令大，以容須彌大海；亦非收須彌大海令小，以入芥子毛孔之中；不動本體，而相攝入，卽一眞法界之妙用，事事無碍法界也，故云不可思議解脫法門。〔壬〕二、世界往還：

又舍利弗，住不可思議解脫菩薩，斷取三千大千世界，如陶家輪，著右掌中，擲過恆沙世界之外，其中衆生不覺不知己之所往，又復還置本處，都不使人有往來想，而此世界本相如故。

常寂光土，一切皆空；有相之土，皆在空中安立。菩薩證得眞空之體，以體起用，故持世界往還；如夜水運舟，雖有往來，都不使人有往來想，亦此義也；如是妙用，豈心思言議之能及哉！

〔壬〕三、時分延促：

又舍利弗；或有衆生，樂久住世，而可度者，菩薩即演七日以爲一劫，令彼衆生謂之一劫；或有衆生不樂久住，而可度者，菩薩即促一劫以爲七日，令彼衆生謂之七日。

自性眞如，不落時分；世間時節，由光陰事相遷移。菩薩證得眞如自性之理，以理融事，事隨理轉，故能或延或促；如洞天七日，世幾千齡；一夕夢中，三生已往；在自轉猶易，能轉他則難；若非住不思議解脫，安能如是之延促哉！〔壬〕（四）依正攝入：

又舍利弗；住不可思議解脫菩薩，以一切佛土嚴飾之事，集在一國，示於衆生；又菩薩以一切佛土衆生置之右掌，飛到十方遍示一切，而不動本處。

以一切嚴飾事集於一國，依報無礙也；以一切衆生徧示一切，正報無礙也；依正融通，徧十方國，如是境界，豈可以心思言議哉！〔壬〕五、一毛普現：

又舍利弗；十方衆生供養諸佛之具，菩薩於一毛孔，皆令得見；又十方國土所有日月星宿，於一毛孔，普使見之。

〔壬〕六、風火無礙：

又舍利弗；十方世界所有諸風，菩薩悉能吸著口中，而身無損，外諸樹木亦不摧折；又十方世界劫盡燒時，以一切火內於腹中，火事如故，而不爲害。

〔壬〕七、上下相移：

又於下方過恒河沙等諸佛世界，取一佛土，舉著上方過恒河沙無數世界，如持針鋒舉一棗葉，而無所嬈。

〔壬〕八、身聲現出：

又舍利弗；住不可思議解脫菩薩，能以神通現作佛身，或現辟支佛身，或現聲聞身，或現帝釋身，或現梵王身，或現世主身，或現轉輪聖王身；又十方世界所有衆聲，上中下音，皆能變之令作佛聲，演出無常苦空無我之音；及十方諸佛，所說種種之法，皆於其中，普令得聞。

上現依報不思議，此現正報不思議也；依正二報，皆是唯心之所變現，菩薩能現依正不思議之事，以顯證得不思議之心！若非如是，安顯菩薩之德？令諸不發菩提心者，生戀慕之想乎！淨名垂不思議之教，欲令新學菩薩勇猛增進，使諸二乘轉小向大耳！別說不思議相竟。

〔辛〕三、結歎不思議力：

舍利弗；我今略說菩薩，不可思議解脫之力；若廣說者，窮劫不盡。」

華嚴經云：「一字法門，海墨書之不盡。」住不思議解脫菩薩者，即華嚴四十一位之儔；自證一眞法界，於四法界，融通無礙，法界無邊，其不思議事若廣說之，豈窮刼之能盡哉！借座廣說不思解脫竟。

〔己〕四、迦葉讚歎自恥。分二：〔庚〕（一）自歎未曾有法（二）向舍利弗自恥。今初：

**是時大迦葉聞說菩薩不可思議解脫法門，歎未曾有！**

迦葉爲聲聞之利根者，以久行頭陀行，見衆生苦，稍有轉小向大之心；今聞不思議法，非聲聞所能，由於不發大心之咎，故起欣仰心，歎未曾有！〔庚〕二、向舍利弗自恥。分五：〔辛〕一聲聞不了（二）智應發心（三）聲聞應泣（四）菩薩應慶（五）時衆得益。今初：

**謂舍利弗：「譬如有人，於盲者前，現衆色像，非彼所見；一切聲聞，聞是不可思議解脫法門，不能解了爲若此也！**

小乘人無大乘聞慧，聞不得義，聞如不聞；無大乘思慧，故不解；無大乘修慧，故不了；大法現前，而我無分，何異盲者見衆色相？〔辛〕二、智應發心：

**智者聞是，其誰不發阿耨多羅三藐三菩提心？**

二乘人不發菩提心證小乘果，名爲愚法聲聞；今云智者聞之，卽便發心者，卽是自責聲聞爲自愚也。〔辛〕三、聲聞應泣：

我等何爲永絶其根？於此大乘，已如敗種！一切聲聞，聞是不可思議解脱法門，皆應號泣，聲震三千大千世界；

一切聲聞，於此絶分，故如敗種，不作芽事。二乘憂悲永斷，豈有號泣？此云號泣者，泣其絶分，迦葉已有回心，故云號泣耳！〔辛〕四、菩薩應慶：

一切菩薩，應大欣慶，頂受此法；若有菩薩，信解不可思議解脱法門者，一切魔衆無如之何。」

能欣慶則能頂戴受持，能受持則能信解，能信解則能深入；如此不思議解脱法門，非魔力能爲，故云一切衆魔，無如之何。〔辛〕五、時衆得益：

大迦葉說是語時，三萬二千天子，皆發阿耨多羅三藐三菩提心。

前聞不思議解脱法門，已生信仰；復聞迦葉鄙小讚大，抑更不疑，故發菩提心耳！

〔己〕五、淨名迹成逆行。分二：〔庚〕（一）逆行教化未種者（二）逆行助成將熟者。今初：

爾時維摩詰語大迦葉：「仁者！十方無量阿僧祇世界中作魔王者，多是住不可思議解脫菩薩；以方便力故，教化衆生，現作魔王。

此言菩薩逆行也；因迦葉云信解不可思議解脫法門者，不爲魔嬈；淨名意云不但不爲魔嬈，住不可思議解脫菩薩，亦能現魔教化衆生，令種善根。此有二義：一、魔羅力大，若非現同類之身，萬難教化；如護法八部，皆是惱害人者，若非其王督率，焉能護持正法？八部中王。多是菩薩現身。二、邪定衆生，不信正法，菩薩現作魔王，以威力降伏，令歸正法。此二義卽菩薩現魔意也。〔庚〕二、逆行助成將熟者。分三：〔辛〕（初）强從求索：

又迦葉：十方無量菩薩，或有人從乞手足耳鼻，頭目髓腦，血肉皮骨，聚落城邑，妻子奴婢，象馬車乘，金銀琉璃，硨磲碼碯，珊瑚琥珀，眞珠珂貝，衣服飲食；如此乞者，多是住不可思議解脫菩薩，以方便力，而往試之，令其堅固。

此乃權小漸教菩薩，及頓圓初心菩薩，於檀度將極而未究竟極者；住不可思議解脫菩薩，强往求索，令其堅固捨心，無所吝惜，圓滿檀度故也。〔辛〕二、釋其索意：

所以者何？住不可思議解脫菩薩，有威德力，故行逼迫，示諸衆生。如是難事，凡夫下劣，無有力勢，不能如是逼迫菩薩；

戒經云：「持淨戒者，常有護戒神王之所圍繞，勿令惡魔伺得其便；何況行菩薩道者，豈無善神之護佑？此乃住不可思議解脫菩薩，見諸菩薩道行將圓，功虧一簣，故以善心逆行助之，强迫索取，令其功德圓滿，是故善神不護；豈凡夫下劣，實行貪愛，而能逼迫菩薩乎！

〔辛〕三、擧喻結成：

譬如龍象蹴踏，非驢所堪；是名住不可思議解脫菩薩智慧方便之門。」

龍象爲大力神力之生靈，蹴踏喻菩薩逼迫菩薩；非驢所堪，喻凡夫不能逼迫菩薩。智慧方便之門者，結住不思議解脫菩薩之力也。結上不思議品竟。

# 維摩詰所說經講義錄卷二之上終

# 維摩詰所說經講義錄卷三之下

〔丁〕三觀衆生品。維摩詰說圓頓淨因，天女散花示現淨果。分二：〔戊〕（一）釋品（二）釋文。今初：

## 觀衆生品第七

此品次不思議品而來者，由前品住不可思議解脫菩薩，能現不思議事，若非人法皆空，深證眞空之理，決不能現不思議事，故初明觀衆生空，卽得人空；次明行慈等法，以至無住，卽得法空；人法皆空，得眞空理；然後能起大用，成不思議事，以爲淨佛國土成就衆生之因，方成佛國之敎。品後經文，其所顯者，二乘不得法空，故花著其身；不得人空，故轉男成女；其八不思議，十二年來，求女人相，了不可得，卽清淨果報也；人法皆空，方證無所得故而得，淨土因果，如此備矣！

〔戊〕二釋文。分二：〔己〕（初）不著衆生法相以顯淨因（二）天女散花問答清淨報果。○初、中二：〔庚〕（一）問答離衆生相（二）問答不著法相。○初、中二：〔辛〕（一）文殊問（二）淨名答。今初：

爾時文殊師利問維摩詰言：「菩薩云何觀於衆生？」

意謂，前品現種種不思議事，皆爲成就衆生，不知菩薩何所觀於衆生？若作有衆生觀，即同凡夫著相；若作無衆生觀，菩薩捨於善本，即無度生事業，即同二乘泯相；故問云何觀於衆生。〔辛〕二淨名答。分三：〔壬〕（一）雖有不有觀以成空解脫（二）本無不無觀以成無相解脫（三）有無齊等觀以成無作解脫。今初：

維摩詰言：「譬如幻師，見所幻人；菩薩觀衆生爲若此，如智者見水中月，如鏡中見其面像；如熱時燄，如呼聲響，如空中雲，如水聚沫，如水上泡；

觀幻者，見幻人行住坐臥，動作營爲，以爲實有；幻師明知非實。菩薩見衆生性非是衆生，故雖有而不有也；水月鏡像，乃至水上泡等，皆無實體，菩薩觀衆生爲作如是觀也。

〔壬〕二本無不無觀，以成無相解脫：

如芭蕉堅，如電久住，如第五大，如第六陰，如第七情，如十三入，如十九界，菩薩觀衆生爲若此。

芭蕉無堅而作堅觀，電非久住而作住觀；五大、六陰、七情、十三入、十九界，本無是事，而作如是事觀，即雖無不無也；旣是本無之觀，即不著衆生相，故成無相三昧觀也。

〔壬〕三有無齊等觀以成無作解脫：

如無色界色，如燋穀芽，如須陀洹身見，如阿那含入胎，如阿羅漢三毒，如得忍菩薩貪恚毀禁，如佛煩惱習，如盲者見色，如入滅盡定出入息，如空中鳥跡，如石女兒，如化人煩惱，如夢所見已寤，如滅度者受身，如無烟之火，菩薩觀衆生爲若此。

無色界無業果色，焦穀無芽，須陀洹見惑已斷，阿那含本不來欲界受胎；阿羅漢煩惱斷盡，何有三毒？得忍菩薩心結永除，何復壞毀禁戒？唯有如來結習都盡，何能復起煩惱習？盲者眼失光明，何能見之？滅盡定受想已滅，本無出入氣息；鳥道虛懸，何有形跡？石女本不受胎，安能養兒？化人無性，何有煩惱？夢事已寤，不復更見？既云滅度，誰當受身？烟先火後，安得無烟？以上諸句，卽無中之有，亦卽有無等觀也；有無本體相違，既是等觀，卽不著有無相；不著有無相，則法住法位，非有作爲，卽成就無作三昧也。菩薩觀衆生爲若此者，指上諸句也。〔庚〕二問答不著法相。分二：〔辛〕（一）問答慈悲喜捨（二）問答生死根源。一中四：〔

〔壬〕一問答行慈。一中二：〔癸〕（一）文殊問慈（二）淨名報答。今初：

文殊師利言：「若菩薩作是觀者，云何行慈？」

問意，謂若如上所觀，則無衆生相；菩薩行慈，以衆生爲所緣之境，若無衆生則云何行慈？無慈則違背菩薩道，故問云何行慈。

〔癸〕二淨名報答。分三：〔子〕（一）總答（二）別答（三）結答。今初：

維摩詰言：「菩薩作是觀已，自念我當爲衆生說如斯法，是即眞實慈也。」

答意，謂菩薩行慈，本爲衆生得樂；如上所觀，不著衆生相見，亦非畢竟無衆生相，卽得中道實慧，是眞實樂；以此法而爲衆生說，卽眞實慈也。

〔子〕二別答：

行寂滅慈，無所生故；行不熱慈，無煩惱故；行等之慈，等三世故；行無諍慈，無所起故；行不二慈，內外不合故；

見寂滅理者，於諸法皆無所生；爲諸衆生說無生法，是行寂滅慈也。以正智斷煩惱盡，故無熱惱；爲衆生說斷煩惱法，是行無熱慈也。見眞如自性無去無來，故得平等；爲衆生說無去來法，是行等慈也。見中道理，無彼無此，則不起諍端；爲衆生說中道了義，是行無諍慈也。不了自性，則見內根外塵；了得自性不二，自不見有根塵相合；爲衆生說自性法門，是行不二慈也。

行不壞慈，畢竟盡故；行堅固慈，心無毀故；行清淨慈，諸法性淨故；行無邊慈，如虛空故；

以智觀照，破諸煩惱；其可壞者，一切壞盡；唯有自性，不可破壞；爲諸衆生說如是法，是爲行不壞慈也。慧若金剛，能毀一切，而不被八風所毀；爲諸衆生說如是法，是爲行堅固慈也。見自性清淨心，不爲塵垢所染；爲諸衆生說如是法，是爲行清淨慈也。心量寬廣，如虛空然；爲諸衆生說如是法，是爲行無邊慈也。

行阿羅漢慈，破結賊故；行菩薩慈，安衆生故；行如來慈，得如相故；行佛之慈，覺衆生故；行自然慈，無因得故；行菩提慈，等一味故；

阿羅漢名殺賊，以能斷除結使，得阿羅漢名；爲諸衆生說如是法，是行阿羅漢慈。令諸衆生得安穩樂，得菩薩名；爲其說如是法，是行菩薩慈也。佛有十號，如來者如先佛而來，卽仿同古德號也；又如來者從如如中來，來卽是如，故名如來；爲說如如法，是行如來慈也。佛名爲覺，謂自覺覺他覺行圓滿故；爲說覺衆生法，是名行佛之慈。大乘了義，本自有之，非因緣來；爲諸衆生說是法者，名自然慈。證得平等一味之智，名曰菩提；爲諸衆生說是法者，名菩提慈。

**行無等慈，斷諸愛故；行大悲慈，導以大乘故；行無厭慈，觀空無我故；**

無愛心而起諸慈者，是慈超絕，無與等者；爲說是法，如行無等慈。小教之法，只能拔分段生死之苦，雖有慈心，不名爲大；大乘之法，能拔變易生死之苦，故名大悲；能導以大乘法者，名大悲慈。厭者厭足也；菩薩若存我想，即生厭足之心；以觀無我故，則心等虛空，空則含容法界，其所行慈，亦復徧滿法界，終無厭足；爲說如是法者，名無厭慈。

**行法施慈，無遺惜故；行持戒慈，化毀禁故；行忍辱慈，護彼我故；行精進慈，荷負衆生故；行禪定慈，不受味故；行智慧慈，無不知時故；**

已所得法，悉皆施與一切衆生，無有遺存悋惜之心；爲說如是法者，名爲法施之慈•自持戒行，兼化破戒；爲諸衆生說如是法，名持戒之慈。逆來順受謂之忍，內不動於自心，則護我之法身；外不現於聲色，則彼不動念；是名忍辱之慈。不懈怠謂之精進，度生事業，勇猛不退，於生死大海之中，荷負衆生令出，是行精進慈也。攝心不亂謂之禪，菩薩入禪定時，外不受五塵之味，內不貪清淨之味，爲諸衆生說是法者，名行禪定之慈。爲衆說法，無不知其時宜，未種者令種，已種者令得增長，未成熟者，令得成熟，若如是者，是行智慧之慈。

行方便慈，一切示現故；行無隱慈，直心清淨故；行深心慈，無雜行故；行無誑慈，不虛假故；行安樂慈，令得佛樂故。

權智用事，即是方便；以不起滅定而現諸威儀，隨其衆類現身說法，是名行方便慈。發甚深心，直趣佛果，不爲二邊諸行之所參雜，是名行深心慈。所言誠諦，眞實不虛，故名無誑；爲說誠諦法者，是行無誑慈也。爲令衆生得至如來大般涅槃，是行安樂慈也。

〔子〕三結答：

菩薩之慈，爲若此也。」

〔壬〕二問答行悲：

文殊師利又問：「何謂為悲？」答曰：「菩薩所作功德，皆與一切衆生共之。」

能拔一切苦，故謂之悲；衆生長在苦途，由無功德；菩薩功德與衆生共者，以有功德故能離苦，此卽謂之眞大悲也。

〔壬〕三問答行喜：

「何謂爲喜？」答曰：「有所饒益，歡喜無悔。」

喜有二義：一、於自己有所利益之事，與諸衆生同共歡喜，而無懊悔。二、見衆生有大利益，則助爲喜，不起彼有我無之見，故無有悔。

〔壬〕四問答行捨：

「何謂為捨？」答曰：「所作福祐，無所希望。」

凡夫作福，則希望無量果報；菩薩所作福德，而不望報，是眞捨心；若能如上慈悲喜捨，雖不著衆生見，而常作利生事焉！問答慈悲喜捨竟。

〔辛〕二問答生死根源。分二：〔壬〕（一）六番問答菩薩根源（二）六番問答衆生根源。今初：

文殊師利又問：「生死有畏，菩薩當何所依？」維摩詰言：「菩薩於生死畏中當依如來功德之力。」

問意，謂大悲菩薩，不捨衆生，衆生常在生死，生死甚可怖畏；菩薩常在生死之中，利益一切衆生，憑依何法，而不畏懼，故云當何所依。答意，謂如來經無量刧，積功累德，方得圓滿菩提，豈可以微苦而生怯弱？由念如來功德力故，於生死中無畏。

文殊師利又問：「菩薩欲依如來功德之力，當於何住？」答曰：「菩薩欲依如來功德力者，當住度脫一切衆生。」

問意，謂欲成就功德者，必有所作功德之處，故問當於何住。答意，謂諸佛所作功德，皆爲利益衆生，又衆生爲起福德之良田，因利衆生，方名功德，故云欲依如來功德力者，當住度脫一切衆生。

又問：「欲度衆生，當何所除？」答曰：「欲度衆生，除其煩惱。」

問意，謂旣名衆生，必有衆生作業；欲度衆生，當何所除而度生乎！答意，謂眞如佛性，十界同體，由有煩惱作業，則名衆生；若無煩惱，則衆生即非衆生，故云欲度衆生，除其煩惱。

又問：「欲除煩惱，當何所行？」答曰：「當行正念。」

問意，謂欲除煩惱必有能除之法，行何法而除其煩惱？答意，謂由無正念，則有煩惱；正念現前則煩惱自除，故云當行正念。

又問：「云何行於正念？」答曰：「當行不生不滅。」

問意，謂正念能除煩惱者，行何等法能得住於正念？答意，謂由生滅諸念故，失其正念；欲得正念現前者，當行不生不滅。

又問：「何法不生？何法不滅？」答曰：「不善不生，善法不滅。」

問意，謂既云正念，非是無念；有念即生，有生終滅；故問何法不生？何法不滅？答意，謂正念不偏，一切二邊偏邪知見，皆是不善，故云不生；淨佛國土，成就衆生，皆是善法，故云不滅。又不善不生，以表斷德；善法不滅，以表智德；智斷悉具，即顯不生滅義也。

〔壬〕二、六番問答衆生根源：

身爲本。

又問：「善不善孰爲本？」答曰：「身爲本。」

問意，謂善不善法，必有根源，故問云孰爲本？答意謂善不善業，由身所造，故云身爲本。

又問：「身孰爲本？」答曰：「欲貪爲本。」

問意，謂善不善由身所造，身從何因而有？答意謂身爲結業之果，由過去情欲以爲種子，復行貪愛以爲潤生，而得受生，得此身形，故云欲貪爲本。

又問：「欲貪孰爲本？」答曰：「虛妄分別爲本。」

問意，謂佛性平等，何爲而起欲貪！故問欲貪孰爲本？答意謂心境一如，本無二致；由不了故，以能分別之心，取所分別之境，能所悉皆不實，故云虛妄分別爲本。

又問：「虛妄分別孰爲本？」答曰：「顚倒想爲本。」

問意，謂自性本自不生，何爲而起虛妄分別？答意，謂以眞如不守自性，而有其念，謂之顚倒；以有念故，則起虛妄分別，故云顚倒想爲本。

又問：「顚倒想孰爲本？」答曰：「無住爲本。」

問意，謂既起顚倒想，必有根源，何爲而起顚倒想耶？答意謂既起顚倒，即不守自性；顚倒未起以前，了無所寄，故云無住爲本。

又問：「無住孰爲本？」答曰：「無住則無本。文殊師利！從無住本，立一切法。」

問意，謂顛倒想根於無住，無住又根於何法？故云無住孰爲本？答意，謂旣云無住，則無有本；有本則有住矣，故云無住則無本。問答至此，言說已極。從無住本立一切法者，此中有眞有妄；眞無住者，法性徧滿法界，故無住處，如般若經云：「不應住色聲香味觸法生心，應無所住而生其心。」卽眞無住也；妄無住者，眞如不守自性，卽不住眞性，而有無明，於是則三細六麤，五意六染，相隨而有，卽妄無住也；此從無住立一切法者，卽妄法也。結上問答生死根源竟。總結上不著衆生法相以顯圓頓淨因竟。〔己〕二天女散花問答淸淨報果。分七：〔庚〕（一）花著不著以顯淨穢（二）弟子去花以辯淨穢（三）問答三乘並淨室事（四）辯男女相以亡身見（五）問答沒生以顯無生（六）問答菩提以顯性具（七）淨名述成天女本迹。

今初：

時維摩詰室有一天女，見諸天人聞所說法，便現其身，即以天華散諸菩薩大弟子上，華至諸菩薩即皆墮落，至大弟子，便著不墮。

天女亦法身大士，卽淨名同類之儔，共相助佛揚化。皆以抑小讚大爲宗，故現身散花，所助成佛國之教耳！華著不著者，一是二乘人起於華見，卽便著身；一是天女神力所爲，以折伏二乘耳！

〔庚〕（二）弟子去華以辯淨穢。分二：〔辛〕（一）假去華以分結習（二）卽住止以論解脫。今初：

一切弟子，神力去華，不能令去；爾時天問舍利弗：「何故去華？」答曰：「此華不如法，是以去之。」

華不能去，此乃天女以神力制之，欲藉以說法也。去華有二意：一、以小乘律載，比丘不得香華著身，今華著身，不如法律，是故去之。二、聲聞已斷貪愛，若華著身，則同凡夫貪愛，是故去之。有此二義，故曰此華不如法，是以去之。

天曰：「勿謂此華爲不如法，所以者何？是華無所分別，仁者自生分別想耳！若於佛法出家，有所分別，爲不如法；若無所分別，是則如法；觀諸菩薩華不著者，已斷一切分別想故。」

意謂此華我以無分別心散，故云勿謂此華爲不如法；華不起於分別，不言我當墮地，或著其身，墮地著身，乃汝自生分別想耳！佛之教法，以無分別智，而破諸惑；二乘人斷見思惑，出三界家，若復有所分別，故不能斷塵沙無明，是不如教法而行也，故云爲不如法。若無所分別者，當得無分別智；以有無分別智，自能破諸惑障，是即如佛教法而行也，故云是則如法；菩薩已得無分別智，故能斷諸分別想，已不起華著身不著身見，即在諸境而離諸境，自然華不能著也。

**譬如人畏時，非人得其便；**

什師云：「如一羅剎，變形爲馬，有一士夫乘之不疑，中道馬問士夫：『馬爲好否？』士夫拔刀示之，問言：『此刀好不？』知其心正無畏，竟不敢加害。若不如是，非人得其便也。」

**如是弟子畏生死故，色聲香味觸得其便也；已離畏者，一切五欲無能爲也；結習未盡，華著身耳！。結習盡者華不著也。」**

二乘人不見生死實性，故畏生死；不知根境唯心，即被境轉，故色聲香味觸得其便也。菩薩人破無明，現法身，故不畏生死，即是已離畏者；明知諸境唯心所現，故一切五欲，無能爲也。結習有界內界外之別，界內以見思煩惱爲結習，界外以無明塵沙爲結習；二乘人界內結習已盡，而界外結習未盡，故華著身；菩薩人界外結習雖未全盡，已得分盡，故華不著也。假去華以分結習竟。

〔辛〕二、即住止以論解脫。分二：〔壬〕（一）顯眞性解脫（二）辯離垢解脫。

今初：

舍利弗言：「天止此室，其已久如。」答曰：「我止此室，如耆年解脫。」舍利弗言：「止此久耶？」天曰：「耆年解脫，亦何如久？」

問意，謂既有如是妙辯，必久爲淨名教授而來，故問止此久如。答意，謂法身無來，亦無處住，有何久近？故曰如耆年解脫，即謂舍利弗得解脫道，證眞空理時，若有久近，我住如之。舍利弗言：「止此久耶？」此問有二意：一、以事釋，謂我久得解脫道，如我解脫，止此必久。二、以理解，我得解脫道，即離一切相，以無相故，即同久也。耆年解脫，亦何如久者，上以耆年解脫而答，意欲令悟本無處住，有何久近？復以久問，是不知答意也，故云解脫亦何如久，即問解脫爲無相，究竟有何等時分之久耶！

舍利弗默然不答，天曰：「如何耆舊大智而默？」答曰：「解脫者無所言說，故吾於是不知所云。」

舍利弗先以解脫爲久，今所乞問亦何如久，即返觀解脫之理，離相離名，故默無所答。天女又躡迹而問，既是大智，云何默然不語？答曰解脫者無所言說者，意謂得解脫時離一切相，若有言說，即非解脫，故云不知所云。

天曰：「言說文字，皆解脫相，所以者何？解脫者不內不外，不在兩間，文字亦不內不外，不在兩間，是故舍利弗，無離文字說解脫也，所以者何？一切諸法是解脫相。」

舍利弗以眞諦而觀，故云解脫者無所言說；天女以中諦而說，故云言說文字皆解脫相。所以者何下，釋成也；謂諸法所在，不出內外中間三處，解脫文字於三處求之，了不可得；若言解脫，即是文字，豈可離文字外別求解脫乎？一切諸法是解脫相者，即釋成中道相，意謂眞無俗不顯，俗無眞不立；眞俗非一非異，而中道自顯也；以上顯眞性解脫竟。

〔壬〕（二）辯離垢解脫。分二：〔癸〕（一）問答離垢解脫（二）問答證得辯才。今初：

舍利弗言：「不復以離淫怒癡爲解脫乎？」！

若云一切諸法是解脫相者，淫怒癡亦諸法之數；聲聞人因聞佛說離淫怒癡法，得解脫道，故疑問云不復以離淫怒癡爲解脫乎？

天曰：「佛爲增上慢人，說離淫怒癡爲解脫耳；若無增上慢者，佛說淫怒癡性，卽是解脫。」

法華五千退席，佛以此等未得爲得，未證爲證，是增上慢；身子已得解脫道，已證阿羅漢果，何爲增上慢人？天女意謂如來設教，權實不同，權小之教，以離淫怒癡爲解脫；圓頓大法，則不然也；二乘斷見思煩惱，得解脫道；未破無明，雖云解脫，非眞解脫，亦卽未得爲得；所證涅槃，是佛化城，非眞滅度，亦卽未證爲證；有此二失，亦卽名爲增上慢人；無此二失，卽是法身大士，卽能以五逆性而得解脫，不斷煩惱而入涅槃，故云淫怒癡性卽是解脫。

〔癸〕（二）問答證得辯才：

舍利弗言：「善哉善哉！天女汝何所得？以何爲證？辯乃如是！」天曰：「我無得無證，故證如是，所以者何？若有得有證者，則於佛法爲增上慢。」

舍利弗見天女之妙辯，量必有超勝之證得，故問汝何所得者，得何道也？以何爲證者，證何果也？既有如是辯才，必有得證之道果。天女意謂小乘法中，有得有證；大乘法中，無師智，自然智，本自有之，不從外得，如禪宗云：「從門入者，不是家珍。」故云我無得無證，故辯如是；若有得證，則不得平等法性，故云則於佛法爲增上慢。以上弟子去華以辯淨穢竟。

〔庚〕（三）問答三乘並淨室事。分三：〔辛〕（一）問答三乘何求（二）略說淨室之事（三）廣說淨室之事。○初、中二：〔壬〕（一）身子問（二）天女答。今初：

舍利弗問天：「汝於三乘，爲何志求？」

問意謂，既是無得無證，必是因人，身子自屬小乘人，故問汝於三乘爲何志求。〔壬〕二、天女答：

天曰：「以聲聞法化衆生故，我爲聲聞；以因緣法化衆生故，我爲辟支佛；以大悲法化衆生故，我爲大乘；

身子以小乘權教爲問，天女以大乘圓教而答。應以聲聞得度之機，自爲聲聞人；應以緣覺得度之機，自爲辟支佛；應以大乘得度之機，自爲大乘人；自無定位，隨地應現，乃觀音妙音之類也。

〔辛〕（二）略說淨室之事。分二：〔壬〕（一）舉喻（二）法合。今初：

**舍利弗！如人入瞻蔔林唯嗅瞻蔔，不嗅餘香；**

不齅餘香有二義，一者香勝，餘香不及，故不齅；二既入其林則華多，餘香不多，故不齅。瞻蔔翻小黃華。

〔壬〕（二）法合：

**如是若入此室，但聞佛功德之香，不樂聞聲聞辟支佛功德香也。**

法合亦有二義：一、人勝，淨名乃法身大士，來往皆大菩薩，無有二乘人住止，故不聞二乘功德香也。二、法勝，其所說者，皆是大乘了義，故不樂聞聲聞辟支佛功德香也。

〔辛〕三、廣說淨室之事。分三：〔壬〕（一）入者皆聞大乘（二）常現難得之事（三）結成樂大捨小。今初：

舍利弗！其有釋梵四天王諸天龍鬼神等，入此室者，聞斯上人講說正法，皆樂佛功德之香，發心而出。舍利弗！吾止此室，十有二年，初不聞說聲聞辟支佛法，但聞菩薩大慈大悲，不可思議諸佛之法。

天龍鬼神等入此室者，尚發大心而出，何況法身大士常住此室者，豈樂聲聞辟支佛功德乎！上問住止，以耆年解脫答之者，欲顯法身常遍，本無住止也。今云吾止此室，十有二年，是有二義：一、表不思議十二因緣，二乘無分，唯是諸佛菩薩有之。二、是實住之年數，所聞皆是不思議諸佛之法，並不聞二乘法也，其所聞者皆大乘法；而來入者，皆大乘入；室中之事，眞不可以心思言議也。

〔壬〕（二）常現難得之事：

舍利弗！此室常現八未曾有難得之法，何等爲八？此室常以金色光照，晝夜無異，不以日月所照爲明，是爲一未曾有難得之法。此室入者，不爲諸垢之所惱也，是爲二未曾有難得之法。

淨名爲正報清淨之人故得依報清淨之室，八未曾有難得之法，皆從心清淨之所證得也。日月巡環，有照不照；金色光照，晝夜無異者，即顯常寂光也，故云是爲一未曾有難得之法也。既入寂光界，一切諸垢所不能到，故不爲其所惱，如斯之境，非二乘能得，故云是爲二未曾有難得之法。

此室常有釋梵四天王他方菩薩來會不絕，是爲三未曾有難得之法。此室常說六波羅蜜不退轉法，是爲四未曾有難得之法。

釋梵四天王凡夫也，他方菩薩聖人也，既表凡聖同居土會歸寂光，故云是爲三未曾有難得之法。六波羅蜜，菩薩因行也；不退轉法，菩薩果位也；凡聖同歸，因果一契，非權小能得，故云是爲四未曾有難得之法。

此室常作天人第一之樂，絃出無量法化之聲，是爲五未曾有難得之法。此室有四大藏，衆寶積滿。周窮濟乏，求得無盡，是爲六未曾有難得之法。

常作天樂者，聲清淨也；得法性身，於法自在，於所聞之聲皆是法音，故云絃出無量法化之聲，是爲五未曾有難得之法。衆生無功德法財，謂之窮乏；淨名證得無盡寶藏，隨衆生心，所求皆遂，故云是爲六未曾有難得之法。

此室釋迦牟尼佛、阿彌陀佛、阿閦佛、寶德、寶炎、寶月寶嚴、難勝、師子響、一切利成，如是等十方無量諸佛，是上人念時，即皆爲來，廣說諸佛秘要法藏，說已還去，是爲七未曾有難得之法。此室一切諸天嚴飾宮殿，諸佛淨土，皆於中現，是爲八未曾有難得之法。

諸佛來中說法者，此現實報義也；佛身遍滿於法界，本自無去無來；此乃淨名法身大士清淨果報大機所感，本不來而來；說法既畢，本不去而去；來去皆隨淨名心念，故云是爲七未曾有難得之法。天宮淨土，皆於中現者，由淨名證得寂光之理，故能示現實報；於是天宮淨土隨心所現，皆無妨礙，故云是爲八未曾有難得之法。

〔壬〕（三）結成樂大捨小：

舍利弗！此室常現八未曾有難得之法，誰有見斯不思議事而復樂於聲聞法乎？」

此結辭也。如此不思議事皆於室中普現，誰肯愛念小乘復離文字以求解脫之法乎？

問答三乘並淨室事竟。

〔庚〕（四）辯男女相以亡身見。分四：〔辛〕（一）問答何以不轉女身（二）以神通力男女互轉（三）攝神通力男女還復（四）問答色相無在不在。〇一、中二：

〔壬〕（一）問（二）答。今初：

**舍利弗言：「汝何以不轉女身？」**

此以小教問也，小教中菩薩有大智慧辯才，必是不退轉地之菩薩；身子見天女智慧辯才若斯，必是不退轉地之菩薩，不退轉地不受女身，故問何以不轉女身。

〔壬〕二、答。分三：〔癸〕（一）正以法性答：

**天曰：「我從十二年來求女人相，了不可得，當何所轉！」**

十二年者，以大乘十二緣生觀照，見人法皆空；人相尚空，何有男女之相？相尚無有，當何所轉！

〔癸〕（二）舉喻反問答：

**譬如幻師化作幻女，若有人問：「『何以不轉女身？』是人爲正問不？」舍利弗言：「不也。幻無定相，當何所轉？」**

此喻說也。喻無明爲幻師，行識爲幻法，幻出名色等幻女；若有人問：『何以不轉女身？』是人爲正問不？此乃反乞問也，意謂明知幻人無性，而問何以不轉女身，即非正問也。舍利弗答意謂，既云是幻，無有定相，即無實相也，無實相則無須用轉，故云當何所轉。

〔癸〕（三）合法結讚答：

**天曰：「一切諸法亦復如是，無有定相，云何乃問不轉女身？」**

既知幻無定相；諸法如幻，佛所常言；故云諸法亦復如是，無有定相，云何乃問不轉女身者？即讚詞讚其不當作如是問也。結上問答何以不轉女身竟。

〔辛〕（二）以神通力男女互轉。分三：〔壬〕（一）現神通力互轉為問：

**即時天女以神通力，變舍利弗令如天女，天自化身如舍利弗，而問言：「何以不轉女身？」**

男女身相，其所現有多種；凡夫由業力故受男女相，菩薩由願力故示男女相；或以神通力變化現男女相，或由幻師畫師幻出畫出男女諸相，或由彫刻鑄造男女諸相；今所現者，乃神通轉變男女相耳！舍利弗分別我執雖斷，而俱生我執全存，以有我執，故被天女以神力轉為女身；天女自亡身相，故得神通遊戲，轉為舍利弗身，而問曰：「何以不轉女身？」

〔壬〕二、身子變現女身而答：

舍利弗以天女像而答言：「我今不知何轉而變爲女身？」

舍利弗俱生我執未亡，故見天女而作女身相見；世間諸法，唯心所現，心作女想，故被天女以神力變爲女身；卽以天女像而答言：「我今不知何轉而變爲女身？」則自不能主也；自旣不能主，何爲而問不轉女身？

〔壬〕三、天女解釋女身之相：

天曰：「舍利弗若能轉此女身，則一切女人亦當能轉；如舍利弗非女而現女身，一切女人亦復如是，雖現女身，而非女也；是故佛說一切諸法非男非女。」

如舍利弗乃神力所制而變爲女身，一切女人乃業力所牽而變爲女身；若舍利弗不待攝神力而自能轉者，則一切女人亦不待業盡而自轉也；意謂菩薩乃願力現爲女身，必待願滿而後能轉也。如舍利弗非女而現女身者，舍利弗本非女人，被神力所制，現爲女身；一切女人，雖被業所轉，現爲女身，而彼眞性本非女身也；意謂菩薩乘願現爲女人，而本法身非女人也，此上以神通力男女互轉竟。

〔壬〕三、攝神通力男女還復：

即時天女還攝神力，舍利弗身還如故。

以二乘不斷俱生我執，著男女相見，故以神力轉男為女，以折伏之；既已折伏，還攝神力，令舍利弗身還復如故，使生歡喜，即攝受意也。

〔辛〕四、問答色相無在不在：

天問：「舍利弗！女身色相，今何所在？」舍利弗言：「女身色相，無在無不在。」

天問女身色相今何所在者，乃問舍利弗被神力所轉之女身何在也。答意，謂神力已攝，則女相隨滅，不復更有在不在見，故云無在無不在。此即以現事答也。

天曰：「一切諸法，亦復如是，無在無不在；夫無在無不在者，佛所說也。」

此以理釋也。一切諸法亦復如是者，以諸法本無自性，遷變不停，終歸磨滅，故無在；現前諸法，法住法位，故無不在；以無在故，不落有邊；無不在故，不落無邊；非有非無，正顯中道義也。如此道理，妙契法身，故云佛所說也。辯男女相以亡身見竟。

〔庚〕（五）問答沒生以顯無生：

舍利弗問天：「汝於此沒，當生何所？」天曰：「佛化所生，吾如彼生。」曰：「佛化所生，非沒生也。」天曰：「眾生猶然，無沒生也。」

問意，謂既知中道了義，必是大乘菩薩；二乘灰斷後，永不受生；菩薩留惑潤生，常在生死，利益衆生，此處度生事畢，當於何處度脫衆生，故問汝於此沒，當生何所。答意，謂權小菩薩，示同凡夫，結習受生；頓圓大士，如佛化身所生，非結習生，故云佛化所生，吾如彼生。舍利弗意謂，如來煩惱斷盡，應化乃對機示現，非結習受生，故曰佛化所生，非沒生也。天女意謂，衆生佛性，與佛無二；佛身既無沒生，菩薩明見佛性，豈復更有沒生？故曰衆生猶然，無沒生也。

〔庚〕六、問答菩提以顯性具。分二：〔辛〕（一）約未來問答（二）約三世問答。今初：

舍利弗問天：「汝久如當得阿耨多羅三藐三菩提？」天曰：「如舍利弗還爲凡夫，我乃當成阿耨多羅三藐三菩提。」舍利弗言：「我作凡夫？無有是處。」天曰：「我得阿耨多羅三藐三菩提？亦無是處。所以者何？菩提無住處，是故無有得者。」

問意謂，旣見佛性，猶如佛化所生，必當實證佛果，故問久如當得菩提，此滯權小問也。答意謂，示顯八相成道，乃權小漸敎義也；頓圓大敎，見菩提眞諦之理，已得不復更得，若有所得，必有所失，而後得也；故曰如舍利弗還爲凡夫，我乃當得菩提。舍利弗意謂，修道之法，未見理時，有進有退；我見偏眞之理，只有前進，不復更退，故云我作凡夫，無有是處。天女意謂，汝見偏眞之理，尚且不退；我見中道第一義諦之理，豈有進退？菩提性具，若有所得，必先失而後得，豈有見中道理而退失菩提哉！故云我得菩提，亦無是處。所以者何下，釋成也；以菩提卽是覺道，覺道卽是法身，法身遍滿法界，本無住處，何有得者，故云是故無有得者。

〔辛〕二、約三世問答：

舍利弗言：「今諸佛得阿耨多羅三藐三菩提，已得當得，如恆河沙，皆謂何乎？」天曰：「皆以世俗文字數故，說有三世；非謂菩提有去來今。」天曰：「舍利弗！汝得阿羅漢道耶？」曰：「無所得故而得。」天曰：「諸佛菩薩，亦復如是，無所得故而得。」

舍利弗意謂，菩提既無得者，何以如來垂教最初勸人發菩提心？即此室說法，天人亦多發菩提心者；若發心而不得果，何異外道有修無證？今見諸佛已得當得今得菩提者，如恒沙之多，而說菩提無有得者，是何謂乎？天女意謂，若以俗諦而觀，說有三世得菩提者；若以中道第一義而觀，菩提非三世法，故云非謂菩提有去來今。不但證菩提時無有所得，卽二乘證小果時亦然，故曰：「汝得阿羅漢道耶？」舍利弗反推其心，以無所得故而名得道，故曰無所得故而得。天女意謂，譬如一室之空，與法界空無二；小乘證得小果，大乘證得菩提，小大功用雖殊，其證得時無二；故曰諸佛菩薩，亦復如是，無所得故而得。

〔庚〕（七）淨名述成天女本迹：

**爾時維摩詰語舍利弗，是天女已曾供養九十二億諸佛，已能遊戲菩薩神通，所願具足，得無生忍，住不退轉；以本願故，隨意能現，敎化衆生。**

此述成也。已曾供養九十二億諸佛，故能散平等花，說不思議妙法，遊戲神通；所願具足故能轉女爲男，轉男成女；得無生忍，住不退轉，故能無所得故而得；以本願故，隨意所現，敎化衆生，故能隨意出沒，如佛化所生；本爲法身大士，迹現天女之身也。觀衆生品竟。

〔丁〕（四）佛道品廣說卽此五濁穢土，轉成實報淨土因行。分二：〔戊〕（一）釋品（二）釋文。今初：

# 佛道品第八

此品來意者，由前品觀衆生卽非衆生；乃至觀身至於煩惱無住，則身心惑業悉皆清淨；如是正報得其淨因也。天女散花，廣說室中不思議事，卽菩薩所得之依報淨果也。雖得依正二報，因果清淨，未是究竟佛果，故有此品通達佛道之問也。由是名曰佛道品。

〔戊〕二、釋文。分三：〔己〕（一）明佛道以爲趣寂之徑（二）明如來種以爲趣寂之主（三）明眷屬釋成佛道佛種。〇一、中二：〔庚〕（一）略問答（二）廣問答。〇一、中二：〔辛〕（一）文殊問（二）淨名答。今初：

**爾時文殊師利，問維摩詰言：「菩薩云何通達佛道？」**

問意，謂如上所說，皆是菩薩清淨因果，更有諸佛無上菩提之道；此道虛玄，以何法門而能通達？此卽問成佛之因果也。

〔辛〕（二）淨名答：

維摩詰言：「若菩薩行於非道，是爲通達佛道。」

道卽所行之徑，以能能通通於所通故；循天地之化育，順性理之精明，謂之是道。反此卽爲非道。如大論云：「非道有三，謂煩惱道、業道、苦道。無明愛取三支，是煩惱道；行有二支，是業道；識名色六入觸受生老死七支，爲苦道。」是道非道，二途一轍；若順天然性理，卽名是道；若違天然性理，卽名非道。衆生違背天然自性，心光向外，起惑、造業、受苦，是行非道。菩薩知惑業苦三皆無自性，無自性則惑業苦空，空則復還天然性理，卽行非道通達佛道。又菩薩明見惑業苦性根於自性，非惑業苦等各有自性；卽惑業苦中，反本還源；卽是行於非道，通達佛道。又菩薩悲愍衆生，墮於非道，備受諸苦；菩薩故入非道之中，方便善巧，令諸衆生捨離非道，入於佛道；故云行於非道，通達佛道。

〔庚〕二、廣問答。分二：〔辛〕（一）問（二）答。今初：

又問：「云何菩薩行於非道？」

問意謂，行於非道，通達佛道；其義深遠，其語巧妙；若非廣演，聞者難解；故問云何菩薩行於非道。

〔辛〕二、答：

答曰：「若菩薩行五無間，而無惱恚；至於地獄，無諸罪垢；至於畜生，無有無明憍慢等過；至於餓鬼，而具足功德；

五無間爲非道之最著者，由惱恚故，造五逆罪；既無惱恚，所行五逆，非五逆也；由惱恚而造五逆，應墮泥犁；無惱恚而行五逆，是故通達佛道，如文殊持劍逼佛意也。罪垢爲地獄之因；菩薩入於地獄，現地獄身，而度脫衆生，實非業報墮於地獄，故云至於地獄無諸罪垢。因愚癡故多生憍慢，由憍慢故，造作種種癡愛等業，故墮畜生；菩薩現畜生身，度諸衆生，實非業報所生，故云至於畜生無有無明憍慢等過。由慳貪不捨，無有功德，方墮餓鬼；菩薩現餓鬼身，而度脫衆生，實非業報所感，故云至於餓鬼而具足功德。

行色無色界道，不以爲勝。示行貪欲，離諸染著；示行瞋恚，於諸衆生無有恚礙；示行愚癡，而以智慧調伏其心。

凡夫人以生色無色界爲超勝之正道，殊不知：未脫輪迴，猶是非道！菩薩願在圓滿菩提，廣度羣生，故行色無色道不以爲勝。三毒爲三途之因；菩薩示貪欲如婆斯密女，示愼恚如無厭足王，示愚癡如常不輕比丘，此卽於三毒非道而通達佛道者。

示行慳貪，而捨內外所有，不惜身命；示行毀禁，而安住淨戒，乃至小罪猶懷大懼；示行瞋恚，而常慈忍；示行懈怠，而勤修功德；示行亂意，而常念定；示行愚癡，而通達世間出世間慧。

此示六蔽也。蔽卽非道，菩薩能於六蔽中行於六度，六度圓滿成六波羅蜜，卽通達佛道義也。

示行諂僞，而善方便隨諸經義；示行憍慢，而於衆生猶如橋樑；示行諸煩惱，而心常清淨；示入於魔，而順佛智慧，不隨他教；

諂卽嬌態媚他，僞卽虛假不實，違背正理，卽是非道；菩薩雖方便示行諂僞，而常隨正理，經義卽正理，正理卽佛道也。憍慢卽高己陵他，卽是非道；菩薩爲折伏衆生，示現憍慢，內心卑以自牧，猶如橋樑，雖渡物而被蹴踏，卽通達佛道義也。煩惱乃汚染之法，卽是非道；菩薩外現煩惱，而內心不染，卽通達佛道義也。自行邪慧，嫉妬正智，名曰魔羅，卽非道也；菩薩爲化魔故，示入於魔，而以佛之智慧教導之，不隨魔教，卽通達佛道也。

示入聲聞，而爲衆生說未聞法；示入辟支佛，而成就大悲，教化衆生。

此示二乘道也。聲聞但從佛聞四諦法得道證果入滅，不發菩提，不得成佛；對佛而言，亦是非道；故於未聞之法不敢爲人演說。菩薩雖復示現聲聞，而能開演聞所未聞之法，卽通達佛道義也。緣覺人只顧自利，無有大悲利生之心，對於佛道，亦是非道；菩薩爲度辟支佛故，雖示入辟支，而常懷大悲，救濟一切，故能通達佛道也。

示入貧窮，而有寶手功德無盡；示入形殘，而具諸相好以自莊嚴；示入下賤，而生佛種性中，具諸功德；示入羸劣醜陋，而得那羅延身，一切衆生之所樂見；

凡夫由往昔不修功德，是故報得貧窮；菩薩爲度貧窮衆生故，示入貧窮，是行非道，而有寶手功德無盡，卽通達佛道也。凡夫因造惡業，是故報得根身不具；菩薩爲度形殘衆生故，示入形殘，是行非道，而具諸相好，以自莊嚴，卽通達佛道義也。凡夫下賤，皆由不修福德；菩薩爲度下賤衆生故，示入下賤是行非道，而能生佛種性中具諸功德者，以顯下賤者佛性無二，卽通達佛道也。凡夫羸劣醜陋，皆由不修忍辱精進所報之果；菩薩爲此等衆生，示入羸劣醜陋，是行非道，而得那羅延身，一切衆生之所樂見者，即通達佛道義也。

**示入老病，而永斷病根，超越死畏；示有資生，而恒觀無常，實無所貪；示有妻妾婇女，而常遠離五欲淤泥；現於訥鈍，而成就辯才，總持無失；示入邪濟，而以正濟度諸衆生；現遍入諸道，而斷其因緣；現於涅槃，而不斷生死。**

凡夫由惑業故，方受老病死苦；菩薩爲度衆生，留惑潤生，示入老病，即是行於非道，而能永斷病根，超越死畏者，即通達佛道也。資生即養生膳性，備生之類也；凡夫貪愛身形，以備生術而資養之；菩薩爲存身度生故，示有資生，即是行於非道，而能恆觀無常，實無所貪，即通達佛道也。凡夫戀妻妾婇女爲世間五欲之樂境，暫時不能捨離，由是造種種之業因，受種種之苦報，不得出離；菩薩愍之，欲爲度脫，與其同事，示有妻妾婇女，即是行於非道，而能一塵不染，常樂遠離五欲淤泥者，即通達佛道也。訥鈍即欲吐欲嚅，言之拙也；凡夫訥鈍，乃口業所感果報；菩薩爲度訥鈍之機，是故現於訥鈍，是行非道，而能成就辯才，總持無失，即通達佛道也。外道設教，亦云濟度衆生；以不明性理，着邪見，起邪行，種種苦行；欲度脫之。有修無證，名爲邪濟；菩薩欲度邪見之機，示入邪濟，卽是行於非道，而以正濟度諸衆生，卽通達佛道也。諸道卽輪迴六道，衆生徧入六道輪轉，皆由十二因緣纏縛也；菩薩悲愍六道衆生，故現徧入諸道，卽是行於非道，而能斷其因緣，卽自斷因緣，亦使衆生斷其因緣，卽通達佛道也。二乘人入於涅槃，卽永斷生死；菩薩不然，見生死實性，卽涅槃實性，故不斷生死，似行非道，於生死中見涅槃性，卽通達佛道也；故云現於涅槃，而不斷生死。

**文殊師利！菩薩能如是行於非道，是爲通達佛道。」**

此結答也。意謂若果能如上行於非道，於非道中能見正理，卽是通達佛道義也。初明佛道以爲趣寂之徑竟。

〔己〕二、明如來種以爲趣寂之主。分五：〔庚〕（一）淨名請問（二）文殊對答（三）淨名追問（四）文殊釋答（五）迦葉感歎。今初：

**於是維摩詰問文殊師利：「何等爲如來種？」**

由前行於非道通達佛道，慮衆不能深解義趣，故以如來種問；欲冀文殊說其種性不二，以成就上行於非道義也。又佛道是所行之法，種性是能行之人；雖有正法，必待正人行之，故問何等爲如來種。

〔庚〕二、文殊對答：

**文殊師利言：「有身爲種，無明有愛爲種，貪恚癡爲種，四顚倒爲種，五蓋爲種，**

答意，謂由眞如不守自性，起惑造業，將如來種性流轉五道；今欲明如來種者，五道一切諸煩惱法，皆是如來之種。初有身爲種者，卽以一法言種也；由四大五蘊諸煩惱法，合而成此一身，卽此一身爲如來種；何也？如水成冰，冰卽是水，不離冰外求水；此亦如是，如來種結爲五蘊色身，五蘊色身，卽如來種，不離身外求種，此卽正因種也。無明有愛爲種者，此以二法言種也；由過去無明爲因，現前愛心爲緣，因緣會合，則起諸煩惱；煩惱體性卽無明有愛，無明有愛無有體性，由不了眞如之名稱；今了得無明貪愛本空，卽了因種也。貪恚癡爲種，此以三法言種也；權小敎中，貪恚癡爲三途之種；今云爲如來種者，則敵體相違，若以正智而觀，貪等實性，本自如如，亦了因種也。四顚倒爲種者，此以四法言種也；無常苦空無我，凡夫以爲常樂我淨，此衆生種也；今於顚倒法中能不顚倒，故爲如來之種。五蓋卽貪欲瞋恚睡眠掉悔疑惑，此卽以五法言種也；菩薩明見五蓋實性卽如來性，亦是了因種也。

六入爲種，七識處爲種，八邪法爲種，九惱處爲種，十不善道爲種；以要言之，六十二見及一切煩惱，皆是佛種。」

六入爲種者，此以六法言種也；從六根返本還源，即見自性，如觀音返聞聞自性類也。七識處爲種者，此以七法言種也；什師云：「初禪二識住，二禪一識住，三禪一識住，空無邊處一識住，識無邊處一識住，無所有處一識住。」此言爲如來種者，即此七處能見自性故。八邪法爲種者，此以八法言種也；違背八正即成八邪，以知八邪皆是自性光明中影像，從八邪而得眞如，故云八邪法爲種。九惱處爲種者，此以九法言種也；謂愛我怨家，憎我知識，惱我已身，一世則三，三世則九；此云爲種者，即惱中而推求見自性故。十不善道爲種者，此以十法言種也；十惡本三途之種，今云爲如來種者，即觀罪性本空，從罪性空中得見法身，故云十不善道爲種。以要言之下，普收也；謂一切衆生不出見愛，六十二見即邪見也，貪愛爲一切煩惱之本，由見愛則名衆生，非出乎衆生外別有成佛者，故云皆是佛種。

〔庚〕三、淨名追問：

曰：「何謂也？」

問意，謂如來爲最上極果，必有最上因行爲種，方得證之；今云有身等一切煩惱，皆如來種者，是因果不契，乖佛教道，是故躡迹而問，煩惱爲如來種是何意趣也？

〔庚〕四文殊釋答

答曰：「若見無爲入正位者，不能復發阿耨多羅三藐三菩提心；譬如高原陸地，不生蓮華，卑濕淤泥，乃生此華；如是見無爲法入正位者，終不復能生於佛法；煩惱泥中，乃有衆生起佛法耳！

答曰下，三番法喻，以釋煩惱爲如來種也。初云，若見無爲諦理，即見道位也；正位即證道位也。謂小乘見理取證，不發菩提心，即成焦芽敗種；譬如下，喻顯也；蓮花生於淤泥，不生高原，佛種起於煩惱，不起清淨，以喻二乘已斷見思，而於佛道半途中止，故不能起於佛種耳！

又如殖種於空，終不得生；糞壤之地，乃能滋茂；如是入無爲正位者，不生佛法；起於我見如須彌山，猶能發於阿耨多羅三藐三菩提心，生佛法矣！

次喻，殖種於空，喻二乘人入於正位；糞壤之地，喻煩惱之中，乃能滋茂，喻起如來種；以於煩惱衆苦之中，能生慕道之意；入正位者，無苦逼惱，不發道意，故云不生佛法。起我見如須彌山能發菩提生佛法者，猶如薪多火大，水漲船高，故云能生佛法矣！

是故當知，一切煩惱，爲如來種；譬如不下巨海，不能得無價寶珠；如是不入煩惱大海，則不能得一切智寶。」

此法喻齊舉也。無價寶珠，出於巨海；一切智寶，起於煩惱；不下巨海，不得寶珠不入煩惱，不得智寶；何也？智無形相，對境方生；若不入生死煩惱大海，則不顯智之功能，是故煩惱爲如來種。

〔庚〕五、迦葉感歎：

爾時大迦葉歎言：「善哉！善哉！文殊師利，快說此語。誠如所言，塵勞之儔，爲如來種；我等今者，不復堪任發阿耨多羅三藐三菩提心；乃至五無間罪，猶能發意生於佛法，而今我等永不能發？譬如根敗之士，其於五欲不能復利。如是聲聞諸結斷者，於佛法中無所復益，永不志願。

迦葉歎文殊之善說者，聞煩惱中能起如來之種，其義深奧，而能說之，此一善也；入正位中。不起佛法，此義幽微，而能知之，此又一善也；有此二善故云快說此語

•誠如所言下，領解也；塵勞之儔，能發菩提，能爲如來之種；我等斷煩惱者，卽入無爲正位，不發菩提，卽是無種；五逆者尚可發心生於佛法，二乘永不回心向大，何異敗根？不利五欲，卽以喻顯也。如是聲聞下，合法也；聲聞已斷結使，自謂所作已辦，故不志求佛法，卽成無佛種性者也。

是故文殊師利，凡夫於佛法有反復而聲聞無也，所以者何？凡夫聞佛法能起無上道心，不斷三寶；正使聲聞終身聞佛法，力無畏等，永不能發無上道意。」

此釋成無佛種性義也。凡夫能發道心，卽是大心凡夫，能使未來三寶不斷；聲聞雖斷結使，不發菩提，猶是小果聖人。凡夫發菩提心，無論久近，終成佛果，故云不斷三寶；聲聞不發菩提，終無成佛時節；縱有法僧，而無佛寶，若無佛寶，久之則法僧亦無，卽斷三寶義也。迦葉能知此意，故自鄙小，亦卽回心者也。

〔巳〕三、明眷屬釋成佛道佛種。分二：〔庚〕（一）請問（二）偈答。今初：

爾時會中有菩薩，名普現色身，問維摩詰言：「居士！父母妻子，親戚眷屬，吏民知識，悉爲是誰？奴婢僮僕，象馬車乘，皆何所在？」

普現色身謂能於十法界中，普現其身；又能現十法界身，度脫衆生；又能於自身中應現十法界身，故云普現色身。此菩薩出席請問者，由上所說行於非道通達佛道，非種爲如來種，即普現色身義也。淨名現居士色身，必有父母妻子親戚眷屬等，既有吏民知識奴婢僮僕象馬車乘等，何不現此等色身？意謂主既清淨，伴淨亦然，有主無伴，即同二乘，安顯主伴圓明具德乎！故云皆何所在。

〔庚〕二、偈答。分四：〔辛〕（一）十二行頌眷屬資生（二）二十七行頌佛道佛種（三）兩行頌自行化他（四）一行頌結責二乘。〇一、中分三：〔壬〕（一）頌眷屬（二）頌資生（三）頌功德。今初：

於是維摩詰以偈答曰：「智度菩薩母，方便以爲父；一切衆導師，無不由是生。法喜以爲妻，慈悲心爲女，善心誠實男。畢竟空寂舍，弟子衆塵勞，隨意之所轉。道品善知識，由是成正覺，諸度法等侶。四攝衆妓女，歌詠誦法言，以此爲音樂。

此偈答也。普現色身菩薩所問，是色身父母眷屬；淨名所答，乃法身父母眷屬。智度即是實智，方便即是權智；實智照理，能成就法身之體；權智照事，能成就法身之用；權實二智，能成就法身，如世父母，能生色身，故云智度菩薩母，方便以爲父。諸佛皆由是生，故云一切衆導師，無不由是生。凡夫以妻色爲好樂，菩薩好樂於法，故云法喜以爲妻；女有柔順含育之性，菩薩慈悲利物，亦以柔順含育一切衆生，故云慈悲心爲女；男有眞誠幹事之能，承襲父之家業，菩薩善心誠樸，無諸虛假，以爲幹事，承佛家業，故云善心誠實男。舍爲世人安身立命之所，菩薩常住第一義空，故云畢竟空寂舍；一切塵勞衆生，皆教化而歸佛道，隨從菩薩教化，故云弟子衆塵勞，隨意之所轉。善知識者，能調物情；菩薩以三十七道品調伏其心，故云道品善知識；諸佛由此得成菩提，故云由是成正覺；諸度等法，能助法身，故爲伴侶。妓女娟人者也，菩薩以四攝法悅娟衆生，故云四攝衆妓女；音樂乃音聲悅意者，菩薩以歌詠讚誦法言，以爲音樂，卽以法爲樂者也。

〔壬〕二頌資生：

總持之園苑，無漏法林樹，覺意淨妙華，解脫智慧果；

八解之浴池，定水湛然滿，布以七淨華，浴此無垢人。

園苑乃蓄養華卉，以備娛玩之所；菩薩以總持法門勿令諸法遺失，以爲園苑。無漏善法，能令惡心煩惱不起，如林樹之覆蔭，故云無漏法林樹。覺卽七覺支，以此調和心意，能生眞智故云覺意淨妙華。解脫智慧果者，卽得不思議解脫，以爲妙覺果也。八解卽解脫，浴池爲淨垢之具，定水爲養性之具，布以七淨華者，以七淨法爲因行也，什師云：「一戒淨、二心淨、三見淨、四度疑淨、五分別道淨、六行斷知見淨、七涅槃淨也。」浴此無垢人者，謂菩薩本無熱惱垢膩，於總持園苑中遊，於無漏林樹下蔭，得覺意妙華玩賞，得智慧果以滿意；以八解之池，盛禪定水，布七淨之華，而後無垢人入此娛樂；無垢人卽法身大士。園等卽資身之具也。

**象馬五通馳，大乘以爲車，調御以一心，遊於八正路。**
**相具以嚴容，衆好飾其姿，慚愧之上服，深心爲華鬘。**
**富有七財寶，教授以滋息，如所說修行，回向爲大利。**

力大行速，無過象馬，世人以爲運動；菩薩以五通爲運動，故云象馬五通馳；言五通者，以留惑潤生，不斷餘習，故不言漏盡也。車能運載，菩薩以大乘了義爲車自乘，亦能運載衆生直至道場也；什師云：「一心，梵本云和合道品心；中有三相，一發動、二攝心、三名捨。」謂三法均平以御大乘，遊八正道也。相具以嚴容，衆好飾其姿者，非比二乘枯慧不修相好，菩薩非只修三十二相，八十種好，乃修無量相以嚴容，無量好以飾姿。慚愧之上服深心爲華鬘者，世間以服遮身，以鬘嚴首；菩薩以法身本具，雖是分證，未得圓滿，甚爲羞慚，故爲上服；以甚深心，方能萬善莊嚴，故爲華鬘。富有七財寶：一、聞，謂十地聞經猶如大海，能受大雨。二、信，如前文云：「深信堅固，猶若金剛。」三、戒，謂十地所得眞淨戒，無諸缺染。四、定，謂十地所得首楞嚴定。五、進，謂念念流入薩婆若海。六、捨，謂常行捨行。七、慚愧，佛性中道是第一義天，未能了了見性，故慚第一義天；諸佛爲無上行人，愧此勝人。此七財寶依天台釋也。教授以滋息，即此七財爲本，教以生功德法財之利息也。如所說修行，回向爲大利者，以此七法自行，故云如所說修行；不住功德而回向三處，謂眞如實際，佛果菩提，法界一切衆生若能如是，利益無窮，故云回向爲大利。

四禪爲床座，從於淨命生；多聞增智慧，以爲自覺音；
甘露法之食，解脫味爲漿，淨心以澡浴，戒品爲塗香。

牀座乃休息之具，即四事中臥具也；菩薩以四禪爲休息所，非如外道之邪定也；皆於實際理地，發此四禪，如外四事從檀越施來，故云從於淨命生。印度貴人寢起時皆奏音樂，菩薩由定發慧，其所聞聲，皆與實相不相違背，故云多聞增智慧，以爲自覺音。世間之食，甘露爲最；世間解渴，以漿爲最；菩薩以法喜爲食，以解脫爲漿，資養之法，無逾此者；世間去垢，須假澡浴，除穢須以塗香；菩薩以淨心爲澡浴，戒品爲塗香，嚴淨法身無逾此者；此上以諸淨法爲資法身之具，非凡夫資身之具可比也。

（壬）三、頌功德：

摧滅煩惱賊，勇健無能踰，降伏四種魔，勝幡建道場。

煩惱有通有別；別則見思爲煩惱，塵沙無明爲習氣；通則皆名煩惱，此通煩惱也。謂煩惱賊能刼奪功德法財，損害法身慧命，故摧滅之；見思自利時滅，塵沙利他時滅，無明見法身時分滅，坐道場時盡滅。菩薩摧煩惱勢如破竹，故云勇健無能踰。四魔如前；印度國法，戰勝則豎勝旛；菩薩建立道場，與魔戰得勝，故云勝旛建道場。

（辛）二、二十七行頌佛道佛種。分二：（壬）（一）明依理成事以顯自行道種（二）現非道非種以起衆生道種。今初：

雖知無起滅，示彼故有生，悉現諸國土，如日無不見；

供養於十方，無量億如來，諸佛及己身，無有分別想；

雖知諸佛國，及與衆生空，而常修淨土，教化於羣生。

此三行頌自行道種也。初、頌無生現生者，雖見寂滅無生之理，而佛道未成，須行因行；故示彼受生，以莊嚴正報；現諸國土，以莊嚴依報；於常寂光中示現依正，如杲日當空，有眼即見，此即自行佛道也。次、供如來者，雖於十方供養諸佛，明知佛種無二，我之佛種，與十方佛悉皆是同，故云諸佛及己身無有分別想，此即自起佛種也。復次、依正皆空，而示現依正者；已知寂光無形，法身無相，故此雖知諸佛國，及與衆生空，此頌寂光土法性身也；而常修淨土者，即修實報等三土也；教化於羣生，即修報化身也；依正兼修，道種備矣！

（壬）二、現非道非種以起衆生道種。分五：（癸）（一）現衆類無常以起佛道（二）於世智邪見以起佛種（三）現情與無情救濟起種（四）現拔苦利益以攝歸道（五）現同事調伏引歸佛道。今初：

諸有衆生類，形聲及威儀，無畏力菩薩，一時能盡現；
覺知衆魔事，而示隨其行，以善方便智，隨意皆能現；
或示老病死，成就諸羣生，了知如幻化，通達無有礙。

初、一偈普現色身者，已知衆類皆有佛性，故現其類引入佛道也。次、一偈示隨魔行者，以魔羅損害正法，故隨其行，以善方便，轉歸佛道也。三、一偈示老病死者，以無常諸苦，欲令衆生了知如幻，以通達佛道也。

或現劫盡燒，天地皆洞然，衆生有常想，照令知無常；無數億衆生，俱來請菩薩，一時到其舍，化令向佛道。

四、二偈示刼壞以起佛道也；衆生以天地爲永固不壞，人居天地之間，以爲堅牢永固，不求出離；菩薩以神通力，示現刼火洞然，使令衆生知無常想；由刼火逼迫，故咸到菩薩所，菩薩卽無常境以化向佛道也。

〔癸〕二、於世智邪見以起佛種：

經書禁咒術，工巧諸伎藝，盡現行此事，饒益諸羣生；世間衆道法，悉於中出家，因以解人惑，而不墮邪見。

印度婆羅門教，經書甚廣，其禁術咒法，工巧技藝，悉皆備焉！菩薩現行此事，以利生者，卽世智以種佛種也。印度九十六種外道，皆出家求道者；菩薩於中出家，因以正知正見解其迷惑，而不隨彼邪見所轉，此卽於邪種中起如來種也。

〔癸〕三、現情與無情救濟起種。分二：〔子〕（一）作日月世主四大（二）作藥等以救三災。今初：

或作日月天，梵王世界主，或時作地水，或復作風火。

什師云：「刼初時未有日月，亦未有衆生；幽冥處，初不見日月，故有日月令得照明也。」梵王世界主者，世界初成時，衆生無有統率；菩薩現梵王身，爲大千世界主，以攝衆生。或時作地水風火者，衆生應須四大之處，菩薩隨求應現；如船入海，遇其黑風，船欲沒時，現作洲灘，令得安穩。

〔子〕二、作藥等以救三災：

**刧中有疾疫，現作諸藥草，若有服之者，除病消衆毒；**

此救疾疫災也；現藥草以療疾疫，令其瘥者，以發道意也。

**刧中有饑饉，現身作飲食，先救彼饑渴，却以法語人；**

饑饉現作飲食，如釋迦因地現大魚身，以救饑饉，五比丘因地先食其肉者，故今先爲得度；菩薩現作飲食，以救饑渴，然後說法令發道意也。

**刧中有刀兵，爲之起慈悲，化彼諸衆生，令住無諍地；**

**若有大戰陣，立之以等力，菩薩現威勢，降伏使和安。**

刀兵由諍鬭而起，菩薩以慈悲化導，令其息諍，此救刀兵災也；兩陣對立，將大交戰，菩薩現威勢降伏，抑强扶弱，故得使其和安，此卽息鬭諍也。〔癸〕四、現拔苦利益以攝歸道：

一切國土中，諸有地獄處，輒往到於彼，勉濟其苦惱；
一切國土中，畜生相食噉，皆現生於彼，爲之作利益。
此救地獄畜生難也。由惡心故墮於地獄；菩薩往到地獄，勉發善心，濟令脫苦；以地獄衆生，善心一發，即出地獄故。由互相吞噉故墮畜生；菩薩現生於彼，令其勿相食噉，即脫離畜生身，故云爲之作利益。

〔癸〕（五）現同事調伏引歸佛道：

示受於五欲，亦復現行禪，令魔心憒亂，不能得其便；
火中生蓮華，是可謂希有！在欲而行禪，希有亦如是。
修行人貪著五欲，爾時天魔候得其便；菩薩示受五欲，亦復行禪，以禪定能發神通，神通力能降魔，故令魔心憒亂，不得其便也。火中生蓮華，此喻顯也；蓮華本出汚泥，不生火坑；火坑喻五欲，蓮華喻禪定；五欲行禪，若火中生蓮，世間希有之事，故云在欲而行禪，希有亦如是。

或現作淫女，引諸好色者，先以欲鉤牽，後令入佛智。
此正頌行於非道通達佛道也。以貪欲重者，障蔽正智，去佛道遠；菩薩現淫女以鈎牽，後以方便引入佛智。

或爲邑中主，或作商人導，國師及大臣，以祐利衆生；
諸有貧窮者，現作無盡藏，因以勸導之，令發菩提心；
我心憍慢者，爲現大力士，消伏諸貢高，令住無上道。

邑王商導國師大臣，皆是衆中首領；以爲首領利生則易，故能隨其所轉。現作無盡藏者，以爲濟度貧窮之具；先以財餌，然後說法，勸發菩提。度憍慢者，先以大力伏其貢高，然後說法，令住無上覺道。

其有恐懼衆，居前而慰安，先施以無畏，後令發道心。
或現離淫欲，爲五通仙人，開導諸羣生，令住戒忍慈。
見須供事者，現爲作僮僕，既悅可其意，乃發以道心。
隨彼之所須，得入於佛道；以善方便力，皆能給足之。

恐懼者以無畏施之，乃四攝之一也；既已攝之，然後令發道心則易。世無佛法，則現作離欲仙人；導諸衆生入戒忍慈者，於無佛處種以佛種也。菩薩利生常伺其便而引導，見須供給，菩薩不惜其身，作僮僕以悅其意，後引導以發心。隨彼之所須者，隨其好樂而引入佛道也。總結上文頌佛道佛種竟。

〔辛〕（三）兩行頌自行化他：

如是道無量，所行無有涯；智慧無邊際，度脫無數衆。
假令一切佛，於無數億劫，讚歎其功德，猶尚不能盡。

如上所頌之道，豈有涯量？智慧無邊際，自行無涯量也；度脫無數衆，化他無涯量也；自行化他，皆無涯量，卽通法界法性，是故諸佛讚歎不可窮盡也。

〔辛〕（四）一行頌結責二乘：

誰聞如是法，不發菩提心？除彼不肖人，癡冥無智者。」

如是法，指上行於非道，通達佛道；煩惱之儔，爲如來種；諸法相隨，爲法親眷屬。得此法者，轉凡成聖易，破除煩惱速，法親眷屬多，其誰聞此，不發菩提心？此結佛道也。肖者似也；二乘不發菩提心，非佛種類，卽不肖人；癡冥惡業障深重，聞法不解，故云除彼不肖人；癡冥無智者。佛道品竟。

〔丁〕五、入不二法門品，衆聖各說不二法門以爲寂光淨土因行。分二：〔戊〕（一）釋品（二）釋文。今初：

# 入不二法門品第九

此品來意者，由入室問疾以來，廣說一切法相法數，得體者，途途是道，法法歸元。權小之流，執相泯性，若不會歸一相無相，未免途多亂轍，歧衆亡羊，故有此品來也。不云一門而言不二者，以眞如法性非一非異，故云不二。

〔戊〕（二）釋文。分八：（一）淨名請問（二）衆聖各說（三）衆聖請問（四）文殊答說（五）文殊反問（六）淨名默然（七）文殊讚歎（八）時衆得益。今初：

**爾時維摩詰謂衆菩薩言：「諸仁者，云何菩薩入不二法門？各隨所樂說之。」**

問意，謂從入室來，所有問答，其所詮者皆是圓頓妙理，此理甚深，微妙難測；前所問答，或以二諦融通，或以一超直入，或以傍敲遠照，或以返照回光；皆是假諸法相，以顯眞理，誠恐權小新學，各執其法，則玄妙之理偏而不圓，故請問諸仁，云何爲入不二法門？又者從入室以來皆是二人對辯，餘者默然；今欲顯揚諸聖之德，雖是歸元無二，其所悟人，各有方便之門，故請各隨所樂說之，以鎔融諸法終歸不二也。更有一義，前者所說之法，雖是頭頭具顯圓頓妙理，法相衆多，散漫無紀，故持聖第一義網羅諸法，會歸唯心之理，先請諸聖各說，後歸維摩默然，以顯教外別傳之旨。靈山拈花，淨名緘默，事別理同，不思議一也。

〔己〕（二）衆聖各說。分三十一科：〔庚〕初、法自在說：

會中有菩薩名法自在，說言：「諸仁者！生滅爲二，法本不生，今則無滅，得此無生法忍，是爲入不二法門。」

證得諸法實相，能於諸法自在，故名法自在；又於生滅自在，故於諸法自在。此菩薩首先說者，生滅爲諸法之總，若得生滅入於不二，則一切法悉入不二法門矣！此云法本不生，今則無滅者；中論云：「諸法不自生，亦不從他生，不共不無因，是故說無生。」又云：「已生則不生，未生亦不生；除已生未生，更無生時生。」又過去法不生，已過去故；未來法不生，尚未來故；現在法不生，不得以現在更生現在故；又現在若更生現在，則生生無有窮盡，法界所不能容，有如是過，是故現在法不生。十方諦求，無有生法可得，故云法本不生，今則無滅。滅者滅其生，旣無有生，當何所滅？以無生滅法，住此理者，卽是無生法忍。此卽融通生滅二法，入於不二法門也。

〔庚〕二、德守菩薩說：

德守菩薩曰：「我、我所爲二，因有我故，便有我所；若無有我，則無我所；是爲入不二法門。」

守持三德秘藏，故名德守；又能守自性眞常之德，故名德守。凡夫以四大五蘊爲我，六塵緣影爲我所；二乘人斷我見諦，得道入涅槃，以能斷者爲我，所得之道，所證涅槃，以爲我所；權教菩薩，以人爲我，以法爲我所，此皆二法也。此菩薩以正智而觀，三世四方，求我了不可得，何有我所？二我既無，則自性眞常顯現；將此法印以印諸法，則法法眞常，此由融通二我以入不二法門也。

〔庚〕三、不眴菩薩說：

**不眴菩薩曰：「受、不受爲二，若法不受，則不可得；以不可得故，無取無捨，無作無行；是爲入不二法門。」**

眼皮動曰眴，人眼上眴，天眼上下俱眴；言不眴者，此菩薩敬愛佛身，目不轉眴；又明見法身無諸形相，諦觀無失，故名不眴。凡夫循業發現，受三界二十五有，故名爲受；不受諦理，故名不受。二乘受諦理，證涅槃，故名爲受；不受法身，不證菩提，故名不受。本唯一體，成於二法。此菩薩於法不受者，於一切對待諸法，皆不受也，如是則無一法當情，故無取捨，無有造作，亦無行爲，由是則二邊不住，中道不居，此即以受不受入於不二法門也。

〔庚〕（四）、德頂菩薩說：

**德頂菩薩曰：「垢、淨爲二，見垢實性，則無淨相，順**

於滅相，是爲入不二法門。」

衆德具足，故名德頂。五住煩惱爲垢，三德秘藏爲淨；因垢故有淨名，由淨故有垢稱，互相因待，故名爲二。見垢實性者，煩惱起自無明，無明眞性，如是三細六麤於眞性中起諸煩惱；煩惱實性，即是眞性；眞性不垢不淨，不生不滅，故云則無淨相，順於滅相。滅相之中，一尚不有，何有垢淨之二？此即融通垢淨入於不二法門也。

〔庚〕（五）善宿菩薩說：

善宿菩薩曰：「是動、是念爲二，不動則無念，無念即無分別，通達此者，是爲入不二法門。」

天台云：「得日星宿三昧，故名善宿。」動念爲二者，動爲前境，念即想心；心念前境，境動想心；故名爲二。前境若無則不動，以不動故，則想無所著，即是無念；無念則分別不起，即入不二矣！又動即知覺初起，三細相也；念即覺知前境，六麤相也；論云：「覺心初起，心無初相，遠離微細念故。」細念尚離，何麤念分別之有？以無分別則入不二矣！此融通動念入不二法門也。

〔庚〕（六）善眼菩薩說：

善眼菩薩曰：「一相、無相爲二，若知一相即是無相，亦不取無相，入於平等，是爲入不二法門。」

善觀中道諦理，故名善眼，即慧眼也。一相無相者，先以事釋，次以理釋；事釋者，世間諸法各住本位，即是一相，如釋論云：「一瓶爲一相，二瓶爲二相，千瓶萬瓶，爲千萬一相。」無相者，如一瓶未成時，即是無相，破壞時亦是無相；此對一之無也，一無相待，故名爲二。若知一相終歸無相，故云一相即是無相。亦不著無相見，故云不取，以不取故，一相無相平等，即入不二矣！次理釋者，一心能造萬法，萬法不離一心，即是一相；一心之體，本非青黃黑白，大小方圓，即是無相；此亦待一心之無，即名爲二；若知一心能造萬物，心體本自無相，故云一相即是無相；若更著於無相，即是待有之無，則不平等；以不取無相，則一無平等，即入不二矣！此融通一相無相以入不二法門也。

〔庚〕（七）妙臂菩薩說：

妙臂菩薩曰：「菩薩心、聲聞心爲二，觀心相空，如幻化者，無菩薩心，無聲聞心，是爲入不二法門。」

臂表權智，此菩薩善用權智，故名妙臂。菩薩心聲聞心爲二者，無生之理，菩薩與聲聞同見；聲聞無大悲心，畏生死苦，自取解脫果證無生；菩薩雖見無生之理，悲愍衆生，常在生死，故不取證，不畏生死，常用權智，廣度衆生；心見是同，心行各別，故名爲二。若能觀心實相，本自空寂；然後於實相起於權智，照了諸法如幻如化，自無菩薩聲聞二心之見，此融通菩薩聲聞以入不二法門也。

〔庚〕（八）弗沙菩薩說：

弗沙菩薩曰：「善、不善為二，若不起善不善，入無相際而通達者，是為入不二法門。」

天台云：「弗沙星名，云是二十八宿鬼星；此菩薩生時，與此星相應，故名弗沙。」凡夫以十善為善，十惡為不善；二乘以除見思了生死證無生為善，三界一切煩惱為不善；本一實際，分以為二；若達善惡性空，入無相實際者，是為入不二法門矣。

〔庚〕（九）師子菩薩說：

師子菩薩曰：「罪、福為二，若達罪性，則與福無異，以金剛慧決了此相，無縛無解者，是為入不二法門。」

師子乃獸中之王，無所畏懼；此菩薩深見諦理，於眾中說法無所畏懼，故名師子。前科善惡為罪福之因，此科罪福為善惡之果；二乘以有罪故三界受身，以有福故出三界，故為二相；若達罪性者，以罪福同一根源而起，於自性光中起念，造作貪瞋癡殺盜淫等損害眾生諸業，名之為罪；於自性光中起念，勤修三無漏施戒忍等利益眾生諸業，名之為福；罪福之性，根於自性，故云若達罪性與福無異。禪宗以金剛王劍佛魔俱斬，即是以觀慧照見罪福皆空，故云決了此相，無罪性之縛，無福性之解，即入不二。此即鎔罪福以入不二法門也。

〔庚〕（十）師子意菩薩說：

師子意菩薩曰：「有漏、無漏爲二，若得諸法等，則不起漏不漏想，不著於相，亦不住無相，是爲入不二法門。」

師子不畏一切，此菩薩得首楞嚴三昧，其意想作爲，一切無畏，故名師子意。有漏即世間善惡煩惱等，一切有相法也；謂漏失自性光明，不能持住，流落三途故。無漏即出世道品三昧等，一切無相法也；謂凝結自性光明，湛寂圓明，徧照法界故。有漏無漏敵體相違，故名爲二；此菩薩以平等性智，照了諸法，則諸法平等，故不起漏不漏想，不起相無相見，不著於相，亦不住無相，此以漏無漏法入於不二法門也。

〔庚〕（十一）淨解菩薩說：

淨解菩薩曰：「有爲、無爲爲二，若離一切數，則心如虛空，以清淨慧無所礙者，是爲入不二法門。」

此菩薩得清淨見解，故名淨解。凡夫心有造作營爲，名曰有爲；聖人心無造作營爲，名曰無爲。又百法論中前九十四法皆名有爲，後六種法，名曰無爲。有無相違，故名爲二。有無諸法，皆在數量之中；若能離一切數量，則有無皆無，故得清淨如虛空，即證無礙清淨慧，此以有爲無爲入不二法門也。

〔庚〕（十二）那羅延菩薩說：

**那羅延菩薩曰：「世間、出世間爲二，世間性空，即是出世間，於其中不入不出不溢不散，是爲入不二法門。」**

那羅延翻力士，又云堅固，亦云勇健；此菩薩得金剛三昧，斷惑證眞，最爲猛利，故名那羅延。三際十方，煩惱生死爲世間；解脫三昧，菩提涅槃，爲出世間。又凡夫爲世間，二乘爲出世間。本一法性，分以爲二；若了世間遷變無常，無有定性，則世間性空；空則卽世間爲出世間，不離世間外別有出世間。不入不出者，由世間性空，則無世間可入，不入卽是出世間；不得以出世間更出世間，故云不出；如是則自性悠然，不流溢、不散亂，此融通世間出世間以入不二法門也。

〔庚〕（十三）善意菩薩說：

**善意菩薩曰：「生死、涅槃爲二，若見生死性，則無生死，無縛無解，不生不滅，如是解者，是爲入不二法門。」**

一靈眞性，湛寂圓明，非一多名相之能顯；以流轉五道，名曰生死，凡夫也；灰泯智斷，名曰涅槃，二乘也。彼此相待，故名爲二。此菩薩於生死中明見自性，則無生死可了，於是生死卽非生死，故云無縛；旣見自性，涅槃卽非涅槃，亦無涅槃可證，故云無解。無生死則不然，然者初起義；無涅槃則不滅，滅者斷滅義。此菩薩得如是見解，由是故名善意；此即融通生死涅槃以入不二法門也。

〔庚〕（十四）現見菩薩說：

現見菩薩曰：「盡、不盡爲二，法若究竟，盡若不盡，皆是無盡相；無盡相即是空，空則無有盡不盡相；如是入者，是爲入不二法門。」

此菩薩以眞現量智，照了諸法，故名現見。盡不盡者，斷煩惱，了生死，故名爲盡；不斷煩惱不了生死，名爲不盡。又三惑無常，終有斷時，故名爲盡；自性眞常，無有斷時，故名不盡。若了諸法實相，即是究竟；盡若不盡皆是無盡相者。如華嚴云：「衆生無盡，世界無盡，虛空界無盡，法界無盡，涅槃界無盡，佛出現界無盡，如來智界無盡，心所緣無盡，佛智所入境界無盡，世界轉法轉智轉無盡。」此即盡若無盡，皆是無盡相義也。空無邊際，故云無盡即是空，不復更見盡不盡相。此即融通盡不盡以入不二法門也。

〔庚〕（十五）普守菩薩說：

普守菩薩曰：「我、無我爲二，我尚不可得，非我何可得？見我實性者，不復起二，是爲入不二法門。」

以守持眞如自性，則一切性善諸法，悉皆不失，故名普守。凡夫以六十二見邪我爲我；二乘離此邪見，以為無我。此菩薩以實智而觀，十方諦求，實無我體，是故不得有我；非我乃對我而言，故云我尚不可得，非我何可得？見我實性即是明見自性也，自性本無二致，故云不復起二。此即融通我無我以入不二法門也。

〔庚〕（十六）電天菩薩說：

電天菩薩曰：「明、無明為二，無明實性即是明，明亦不可取，離一切數，於其中平等無二者，是為入不二法門。」

明衆天然之理，智用迅速如電，故名電天。明無明為二者，明佛性也，無明衆生性也；明與無明其性迥異，故名為二。由無明故，十二因緣相續而起，名曰衆生；衆生本具佛性，即是實性，故曰無明實性即是明。見佛性者，離一切見，故云明亦不可取；於是出乎數量以外，則明與無明，悉皆同等矣！此即融通明無明以入不二法門也。

〔庚〕（十七）喜見菩薩說：

喜見菩薩曰：「色、色空為二，色即是空，非色滅空，色性自空；如是受想行識，識空為二，識即是空，非識滅空，識性自空；於其中而通達者，是為入不二法門。」

一切衆生之所樂見，故名喜見。色色空為二者，色即色身，色身滅斷為空，色空相對，故名爲二。色卽是空者，由不明眞空性理，卽是無明；以爲因緣，相續而起，是故眞空性理成於色相。明了此理者，色性卽是空性，故云非色滅空，色性自空。受想行識亦然，此卽融通五陰與空以入不二法門也。

〔庚〕（十八）明相菩薩說：

明相菩薩曰：「四種異、空種異爲二，四種性卽是空種性，如前際後際空，故中際亦空；若能如是知諸種性者，是爲入不二法門。」

此菩薩明了四大通塞諸相，故名明相。四種異、空種異者，四大依空而住，四大各異；空與四大互異，故名爲二。四種性卽是空種性者，四大皆依空生，空依覺生，如楞嚴云：「空生大覺中，如海一漚發，有漏微塵國，皆依空所生。」卽此義也。四大未起時，卽前際空；四大分散時，卽後際空；前後旣空，正眼觀來，四大住時，亦復皆空，故中際亦空。此卽融通四大與空，以入不二法門也。

〔庚〕（十九）妙意菩薩說：

妙意菩薩曰：「眼、色爲二，若知眼性，於色不貪不恚不癡，是名寂滅；如是耳聲鼻香舌味身觸意法爲二，若知意性，於法不貪不恚不癡，是名寂滅；安住其中是為入不二法門。」

能善思惟根塵妙性，故名為妙意。眼色為二者，眼是內根，色是外塵，根塵性異，故名為二。不貪恚癡者，若眼見色時，不貪其美，不恚其惡，亦不癡愛隨其所轉，亦非不見，如是各住本位；一種平懷，寂然不動，故名寂滅。眼色如是，乃至意法皆然；安住如是微妙意中，故云安住其中；此即融通根塵以入不二法門也。

〔庚〕（二十）無盡意菩薩說：

無盡意菩薩曰：「布施、迴向一切智為二，布施性即是迴向一切智性；如是持戒忍辱精進禪定智慧迴向一切智為二，智慧性即是迴向一切智性；於其中入一相者，是為入不二法門。」

此菩薩發無盡心，常行六度，無有窮盡，故名無盡意。言布施迴向一切智為二者；一切智即佛智也；若行布施而無迴向，即是住相布施，希求果報，乃小始二教菩薩，其功德淺；若行布施而有迴向，即不住於相而行布施，不求果報，乃終頓圓教菩薩，其功德深；淺深之別，故名為二。布施性即迴向一切智性者，若菩薩為成就佛智而行布施，其布施性即是佛性。施度如是，諸度皆然，六度迴向，合而為一佛智，此即融通六度迴向以入不二法門也。

〔庚〕（二十一）深慧菩薩說：

深慧菩薩曰：「是空、是無相、是無作為二，空即無相，無相即無作；若空、無相、無作，則無心意識，於一解脫門即是三解脫門者，是為入不二法門。」

此菩薩得甚深三昧，發甚深智慧，故名深慧。空無相無作為二者；對色名空，對一切相名無相，對作業名無作，三法各異，故名為二。空即無相，無相即無作者；證得眞空時，本無色相，亦無造作。楞伽以八識為心，七識為意，前六識皆名為識；若得空解脫門，即無八識心；得無相解脫門，即無七識意；得無作解脫門，即無前六識；對三縛而言，即三法各異；對三解而言，即一法亦無！故云於一解脫門即是三解脫門。此即圓融三解脫以入不二法門也。

〔庚〕（二十二）寂根菩薩說：

寂根菩薩曰：「佛、法、衆為二；佛即是法，法即是衆，是三寶皆無為相，與虛空等；一切法亦爾，能隨此行者，是爲入不二法門。」

此菩薩得六根寂淨，故名寂根。佛法衆爲二者，佛爲覺者，卽三覺俱備之稱；法爲軌則，卽三藏十二部也；衆爲和合，卽五德六和者也；三寶相對互異，故名爲二。言佛卽是法，法卽是衆者，此一體三寶也；佛卽是覺，有覺卽法，能覺者是衆；法卽軌則，軌則成佛，行軌則者是衆；衆卽和合，和合卽是法，和合究竟卽佛；擧一卽三，三寶體一也。覺性本空，法無有相，衆非作業，故云皆無爲相，與虛空等。三寶如是，諸法皆然；行此法者，本自不二，此卽圓融三寶以入不二法門也。

〔庚〕（二十三）心無礙菩薩說：

心無礙菩薩曰：「身、身滅爲二；身即是身滅，所以者何？見身實相者，不起見身及見滅身；身與滅身，無二無分別，於其中不驚不懼者，是爲入不二法門。」

此菩薩通達三諦之理，故名無礙。身卽四大五陰之身，身滅卽涅槃常樂我淨之性；二體各異，故名爲二。身卽是身滅者，見不二之理也。所以者何下，釋成不二也；見身實相，卽見自性，自性本無二相，故云不起見身及見滅身；自性卽是法身，法身遍一切色非色處，故云身與滅身無二無分別；凡夫著有，故起身見；二乘著空，故起身滅見；今云不起見身及見滅身，即中道義離有無相；凡小不敢承當，便起驚懼，於其中不驚不懼者。卽入不二，此卽融通身相身滅以入不二法門也。

〔庚〕（二十四）上善菩薩說：

上善菩薩曰：「身、口、意業爲二；是三業皆無作相，身無作相，即口無作相，口無作相即意無作相；是三業無作相，即一切法無作相，能如是隨無作慧者，是爲入不二法門。」

此菩薩三業清淨，明了中道諦理，故名上善。身、口、意三業互異，故名爲二。是三業皆無作相者，凡夫由三業造作諸罪，故受苦報；此菩薩於三業中明了實性，故三業皆無作相，此正報清淨；比對而觀，一切法皆無作相，即依報清淨；此卽隨無作慧，觀三業無作以入不二法門也。

〔庚〕（二十五）福田菩薩說：

福田菩薩曰：「福行、罪行、不動行爲二；三行實性即是空，空則無福行、無罪行、無不動行，於此三行而不起者，是爲入不二法門。」

此菩薩常觀第一義諦，於罪福不著，於世行化，堪作衆生福田，故名福田。福行即十善，罪行即十惡，不動行即第四禪與四空。又福行即三善道行，罪行即三惡道行，不動即無漏眞諦三昧解脫出三界行。三行互異，故名爲二。若觀三行實性即是自性，見自性者則三行皆空，空則於此三行而不起，此即圓融三行以入不二法門也。

〔庚〕（二十六）華嚴菩薩說：

華嚴菩薩曰：「從我起二爲二；見我實相者，不起二法；若不住二法，則無有識，無所識者，是爲入不二法門。」

以因行之華莊嚴佛果，故名華嚴。從我起二者，世間諸法，悉皆有對，以有我見，即有彼與我相對，故云從我起二爲二。於我起時，能反觀自照即見我實相；實相無相，亦無不相，故不起於二法。若能常住實相，則不住二法；無二則分別不起，不起分別，則無有識，無識即入於不二，此即融通彼我以入不二法門也。

〔庚〕（二十七）德藏菩薩說：

德藏菩薩曰：「有所得、相爲二；若無所得，則無取捨，無取捨者，是爲入不二法門。」

此菩薩含藏三德秘藏，故名德藏。有所得相爲二者；得卽證得，卽能證也；相卽法法相，卽所證也；得在於此，相在於彼，彼此角立，故名爲二。若無所得，則無取捨者；二乘取涅槃，捨生死，亦卽爲二；若我無有所得，則現前無法，何取捨之有？無取捨故入於不二，此卽融通彼此以入不二法門也。

〔庚〕（二十八）月上菩薩說：

**月上菩薩曰：「闇與明爲二；無闇無明，則無有二，所以者何？如入滅受想定，無闇無明。一切法相亦復如是，於其中平等入者，是爲入不二法門。」**

此菩薩智光如皓月當空，照曜如影臨諸水，故名月上。闇與明爲二者，以闇時則起諸惑，明時則起智慧；諸惑起時則障智慧，智慧起時則破諸惑，兩相代謝，故名爲二。若離二邊，卽一眞獨立，故云無闇無明，則無有二。所以者何下，解釋也；滅受想定中，不起見相，故無闇明。一切法若入一眞，則二邊自離，故云亦復如是；離二邊則一切平等，平等則入於不二矣！此卽會明暗以入不二法門也。

〔庚〕（二十九）寶印手菩薩說：

**寶印手菩薩曰：「樂涅槃、不樂世間爲二；若不樂涅槃**

，不厭世間，則無有二，所以者何？若有縛，則有解；若本無縛，其誰求解？無縛無解，則無樂厭，是爲入不二法門。」

此菩薩悟實相印，以印權智，擧手下手，偃仰舒屈，皆結寶印以表權智，故名寶印手。樂涅槃不樂世間爲二者，小乘人見涅槃爲解脫，故好樂之；見世間爲纏縛，故憎惡之；好惡相反，故名爲二。若離好惡，則心行平等，即無有二。所以者何下，解釋也；如世間法，若有所縛，則求其解；明自心者，心體寂照，不落有無，其誰能縛？又誰求解？旣無縛解，何有樂厭？無樂厭即入不二，此卽融會涅槃世間以入不二法門也。

〔庚〕（三十）珠頂王菩薩說：

珠頂王菩薩曰：「正道、邪道爲二；住正道者則不分別是邪是正，離此二者，是爲入不二法門。」

此菩薩頂戴實相，猶如髻珠，故名珠頂。言正道邪道爲二者，佛道爲正，以如來明心見性，其所設教道，一一皆從自性光中流出，一一皆不違背自性光明，故名正道；外道爲邪，以外道不明心性，其所設教道，執此執彼，私心自用，毀謗正法，盲修睹煉，有修無證，是名爲邪；正邪敵體，故名爲二。住正道者，則不分別是邪是正者；由住正道者明見佛性，佛言大地衆生皆有佛性，復何有邪正之分？離此二見，卽入不二；此卽會同邪正，以入不二法門也。

〔庚〕（三十一）樂實菩薩說：

樂實菩薩曰：「實、不實爲二；實見者尙不見實，何況非實！所以者何？非肉眼所見，慧眼乃能見，而此慧眼無見無不見，是爲入不二法門。」

此菩薩好樂實相，故名樂實。言實不實爲二者；實卽實際理體，不實卽虛妄諸相；虛實相違，故名爲二。實見者尙不見實，何況非實者；以住實相中不起諸見故，不見實何能見虛？所以者何下，解釋也。非肉眼所見，慧眼乃能見者；實相非靑黃赤白，大小方圓，故非肉眼所見；五眼之中，慧眼能了眞空之理，故云慧眼乃能見。從眞空理中所起智光，名曰慧眼；慧眼了眞空時，卽是眞空智契眞空理，正契合時，理智無二，故云無見無不見。此卽融通實不實，以入不二法門也。衆聖各說已竟。

〔己〕（三）衆聖請問：

如是諸菩薩各各說已。問文殊師利：「何等是菩薩入不二法門？」

（己）（四）文殊答說：

文殊師利曰：「如我意者，於一切法，無言無說，無示無識，離諸問答，是為入不二法門。」

意謂，諸大士各說不二法門，皆是融通諸對待法，以入不二；所說之法，無不盡美盡善；但有說示，卽勞心體，皆是識情之所分別。如我意者，離諸說示問答，冥契自心之體，是為入不二法門。文殊以無說無示，攝三十一菩薩所說諸法，悉歸一離言說道以入不二法門，此卽以言遣言也。

（己）（五）文殊反問：

於是文殊師利問維摩詰：「我等各自說已，仁者當說；何等是菩薩入不二法門？」

問意，謂不二之理，甚深微妙；我等雖已各說，卽各隨其所解而說之；是諸菩薩假諸法相，二諦融通，以說不二；如我所說，離諸言詮以入不二；不知，仁者！以何等法而顯菩薩入不二法門也？

〔己〕六、淨名默然：

時維摩詰默然無言。

〔己〕（七）文殊讚歎：

文殊師利歎曰：「善哉！善哉！乃至無有文字語言，是眞入不二法門。」

默然以顯不二，其理已極，其義深遠；文殊智慧甚深者也，故一見而知，故稱歎爲眞入不二法門，良以淨名默然，有深義在焉！如來出世，皆爲衆生覺悟自心不二之理；諸聖雖假諸法以顯不二，猶如標月之指，去月甚遠；文殊雖說離言不二，猶是揑目觀月，非眞非似。原夫！不二之理，瞬目則千里萬里，擬議則落二落三；只可以明之於心，不可以達之於口；故默守不二，以自如焉！若非文殊讚歎，幾謂淨名無智不能答耳！

〔己〕（八）時衆得益：

說是入不二法門品時，於此衆中，五千菩薩，皆入不二法門，得無生法忍。

此諸菩薩得悟，因諸大士各說一切法相悉歸不二，已契各各自行之法；復聞文殊以言遺言，則更深增觀智；再得淨名無言之教，又遇文殊稱歎其德，則豁然妙契，悟自本心，故云皆入不二；了知自心本自不生，故得無生法忍。不二法門品竟。

# 維摩詰所說經講義錄卷二之下終

# 維摩詰所說經講義錄卷三之上

〔丁〕（六）香積佛品示現上方淨佛國土以爲淨土法門作證。分二：〔戊〕（一）釋品（二）釋文。今初：

## 香積佛品第十

如來設教，本欲衆生離苦得樂；苦樂悉由心造，欲得轉苦爲樂，必須先轉其心；入室以來，問答酬唱，皆是轉心之法；如能轉穢心以成淨心，將必變穢土以成樂土。如是法門，衆會之中，有信不信，有解未解，有行未行，有證未證；前品廣談不二，意欲轉其無量差別心，以會歸常住眞心，故有五千皆入不二，實證無生；淨名久入不二，早證無生者也。猶恐斯會權小初心不能深信，故藉身子念食，示現上方淨土，以證所說淨土法門，非是虛妄誑惑衆生耳！至於一缽悉飽衆會，香氣普熏大千，以顯入此門者即得法喜充滿；香氣流徧國土，以表大法流傳普利羣生；又則即此娑婆見衆香國，此乃淨穢比對而觀，爲起大衆仰慕淨土之念，堅固勤修淨土之心；向後香國諸來菩薩，與維摩詰互相問答，讚歎釋迦大悲，以顯諸佛國土本非淨穢，淨穢因機所現耳！此品經文，大義如斯。品名香積佛者，以尊正報最勝之人，故名香積佛品。

〔戊〕二、釋文。分三：〔已〕（一）假念食化求香飯以作佛事（二）假來聖互相問答以歎佛悲（三）更辯論此土菩薩行道之事。〇一、中四：〔庚〕（一）身子念食（二）淨名譏責（三）入定遣化（四）飯作佛事。今初：

**於是舍利弗心念：日時欲至，此諸菩薩當於何食？**

舍利弗念食者，聲聞爲結業之體，不能無飲食相資；聞法已久，其身勞倦，心不自安，故念食以相助。日時欲至者，佛制比丘日中一食；時近於中，律制森嚴，過午不得更食，推己及他，故念此諸菩薩當於何食。

〔庚〕（二）淨名譏責：

**時維摩詰，知其意而語言：「佛說八解脫，仁者受行，豈雜欲食而聞法乎？」**

八解脫受行者，由修八背捨，觀白骨微塵，漸歸於空，即得八解脫道，無有身見；仁者既已受行斯法，豈復參雜欲食資養身事而聞法乎？

〔庚〕（三）入定遣化。分二：〔辛〕（一）許食入定現衆香國（二）遣化菩薩往彼請食。今初：

**若欲食者，且待須臾，當令汝得未曾有食。」時維摩詰即入三昧，以神通力，示諸大衆：上方界分過四十二恆**

河沙佛土，有國名衆香，佛號香積；今現在，其國香氣，比於十方，諸佛世界，人天之香，最爲第一；彼土無有聲聞辟支佛名，唯有淸淨大菩薩衆，佛爲說法；其界一切，皆以香作樓閣，經行香地，苑園皆香，其食香氣周流十方無量世界；時彼佛與諸菩薩，方共坐食，有諸天子皆號香嚴，悉發阿耨多羅三藐三菩提心，供養彼佛及諸菩薩。此諸大衆莫不目見！

一切世界，皆含藏於常寂光中；入三昧者，先得寂光之理體也；現衆香國土者，依理成事也。佛號香積者，以積聚香光莊嚴，以作利生之法也。香氣最爲第一者，彼土衆生鼻根超勝，即以香作佛事，故勝諸餘國土。無有聲聞唯諸菩薩者，以彼國土無諸穢濁，皆悉淸淨，衆生垢輕，故佛唯設一乘之敎，無有二乘。香作樓閣等者，正報旣已淸淨，依報相隨。旣有天子設供，佛與菩薩受食，亦是同居淨土，唯爲同居中之最勝者也。大衆莫不目見者，淨名神力示現耳！

〔辛〕（二）遣化菩薩往彼請食分四〔壬〕（一）覓請食默然（二）被淨名鄙恥（三）由文殊報答（四）化菩薩請飯。今初：

時維摩詰問衆菩薩：「諸仁者！誰能致彼佛飯？」以文殊師利威神力故，咸皆默然。

淨名欲驗彼來大衆神通，故問誰能致彼佛飯。以文殊神力咸皆默然者；文殊意謂機在淨名，既爲室內法會之主，又是淨名所示之士，理應淨名自往致飯，是故默然；大衆以文殊智德兼高，又於佛前奉命領衆而來者，文殊既自默然，又未命誰往詣，故咸默然不答；非謂菩薩衆中無一能往致彼佛飯者。

〔壬〕（二）被淨名鄙恥：

維摩詰言：「仁此大衆，無乃可恥？」

〔壬〕（三）由文殊報答：

文殊師利曰：「如佛所言，勿輕未學。」

淨名意謂法身大士，行彌法界，今不能致彼佛飯，無乃可恥！文殊報答，謂佛云大地衆生，皆有佛性，若悟自心，便同本得，故云如佛所言，勿輕未學。

〔壬〕（四）化菩薩請飯。分二：〔癸〕（一）化作菩薩敕往請飯（二）所化菩薩奉命往請。今初：

於是維摩詰不起於座，居衆會前，化作菩薩，相好光明，威德殊勝蔽於衆會，而告之曰：「汝往上方界分，度如四十二恆河沙佛土，有國名衆香，佛號香積，與諸菩薩方共坐食；汝往到彼，如我詞曰：『維摩詰稽首世尊足下！致敬無量，問訊起居，少病少惱，氣力安不？願得世尊所食之餘，當於娑婆世界施作佛事，令此樂小法者得弘大道，亦使如來名聲普聞。』」

淨名不自往而化菩薩往者，有二種意：一者現不思議神力，不動本處而化往上方，以令權小之機生戀慕故。二者我為室主，應待來賓，主若他往，則賓不自安，恐其衆散，而佛事未得圓滿。有此二意，故化菩薩勅往請食。問訊起居少病少惱者衆香國土，本是修淨業者所生之處，衆生尚無病惱，佛何病惱之有？此乃依娑婆禮節以修敬儀也。願得世尊所食之餘以作佛事者，一作轉小向大佛事，二作聞名結緣佛事也。

〔癸〕（二）所化菩薩奉命往請。分五：〔子〕（一）修敬儀求食（二）彼菩薩歎問（三）彼世尊答說（四）彼世尊與飯（五）彼菩薩同來。今初：

時化菩薩即於會前，昇於上方；舉衆皆見其去，到衆香界，禮彼佛足，又聞其言：「維摩詰稽首世尊足下，致敬無量問訊起居，少病少惱，氣力安否？願得世尊所食之餘，欲於娑婆世界施作佛事，使此樂小法者得弘大道，亦使如來名聲普聞。」

〔子〕（二）彼菩薩歎問：

彼諸大士，見化菩薩，歎未曾有！今此上人，從何所來？娑婆世界，爲在何許？云何名爲樂小法者？即以問佛。

彼諸菩薩，皆得神通，安得不知化菩薩事；然而淨土菩薩多受安樂，不甚留心於變化，故於神通有現不現。問意有三：一、問何所從來。二、問爲在何處。三、問何名小法。

〔子〕（三）彼世尊答說：

佛告之曰：「下方度如四十二恒河沙佛土，有世界名娑婆，佛號釋迦牟尼；今現在於五濁惡世，爲樂小法衆生敷演道教；彼有菩薩名維摩詰，住不可思議解脫，爲諸菩薩說法，故遣化來；稱揚我名，幷讚此土，令彼菩薩增益功德。」彼菩薩言：「其人何如？乃作是化，德力無畏，神足若斯！」佛言：「甚大！一切十方，皆遣化往，施作佛事，饒益衆生。」

〔子〕（四）彼如來與飯：

於是香積如來，以衆香鉢，盛滿香飯，與化菩薩。

〔子〕五、彼菩薩同來。分六：〔丑〕（一）請欲同往（二）誡攝身香（三）誡捨本形（四）誡勿輕礙（五）同至淨室（六）化座與坐。今初：

時彼九百萬菩薩俱發聲言：「我欲詣娑婆世界供養釋迦牟尼佛，並欲見維摩詰等諸菩薩衆。」

彼諸淨土菩薩常遊行諸佛淨土，今見所化菩薩現不思議事，又聞娑婆之名，並聞說小乘法，彼諸菩薩未曾見聞是事，請問彼佛，欲來遊歷耳！

〔丑〕二、誡攝身香：

佛言：「可往。攝汝身香，無令彼諸衆生起惑著心；」

五濁惡世，衆生所受用者，麤澀五塵；若聞淨土菩薩淨妙身香，則起惑著之心，有礙聞法，故誡攝汝身香。

〔丑〕〔三〕誡捨本形：

又當捨汝本形，勿使彼國求菩薩者，而自鄙恥；」

是諸菩薩相好端嚴，微妙第一；若不捨其本形，恐使娑婆菩薩自恥，有障聞慧，於法無益，故誡捨本形。

〔丑〕〔四〕誡勿輕礙：

又汝於彼莫懷輕賤，而作礙想，所以者何？十方國土，皆如虛空；又諸佛為欲化諸樂小法者，不盡現其清淨土耳！」

此諸菩薩，常居淨土，從未見娑婆如是之穢，恐彼懷輕賤之心，故誡之也。所以者何下，解釋淨穢也；諸佛國土皆如虛空，此釋常寂光土耳！為欲化小，不盡現淨，即釋三土，皆是對機應現，佛土本無定相，故不應生下劣輕賤之心也。

〔丑〕〔五〕同至淨室：

時化菩薩既受鉢飯，與彼九百萬菩薩俱，承佛威神，及維摩詰力，於彼世界，忽然不現，須臾之間，至維摩詰舍。

（丑）（六）化座與坐：

**時維摩詰即化作九百萬師子之座，嚴好如前，諸菩薩皆坐其上。**

前者身子念座，往須彌燈王如來借座者，欲使法會大衆悉知娑婆以外別有淨土，令彼小乘恥小慕大，以發淨佛國土之心。今以神力化座，以待淨土菩薩者，欲顯淨名之德，免致輕賤此土。前有三萬二千，今又加增九百萬，究竟不知淨名徑丈之室，其能廣博包容，以至何所底止也？如是神通遊戲之事，豈權小行人所能仰望哉！

（庚）（四）飯作佛事。分二：（辛）（一）飯香徧熏大千（二）有緣來餐法味。今初：

**時化菩薩以滿鉢香飯與維摩詰，飯香普熏毗耶離城，及三千大千世界。**

十法界業力，一一徧滿法界，各不相礙；鉢飯香氣普熏大千者，此乃香積如來及維摩詰大慈願行，清淨業力使然；雖是徧熏大千，唯應度者得聞，故下只來有緣之機耳！

〔辛〕（二）有緣來餐法味。分二：〔壬〕（一）有緣悉來（二）共餐香飯。〇一、中三：〔癸〕（一）居士等來（二）月蓋等來（三）諸神等來。今初：

時毗耶離婆羅門居士等，聞是香氣，身意快然，歎未曾有！

〔癸〕（二）月蓋等來。

於是長者主月盖，從八萬四千人來；入維摩詰舍，見其室中菩薩甚多，諸師子座，高廣嚴好，皆大歡喜，禮衆菩薩，及大弟子，却住一面。

〔癸〕（三）諸神等來：

諸地神虛空神及欲色界諸天，聞此香氣，亦皆來入維摩詰舍。

〔壬〕二、共餐香飯。分四：〔癸〕（一）命食勸勿限意（二）有餘聲聞竊念（三）被化菩薩彈訶（四）大衆食畢歡喜。今初：

時維摩詰，語舍利弗等諸大聲聞：「仁者可食如來甘露味飯，大悲所熏，無以限意食之，使不消也。」

命聲聞食而不言菩薩者，菩薩慕道心殷，入室以來，所聞微妙大法，已得法喜充滿，於此段食，可食可不食，故不命也。云甘露味飯者，五濁段食增長五欲；此雖段食，一者味美如甘露然，二者如來大悲所熏，能長法身慧命，故云甘露。限意食之不消者，此飯為佛大悲願心之所施與，食之者應發大心，若非如是，則佛懷不暢，故云使不消也。

〔癸〕（二）有異聲聞竊念：

有異聲聞念：是飯少，而此大衆人人當食？

〔癸〕（三）彼化菩薩彈訶：

化菩薩曰：「勿以聲聞小德小智，稱量如來無量福慧；四海有竭，此飯無盡；使一切人食，揣若須彌，乃至一劫，猶不能盡，所以者何？無盡戒定智慧解脫解脫知見，功德具足者，所食之餘，終不可盡，於是鉢飯悉飽衆會，猶故不儩。」

儩者盡也；前云諸天共寶器食，隨其福德飯色有異；此飯乃如來無量福德，五分法身具足者，悲心布施，故無窮盡也。

其諸菩薩聲聞天人，食此飯者，身安快樂，譬如一切樂莊嚴國諸菩薩也，又諸毛孔皆出妙香，亦如衆香國土諸樹之香。

〔癸〕（四）大衆食畢歡喜：

〔己〕（二）假來聖互相問答以嘆佛悲。分五：〔庚〕（一）維摩詰問香積說法（二）彼菩薩答香作佛事（三）彼菩薩問釋迦說法（四）維摩詰答調伏剛强（五）彼諸菩薩歎未曾有。今初：

爾時維摩詰問衆香菩薩：「香積如來，以何說法？」

問意，謂諸佛設化，皆隨衆生機宜；娑婆衆生耳根最利，又多遺忘，故以語言文字而教化之；衆香乃淸淨佛土，不知香積如來以何說法？

〔庚〕（二）彼菩薩答香作佛事：

彼菩薩曰：「我土如來無文字說，但以衆香令諸天人得入律行；菩薩各各坐香樹下，聞斯妙香，即獲一切德藏三昧，得是三昧者，菩薩所有功德皆悉具足。」

衆生起倒，皆依六塵；衆香國土香塵最勝，鼻根最利，非比娑婆假文字說；但以香入律行者，由鼻根以入慧解脫也；菩薩亦由鼻根見性，故云聞香即得三昧，說教因地因機入理無二無別也。

〔庚〕（三）彼菩薩問釋迦說法：

**彼菩薩問維摩詰：「今世尊釋迦牟尼，以何說法？」**

意謂，衆香淨土，香作佛事；娑婆國土穢惡不堪，衆生障重，不知釋迦世尊以何法而教導，使諸衆生方得息心。

〔庚〕（四）維摩詰答調伏剛强。分三：〔辛〕（一）總明調伏（二）別明調伏（三）結成調伏。今初：

**維摩詰言：「此土衆生，剛强難化，故佛為說剛强之語以調伏之。」**

答意，謂淨土衆生，其性純熟，但以一法可以調心；穢土衆生其性剛强，難為化導，故佛為說種種剛强之語，以調伏之。剛强語，即惡業苦報等也。

〔辛〕（二）別明調伏：

言是地獄、是畜生、是餓鬼，是諸難處，是愚人生處。是身邪行，是身邪行報；是口邪行，是口邪行報；是意邪行，是意邪行報。是殺生，是殺生報；是不與取，是不與取報；是邪淫，是邪淫報；是妄語，是妄語報；是兩舌，是兩舌報；是惡口，是惡口報；是無義語，是無義語報；是貪嫉，是貪嫉報；是瞋惱，是瞋惱報；是邪見，是邪見報。是慳吝，是慳吝報；是毀戒，是毀戒報；是瞋恚，是瞋恚報；是懈怠，是懈怠報；是亂意，是亂意報；是愚癡，是愚癡報。是結戒，是持戒，是犯戒；是應作，是不應作；是障礙，是不障礙；是得罪，是離罪；是淨，是垢。是有漏，是無漏；是邪道，是正道；是有爲，是無爲；是世間，是涅槃。

剛强非極苦不能調伏，三途爲極苦之處，故首先言之。由愚癡造業，生此難處，故云是諸難處，是愚人生處。苦果由三業所感，故次言身口意邪行，及其邪行之報。三業邪行，不出十惡；故次言身三惡業，則殺盜淫；口四惡業，則妄語兩舌惡口無義語；意三惡業，則貪瞋癡；如是十惡業及十惡業果報。欲得斷惡行善，必行六度，以度六蔽，故次言慳吝、毀戒、瞋恚、懈怠、亂意、愚癡等六蔽，及其果報。戒爲善惡罪福之本，持之卽萬善莊嚴，故次云是持戒；犯之則衆惡具足，故次云是犯戒。是應作，卽作持；是不應作，卽作犯；犯之則障蔽善根，持之則菩提顯露，故次云是障礙，是不障礙。犯之則有罪，持之則得福，故次云是得罪，是離罪。持戒則名清淨，犯戒則名染汚，故次云是淨是垢。世間善法名曰有漏，出世善法名曰無漏。不順性理，則名邪道；順於性理，則名正道。顯事之法，皆名有爲；顯理之法，卽名無爲。生滅諸法，名爲世間；寂滅之法，名爲涅槃。以娑婆衆生心念衆多，非一法之能爲對治，故以若干法而調伏之也。

〔辛〕（三）結成調伏。分三：〔壬〕（一）法（二）喻（三）合。今初：

以難化之人，心如猿猴，故以若干種法，制御其心，乃可調伏。

〔壬〕二、喻：

譬如象馬，㦌悷不調，加諸楚毒，乃至徹骨，然後調伏。

什師云：「馬有五種：第一見鞭影卽時調伏，第二得鞭乃伏，第三以利錐刺皮乃伏，第四穿肌乃伏，第五徹骨乃伏。」大象不調以鉤制之，乃至徹骨，然後調伏。象馬不調，加以楚毒，而調伏之，此喻也。

**如是剛强難化衆生，故以一切苦切之言，乃可入律。」**

〔壬〕（三）合：

剛强難化衆生，猶如象馬𢤱悷，象馬楚毒，乃調者加之；衆生剛强，應受苦報，雖是如來苦切之言，實乃惡業因緣，自招感之；佛爲一切智人，知是因緣果報，非佛加諸衆生苦報也。結上維摩詰答調伏剛强竟。〔庚〕（五）彼諸菩薩歎未曾有：

**彼諸菩薩，聞說是已，皆曰：「未曾有也！如世尊釋迦牟尼佛，隱其無量自在之力，乃以貧所樂法，度脫衆生；**

彼諸菩薩讚歎者；明見諸佛報身，無量莊嚴，無量受用，無量自在，無量神力；今釋迦如來隱而不用，隨衆生機，示同貧乞好樂之法，而以度之，所謂眞大慈悲者也。

〔巳〕（三）更辯論此土菩薩行道之事。分五：〔庚〕（一）彼諸菩薩讚歎（二）維摩詰爲解說（三）彼諸菩薩重問（四）維摩詰爲重說（五）結時衆得利益。今初：

**斯諸菩薩亦能勞謙，以無量大悲，生是佛土。」**

菩薩於諸佛淨土隨願皆得往生；今在娑婆受生者，由見衆生受諸苦惱，以種種方便度脫，故以無量大悲生是佛土。

〔庚〕（二）維摩詰爲解說。分二：〔辛〕（一）總說饒益（二）別說饒益。今初：

維摩詰言：「此土菩薩於諸衆生大悲堅固，誠如所言；然其一世饒益衆生，多於彼國百千刧行；」

菩薩之道，須在上求下化。淨土菩薩，上求佛化居多，下化衆生居少；以淨土衆生純熟，不待化故。穢土菩薩，上求佛化雖是居多，下化衆生，亦復不少；以穢土衆生常在衆苦逼迫之中，受化易故。什師云：「良醫處於疲疫之世，其治衆多，若居無疾疫世，所治者少；菩薩處此娑婆，一世度生，勝彼淨土利生百千刧行爲若此也。」

〔辛〕（二）別說饒益：

所以者何？此娑婆世界，有十事善法，諸餘淨土之所無有；何等爲十？以布施攝貧窮，以淨戒攝毀禁，以忍辱攝瞋恚，以精進攝懈怠，以禪定攝亂意，以智慧攝愚癡，說除難法度八難者，以大乘法度樂小乘者，以諸善根濟無德者，常以四攝成就衆生，是爲十。」

六度之法，皆有自他二益；布施自除慳貪，濟他貧窮；淨戒自護戒珠，護他毀禁；忍辱自成忍德，息他瞋恚；精進成就自行，起他不懈；禪定自心恬淡，攝化亂意；智慧自得光明，破他癡暗。淨土衆生，悉皆清淨；菩薩縱然行此六法，只有自利一邊，而利他之益甚爲希有。淨土無八難之名，唯穢土有之，故云說除難法，度八難者。以大度小者，淨土少有小乘之教，獨穢土有之；此土大乘菩薩，有度樂小之德。以諸善根濟無德者，淨土衆生雖是衆德不具，善根悉皆有之；此土衆生剛强障重，故諸菩薩以四攝成就。此上十法，皆是菩薩對境所行之道，故云諸餘淨土之所無有。

〔庚〕〔三〕彼諸菩薩重問：

彼菩薩曰：「菩薩成就幾法？於此世界行無瘡疣生於淨土。」

問意，謂法身大士行深願廣，入染入淨，皆爲利生；必能自作主宰，悉能轉境，不被所轉。淺位菩薩，願雖廣大，道力未堅，若少湯之入堅冰，未有不被冰所轉者；

淺行菩薩，入此穢濁之土，難免被境所轉；故問成就幾法，方無瘡疣，生於淨土。

瘡疣損壞色身者；戒德未堅，損壞法身卽如瘡疣。

〔庚〕（四）維摩詰爲重說：

維摩詰言：「菩薩成就八法，於此世界行無瘡疣，生於淨土。何等爲八？饒益衆生，而不望報；代一切衆生受諸苦惱，所作功德盡以施之；等心衆生，謙下無礙；於諸菩薩視之如佛；所未聞經，聞之不疑；不與聲聞而相違背；不嫉彼供，不高己利，而於其中調伏其心；常省己過，不訟彼短，恆以一心求諸功德；是爲八法。」

佛弟子中行菩薩道者，原爲成就淸淨法身；若帶雜染，卽法身病，猶如瘡疣；非獨染法爲法身病，卽行淨法時，少起淨法之見，猶是法身瘡疣。饒益衆生，淨法也；若望果報，卽是瘡疣。代諸衆生受苦，淨行也；若存功德之見，卽是瘡疣。等心觀於衆生，淨行也；若自高而無謙下，卽是瘡疣。恭敬菩薩，淨行也；若作菩薩因位，非佛果位之見，則敬心不誠，卽是瘡疣。聞所未聞之經，淨行也；若生疑惑，卽是瘡疣。五濁惡世衆生垢重，聲聞法乃佛慈權設，爲入道之初門，逗機甚廣；於惡世中，能行菩薩之道，淨行也；若背聲聞之道，即是瘡疣。菩薩爲度衆生，本忘名聞利養，淨行也；若嫉彼供，高已利，不能調伏其心，即是瘡疣。常省已過，淨行也；若訟彼短，而不求諸功德，即是瘡疣。此上皆淨法中之雜染，淨名答以不行此上八染，即無瘡疣也。

〔庚〕（五）結時衆得利益：

**維摩詰文殊師利於大衆中說是法時，百千天人皆發阿耨多羅三藐三菩提心，十千菩薩得無生法忍。**

天人亦有利鈍；利根者，於問疾品，皆已發心；鈍根至此品見衆香國土，餐香積法味，又聞菩薩行道方軌，於菩提道方生正信，故發心耳！菩薩得無生法忍者，因聞菩薩行無瘡疣，由是得無生理，方不起法見，故無瘡疣，故得無生法忍也。結上文香積佛品竟。總結上文室內六品，廣辯示現頓圓淨土因果竟。

〔丙〕四、菩薩行見阿閦佛二品示現淨佛國土力用因果。分二：〔丁〕（一）菩薩行品廣說稱性佛事二見阿閦佛品淨穢一處安立。一、中二：〔戊〕（一）釋品（二）釋文。今初：

# 菩薩行品第十一

此品來意者，由佛國品如來欲垂淨土之敎，故假寶積獻蓋，如來現淨土，寶積請問淨土；如來演說淨土，意在將廢小乘之敎，攝歸大乘；菩薩淨佛國土，成就衆生之機；自方便品起，訖香積佛品止，皆是大士助佛宣揚淨土之敎。室外三品，乃述往昔助揚之敎；室內六品，即今與諸大士互相酬唱之敎；室外之敎，未經如來印許，不能普起信心，弟子菩薩二品，已應許之；即今室內所說之法，雖是精微奧妙，未經如來印成，亦恐難起當來之信，故有此品掌擎大衆，歸來佛所，以推功歸敎主也。至於掌擎大衆，並師子座，顯法身大士神力不可思議，從室出者，因食香飯，毛孔皆香，暫時不消，以顯飯力不可思議；品後廣說有盡無盡法門，以顯如來智慧不可思議；此品大義如是。名菩薩行品者，以此品廣說菩薩行行之事故。

〔戊〕（二）釋文。分七：〔巳〕（一）園地廣博嚴事（二）掌擎大衆歸園（三）問答大士神力（四）問答香飯佛事（五）衆香菩薩請法（六）佛說盡無盡門（七）菩薩作禮還歸。○一、中三：〔庚〕（一）如來神力變土（二）阿難請問瑞應（三）佛說大衆將來。今初：

是時佛說法於菴羅樹園，其地忽然廣博嚴事，一切衆會皆作金色。

前者問疾，淨名以神力空其室內，以待來賓；今者衆歸，如來以神力廣嚴園地，以待衆來；主賓處置各殊，其不思議一也。

〔庚〕（二）阿難請問瑞應：

阿難白佛言：「世尊！以何因緣？有此瑞應！是處忽然廣博嚴事，一切衆會，皆作金色。」

〔庚〕（三）佛說大衆將來：

佛告阿難：「是維摩詰文殊師利，與諸大衆恭敬圍繞，發意欲來，故先爲此瑞應。」

〔巳〕（二）掌擎大衆歸園。分四：〔庚〕（一）淨名文殊相商而來（二）掌擎大衆歸來佛所（三）大衆見佛各修敬禮（四）世尊慰問各令復坐。今初：

於是維摩詰語文殊師利：「可共見佛，與諸菩薩禮事供養。」文殊師利言：「善哉行矣！今正是時。」

淨名與文殊相商，勸其大衆共來見佛者：一表菩薩敬佛心誠，二欲印成室內所說不虛，三欲證明香飯能作佛事，四欲使諸衆生菩薩聞法而歸。有此四義，故欲來歸佛所。

〔庚〕（二）掌擎大衆歸來佛所：

維摩詰即以神力持諸大衆並師子座，置於右掌往詣佛所，到已著地；

〔庚〕（三）大衆見佛各修敬禮：

稽首佛足，右繞七匝，一心合掌，在一面立；其諸菩薩，即皆避座，稽首佛足，亦繞七匝，於一面立；諸大弟子，釋梵四天王等，亦皆避座，稽首佛足，在一面立。

〔庚〕（四）世尊慰問各令復座：

於是世尊如法慰問諸菩薩已，各令復座，即皆受教，衆坐已定。

〔己〕（三）問答大士神力：

佛語舍利弗：「汝見菩薩大士，自在神力之所為乎？」「唯然已見。」「汝意云何？」「世尊！我覩其為不可思議，非意所圖，非度所測。」

此正印證之文也。前隨文殊入室，見其空室借座，現衆香國，化往乞飯，化座容衆，鉢飯飽於大衆；即今乘掌而歸。雖見如斯勝事，以在家居士乃能如是，未免將信將疑；今見如來尋問，則前疑俱失；故讚其不可思議，則曰非意所圖，非度所測。神力既實不虛，其所說法，亦非虛妄。

〔巳〕（四）問答香飯佛事。分二：〔庚〕（一）問答香飯（二）問答佛事。一、中二：〔辛〕（一）問答香氣（二）問答飯消。今初：

爾時阿難白佛言：「世尊！今所聞香，自昔未有，是為何香？」佛告阿難：「是彼菩薩毛孔之香。」於是舍利弗，語阿難言：「我等毛孔亦出是香。」阿難言：「此所從來？」曰：「是長者維摩詰，從衆香國，取佛餘飯，於舍食者，一切毛孔皆香若此。」

〔辛〕（二）問答飯消。分三：〔壬〕（一）以事答（二）以理答（三）以喻答。

今初：

阿難問維摩詰：「是香氣住當久如？」維摩詰言：「至此飯消。」曰：「此飯久如當消？」曰：「此飯勢力至於七日，然後乃消。」

此飯體質柔軟，其性堅固，勢力至於七日，然後乃消；如世藥力，有數時消者，有一日消者，有二日乃至七日消者，亦有性質在於人身數年不消者；今時更有外道和合幻藥，若服之者，使其終身崇奉彼教，永不消者。今此飯力，只盡七日，然後消也。

〔壬〕二、以理答：

又阿難，若聲聞人，未入正位，食此飯者，得入正位，然後乃消；已入正位，食此飯者，得心解脫。然後乃消。若未發大乘意，食此飯者，至發意乃消；已發意食此飯者，得無生忍，然後乃消；已得無生忍，食此飯者，至一生補處，然後乃消。

此以理答也。此飯有轉變之功能，發聲聞心未證果者，能轉凡夫成於聖果，然後乃消；已證果者轉至得解脫道乃消。小乘人未發大乘心者，轉至發心；已發心者轉至得無生忍；已得無生忍者，轉至一生補處乃消。問：飯力何以有如是之功能也？答：譬如咒師，咒水令飲，彼人即隨咒師心念所轉；此亦如是，無量功德智慧者所食之餘，食此飯者，即隨彼佛，大悲願力所轉，故有如是功能也。

〔壬〕（三）以喻答：

譬如有藥，名曰上味；其有服者，身諸毒滅，然後乃消。此飯如是，滅除一切諸煩惱毒，然後乃消。」

此喻答也。上藥能滅除身毒而後消者，藥力勝故；香飯能滅諸煩惱，而增道力然後消者，香積如來功德勝故。問答香飯竟。

〔庚〕（二）問答佛事。分四：（辛）（一）阿難讚香飯作佛事（二）如來廣說一切佛事（三）阿難自責不名多聞（四）如來勸令勿生退意。今初：

阿難白佛言：「未曾有也！世尊，如此香飯，能作佛事。」

昔日所聞，諸經所說，皆以語言文字而作佛事，即假聲色二塵，以見諦入理；飯乃資身之物，今云能除結斷縛，甚爲希有！故請問世尊，欲爲解釋其義也。

〔辛〕（二）如來廣說一切佛事。分四：〔壬〕（一）明佛事（二）明佛土（三）明佛智（四）明佛號。〇一、中四：〔癸〕（一）明色像譬喻以作佛事（二）明語言文字以作佛事（三）明無說無示以作佛事（四）總結成一切無非佛事。今初：

佛言：「如是！如是！阿難，或有佛土；以佛光明而作佛事，有以諸菩薩而作佛事，有以佛所化人而作佛事，有以菩提樹而作佛事，有以佛衣服臥具而作佛事，有以飯食而作佛事，有以園林臺觀而作佛事，有以三十二相、八十隨形好而作佛事，有以佛身而作佛事，有以虛空而作佛事；衆生應以此緣得入律行。有以夢幻影響，鏡中像、水中月、熱時燄、如是等喻而作佛事。

諸佛設化，無非隨其機宜；法界安立，世界各有不同；衆生諸根，亦有勝劣之別；如來對其根之勝劣，故爾佛事各殊；又國土淨穢不同，衆生好樂各別，故作各種佛事。光明作佛事者，此土所說諸大乘經，多放光明現瑞；如說華嚴經時，如來多以放光表法，令諸菩薩，或見光明解義，或觸光明入理；有諸佛土，以光明而作佛事者，對彼一類之機故也。諸菩薩作佛事者，不說小乘法，唯說大乘；無聲聞弟子，但教化菩薩；其國衆生見諸菩薩得道便發菩提心也。化人作佛事者，或化人或化菩薩說法，以起衆生信根；或化人聽法，以起衆生信根。菩提樹作佛事者，佛在樹下得道，衆生見樹卽便發心。佛衣服臥具而作佛事者，如戒經云：「龍披一縷，金翅不吞。」什師云：「昔闍浮王得佛大衣，時世疾疫，王以衣著標上，以示衆人，衆人歸命，病皆得愈；信敬益深，因是解脫，此其類也。」飯食而作佛事，即此經文。園林臺觀而作佛事者，如見祇園而發心修道者，如望精舍而發心出家者。相好作佛事者，如楞嚴經阿難見佛相好，出家修道者也。佛身作佛事者，如華嚴經現尊特身，菩薩見身增長道念。虛空作佛事者，如虛空藏來至此界，一切皆空；又如文殊師利滅衆色相，以化阿闍世王等是也。夢幻等十喻而作佛事者，大小乘經悉皆有之；或以此十喻諸法空，以顯眞諦；或以此十喻諸法不實，以明俗諦；或以佛所得法離言說相，所說諸法皆如夢幻等，以明中道第一義諦；此以十喻作佛事也。

〔癸〕（二）明言說文字以作佛事：

**有以音聲語言文字而作佛事。**

此以聲色二塵令入心體也。此等佛事正契娑婆之機，此土衆生耳根最利，眼根次之；故假文字語言說法，然後筆之於書，利益方廣，即此土唯一之佛事也。

〔癸〕（三）無說無示以作佛事：

**或有清淨佛土，寂寞無言，無說無示無識無作無爲，而作佛事。**

此即清淨佛土，一切穢染所不能到，即以三三昧而作佛事也。寂寞無言無說，即空三昧也；無示無識，即無相三昧也；無作無爲，即無作三昧也。

〔癸〕（四）總結成一切無非佛事：

如是，阿難！諸佛威儀進止，諸所施爲，無非佛事。阿難！有此四魔八萬四千諸煩惱門，而諸衆生爲之疲勞，諸佛即以此法而作佛事。是名入一切諸佛法門。

此總結成無非佛事也。諸佛因地發願，皆爲利益衆生；至於何國成道，皆從因地願力而來；雖是國土淨穢不同，而威儀進止，諸所施爲，皆是佛事，此從自身作佛事也。至於四魔八萬四千煩惱而作佛事者，或於煩惱中得其清涼而作佛事；或於煩惱極處示其轉身而作佛事；或指示煩惱實性，即是佛性而作佛事；此對衆生而作佛事也。是名下，結辭也。諸菩薩果如上而作佛事者，是即名爲入於諸佛法門也。

〔壬〕（二）明佛土：

菩薩入此門者，若見一切淨好佛土，不以爲喜，不貪不高；若見一切不淨佛土，不以爲憂，不礙不沒；但於諸佛生清淨心歡喜恭敬，未曾有也！諸佛如來功德平等，為教化衆生故，而現佛土不同。

謂菩薩旣知諸佛所作佛事各殊，皆爲調伏衆生，是人卽名入一切諸佛法門。旣入此門，見淨土而不喜貪，見穢土而不憂礙者；已知諸佛所作佛事，皆爲成就衆生；示現佛土，淨穢亦然，悉爲成就衆生；故對於佛，生清淨心，而歡喜恭敬也。諸佛如來下釋成也；以福慧兩足，方證菩提；十方諸佛如來功德平等，則果報亦當平等；其所現佛土不等者，爲教化不平等之衆生故耳！

〔壬〕（三）明佛智。分二：〔癸〕（一）明身智一多（二）明佛佛道同。今初：

阿難！汝見諸佛國土，地有若干，而虛空無若干也；如是見諸佛色身有若干耳，其無碍慧無若干也。

佛土若干，指三土而言；虛空無二，指寂光而言。三土對機，故多差別；寂光自住，故無若干。三土有若干，而寂光無若干；色身有若干，而佛慧無若干也。

〔癸〕（二）明佛佛道同：

阿難！諸佛色身威相種性，戒定智慧，解脫，解脫知見，力無所畏，不共之法，大慈大悲，威儀所行，及其壽命，說法教化，成就衆生，淨佛國土，具諸佛法，悉皆同等。

此明佛佛道同也；由福德具足，悉皆同故，色身威相種性同等；由智慧具足悉皆同故，五分法身，力無畏不共法同等；由利生同故，大慈大悲同等；由解脫同故，威儀所行同等；由法身同故，壽命同等；由般若同故，說法敎化乃至具諸佛法，悉皆同等。

〔壬〕（四）明佛號。分二：〔癸〕（一）出三號名（二）讚三號德。今初：

是故名爲三藐三佛陀，名爲多陀阿伽度，名爲佛陀。

亦云三藐三菩提，華言正徧知；今云三藐三佛陀者，卽正徧覺也；明了第一義諦之理，故云正覺；悉知法界依正之事，卽徧覺義也。多陀阿伽度，華言如來；謂從眞如實際中而來度衆生故。佛陀，華言覺者；謂三覺俱備之者，又覺了諸法究竟之者。此卽如來三號，義含十號也。

〔癸〕（二）讚三號德：

阿難！我若廣說此三句義，汝以刧壽不能盡受；正使三千大千世界滿中衆生，皆如阿難多聞第一，得念總持，此諸人等，以刧之壽，亦不能受。如是，阿難！諸佛阿耨多羅三藐三菩提，無有限量，智慧辯才不可思議。」

由無量佛所修無量無邊功德，證得福慧圓滿果德之名稱；其中所含之義，縱以佛智，說不能盡；即使大千衆生皆稱多聞第一者，不能受持，何也？以所行功德不可思議，其智慧辯才，亦不可思議，故其名稱及名中所含之義，亦不可思議也。

〔辛〕（三）阿難自責不名多聞：

阿難白佛言：「我從今已往，不敢自謂以爲多聞。」

〔辛〕四、如來勸令勿生退意。分二：〔壬〕（一）勸阿難勿退（二）讚菩薩功德。今初：

佛告阿難：「勿起退意。所以者何？我說汝於聲聞中爲最多聞，非謂菩薩。」

圓頓大法，非小果之所能當；如來垂此大教，本欲令小乘人轉小向大，今聞三號不可思議，非但不能向大，而復退小，故勸勿起退意，欲使養其根性以漸向大也，故云我說汝於聲聞中最爲多聞，非謂菩薩。

〔壬〕（二）讚菩薩功德：

且止，阿難！其有智者不應限度諸菩薩也；一切海淵尚可測量，菩薩禪定智慧總持辯才，一切功德不可量也。阿難汝等捨置菩薩所行，是維摩詰一時所現神通之力，一切聲聞辟支佛於百千刧盡力變化，所不能作。」

此即讚歎菩薩，以勉勵聲聞也。阿難不敢自謂多聞，其有二意：一者聞說不能受持三號之義，自生退縮；故佛勸令勿起退意。二者欲以多聞比擬菩薩，故云其有智者，不應限度菩薩，菩薩禪定等一切功德不可量也。阿難汝等下勉勵也；謂聲聞不發菩提心，於菩薩行置之不問，故於福慧淺鮮莊嚴；現見維摩詰一時神力，豈聲聞辟支佛多刧能為哉！讚歎菩薩功德竟。結上文問答香飯佛事竟。

〔巳〕（五）衆香菩薩請法：

爾時衆香世界菩薩來者，合掌白佛言：「世尊！我等初見此土，生下劣想，今自悔責，捨離是心。所以者何？諸佛方便，不可思議；為度衆生故，隨其所應，現佛國異。唯然世尊！願賜少法，還於彼土，當念如來。」

衆香菩薩常住樂土自不知其為樂，亦不知其何者為苦；初入娑婆，與衆香比對而觀，故生下劣之想；及見淨名現不思議神力，庵羅樹園不思議廣博嚴事，釋迦說諸佛國土同等，現不淨國，皆爲衆生；故覺前非，悔過自責，捨離下劣想心。所以者何下，釋成前念之非也；現國異者皆是諸佛爲度衆生，故用不思議權智也。彼土本以香味二塵而作佛事，今請願賜少法者，既遠遊而還，欲將娑婆之法，以回彼土，令彼土未來菩薩，皆知釋迦如來及諸菩薩以大慈悲，恆順衆生耳！故曰還於彼土，當念如來。

〔巳〕六、佛說盡無盡門。分三：〔庚〕（一）標名勸學（二）釋義令解（三）總結勸學。今初：

**佛告諸菩薩：「有盡無盡解脫法門，汝等當學；」**

盡謂有法可盡，表事；無盡謂無法可盡，表理。事卽俗諦，理卽眞諦；於二諦融通，而顯中道；故云有盡無盡解脫法門，汝等當學者。勉勵之辭也。

〔庚〕二、釋義令解。分二：〔辛〕（一）略釋（二）廣釋。今初：

**何謂爲盡？謂有爲法。何謂無盡？謂無爲法。如菩薩者，不盡有爲，不住無爲。**

此正釋二諦融通也。有爲爲俗諦，俗諦能顯眞諦；若盡俗諦，則眞諦不顯；眞諦不顯，則實智不生；實智不生，則無以自利；此盡有爲之咎也。無爲爲眞諦，眞諦能起俗諦；若住無爲，則俗諦不起；俗諦不起，則權智不生；權智不生則無以利他。

菩薩不盡有爲不住無爲者，爲圓融二諦，成就自他二利也。略釋盡無盡竟。

〔辛〕（二）廣釋。分三：〔壬〕（一）釋不盡有爲（二）釋不住無爲（三）釋無爲有爲。今初：

何謂不盡有爲？謂不離大慈，不捨大悲；深發一切智心，而不忽忘；教化衆生，終不厭倦；於四攝法，常念順行；護持正法，不惜軀命；種諸善根，無有疲厭。

菩薩不盡有爲者，非若衆生造業受報之有爲，乃廣修福德智慧二種莊嚴之有者也。福德以利生爲最，故首言不捨離慈悲；智慧以發心爲先，故云深發一切智心而不忽忘；教化衆生，必以四攝而普利羣品；欲成種智，必須重法而不惜其身；意欲廣種善根，是故忘其疲厭。

志常安住，方便迴向；求法不懈，說法無恪；勤供諸佛。故入生死而無所畏；於諸榮辱，心無憂喜；不輕未學，敬學如佛；墮煩惱者，令發正念，於遠離樂，不以爲貴；不著己樂，慶於彼樂。

此下廣修諸行也。立志常修一切諸善，即方便行；所修一切諸善，悉皆迴向佛道，即迴向行；求法不懈，以成智行；說法不悋，以成福行；勤供諸佛，福智二行；故入生死而無所畏，即生滅平等行；於諸榮辱心無憂喜，即毀譽不動行；不輕未學敬學如佛，即常不輕行；墮煩惱者，令發正念，於遠離樂，不以爲貴，即淨穢平等行；不著已樂，慶於彼樂，即無貪嫉行。

在諸禪定，如地獄想；於生死中，如園觀想；見來求者，爲善師想；捨諸所有，具一切智想；見毀戒人，起救護想；諸波羅蜜，爲父母想；道品之法，爲眷屬想。

諸禪如地獄，生死如園觀，此行苦樂平等行也。求者如師，以能發起施心故；施捨具智，以愚人不能行施故，此二即取捨平等行也。持戒人有善神守護，破戒人則無之；見毀戒人起救護想，爲欲令彼復持淨戒故，此即護戒行也。六度圓滿即成六波羅蜜，能生五分法身，是故爲父母想，此即生貴行也。道品爲眷屬想，即助道行也。

發行善根，無有齊限；以諸淨國嚴飾之事，成已佛土；行無限施，具足相好；除一切惡，淨身口意。生死無數劫，意而有勇；聞佛無量德，志而不倦。以智慧劍，破煩惱賊；出陰界入，荷負衆生，永使解脫。以大精進，摧伏魔軍；常求無念實相智慧。

發行善根，無有齊限，此卽行無量行也。以諸淨國嚴飾之事成已佛土，卽迴向行也。行無限施，具足相好，乃隨所取與，不逆彼意，此卽莊嚴相好行也。一切衆惡，從三業起；既除其惡，卽淨業行也。生死道長，而常在生死，猛勇精進，度脫衆生，令出生死；聞佛無量德，而志求具足佛德而不勞倦；此二卽不休息行也。智慧如劍，能斷惑故；煩惱如賊，刼法財故；衆生住於陰界入中，如住賊窩；菩薩仗慧劍，破煩惱，荷衆生，從陰界入賊窩中出，不更被煩惱纏縛，故云永使解脫。披精進鎧，以破四魔，故云摧伏魔軍。常求無念實相智慧，什師云：「無取相念也。凡夫行有念智慧，則高慢益甚；是故求無念智。」此二卽精進行也。

行少欲知足，而不捨世法，不壞威儀，而能隨俗。起神通慧，引導衆生。得念總持，所聞不忘。善別諸根，斷衆生疑；以樂說辯，演法無礙。淨十善道，受天人福；修四無量，開梵天道。

行少欲知足而不捨世法者，非世間人求得無厭，卽世法中少欲知足者也；佛道威儀，與世俗逈異；不壞威儀而能隨俗者，卽隨於世俗中而行佛威儀者也；此二卽等流行也。如有好異衆生，起神通慧以引導之，卽遊戲行也。得念總持所聞不忘，卽多聞行也。善別諸根，斷衆生疑；以樂説辯，演説無礙；此二卽智慧行也。淨十善道，受人天福；修四無量，開梵天道；此二卽福德行也。

**勸請説法，隨喜讚善，得佛音聲；身口意善，得佛威儀。深修善法，所行轉勝；以大乘教，成菩薩僧；心無放逸，不失衆善。行如此法，是名菩薩不盡有爲。**

由請法隨喜讚善功德，故得六十種微妙佛聲；由三業清淨，故得佛無量威儀；此卽莊嚴隨形好行也。深修善法，所行轉勝，此卽無厭足行也。以大乘教成菩薩僧，此卽一乘行也。心無放逸不失衆善，此卽無量行也。以上諸行，皆依俗諦成就萬德莊嚴，淨佛國土成就衆生。行如此法下，結辭也；謂菩薩若行此法，是名不盡有爲。

〔壬〕（二）釋不住無爲：

**何謂菩薩不住無爲？謂修學空不以空爲證；修學無相無作，不以無相無作爲證；修學無起，不以無起爲證。**

從此以下即行無爲觀而不住無爲也。修空無相無作而即取證者，則不修衆善，不修衆善，則因行不圓；因行不圓，則果不能滿；故不以爲證也。起即衆緣會合而起，二乘觀諸緣空，即修學無起；若證無起，則不能發菩提心，行菩薩道，淨佛國土成就衆生，故不以無起爲證也。

觀於無常，而不厭善本；觀世間苦，而不惡生死；觀於無我，而誨人不倦；觀於寂滅，而不永寂滅；觀於遠離，而身心修善；觀無所歸，而歸趣善法。

無常則善惡諸法皆悉無常；若觀無常而自證眞常，則斷善本；惡雖無常，能令自性流轉三途，而增長無常；善雖無常，能莊嚴佛土，成就衆生，補助眞常；是故雖觀無常，而不厭善本。世間最苦莫如生死；菩薩爲度衆生出生死苦，是故雖觀其苦，而常在生死度脫衆生，不厭惡之。一切諸見，皆從我見而起；若無我見，則無人見衆生見壽者見；若觀無我而怠於誨人，則利生事廢，是故菩薩觀於無我，而誨人不倦。寂滅而修行之所歸處，菩薩以因行未圓，佛果未滿；不似二乘趣寂滯於化城，是故觀於寂滅而不永滅。二乘遠離見思煩惱，取證偏眞涅槃，唱言所作已辦，善惡悉皆遠離；菩薩離諸煩惱，不離衆善，是故觀於遠離而身心修善。法性無依，故無所歸；菩薩以佛果未圓，雖是觀無所歸，而歸趣善法。

觀於無生，而以生法荷負一切；觀於無漏，而不斷諸漏；觀無所行，而以行法教化衆生；觀於空無，而不捨大悲；觀正法位，而不隨小乘；觀諸法虛妄，無牢無人，無主無相，本願未滿，而不虛福德禪定智慧；修如此法，是名菩薩不住無爲。

明見無生之理，示現衆生，度脫衆生，故云觀於無生，而以生法荷負一切。無漏即心光凝結，不自向外流漏，即無爲法體，斷一切諸漏所證得者；菩薩爲衆生故，留惑潤生，是故觀於無漏而不斷諸漏。行即造作營爲，菩薩觀於自性本無行爲，而方便善巧以諸行法教化衆生。諦觀諸法本無實體，故曰空無；菩薩不以空無棄捨大悲利生之事。正位乃小乘觀無爲法而取證之位，菩薩雖復觀正法位，而不隨小乘取證小果。諸法不實故虛妄，速朽故無牢，無有我體故無人，無眞宰故無主，本非形色故無相；菩薩雖作是觀，以四弘大願未暢，故云本願未滿，而不虛福德禪定智慧者，以猛勇精進行普賢行故也。上諸觀行，皆是觀於眞諦而不捨俗諦，而修如是法者，是名菩薩不住無爲。

〔辛〕（三）釋無爲有爲：

又具福德故，不住無爲；具智慧故，不盡有爲。大慈悲故，不住無爲；滿本願故，不盡有爲。集法藥故，不住無爲；隨授藥故，不盡有爲。知衆生病故，不住無爲；滅衆生病故，不盡有爲。

此正雙融二諦以顯中道也。無爲爲眞諦，有爲爲俗諦；不住不盡，則非眞非俗，亦卽眞卽俗也。若住無爲，則不能修福德，爲具福德不住無爲；盡有爲則不能增智慧，爲具智慧。故不盡有爲。住無爲則不能利衆生失大慈悲，爲行慈悲，不住無爲；盡有爲則不能行諸行，不行諸行，則不滿本願，爲滿本願故，不盡有爲。住無爲則不能供聞佛法，爲集聚無上法藥故，不住無爲；盡有爲則不能利生，爲觀機逗敎故，不盡有爲。住無爲，則與衆生隔絕，不知衆生身心諸病，爲欲知衆生身心諸病，故不住無爲；盡有爲則利生事斷，不能除滅衆生身心諸病，爲欲滅除衆生身心諸病故，不盡有爲。

〔庚〕（三）總結勸學：

諸正士！菩薩已修此法，不盡有爲不住無爲，是名盡無盡解脫法門，汝等當學。」

此結勸也。謂此上諸句，皆以二諦融通，不彼不此，任運流入薩婆若海，為菩薩圓頓之正行，故勸當修學。大科第六佛說盡無盡門竟。

〔巳〕（七）菩薩作禮還歸：

**爾時彼諸菩薩聞說是法皆大歡喜，以衆妙華，若干種色，若干種香，遍散三千大千世界；供養於佛，及此經法，並諸菩薩已；稽首佛足，歎未曾有！言釋迦牟尼佛！乃能於此善行方便。」言已忽然不現，還到彼國。**

此諸菩薩前欲來者，欲見釋迦牟尼佛禮拜供養，欲見娑婆國為何等相？欲聞所說為何等法？欲見不思議菩薩為何等人？云何名為樂小法者？初見娑婆之穢土，生下劣想，及聞諸佛國土所作佛事不同，淨穢國土皆為淨穢衆生而現，故請法時悔過自責。今聞盡無盡解脫法門，融通二諦，以為菩薩之行，方信穢土行菩薩道，一生之功，勝於淨土百千劫行，誠實不虛，是故歡喜散花，稱揚讚歎，作禮而歸也。

## 維摩詰所說經講義錄卷三之上終

# 維摩詰所說經講義錄卷三之下

〔丁〕二見阿閦佛品淨穢一處安立。分二：〔戊〕（一）釋品（二）釋文。今初：

## 見阿閦佛品第十二。

此經示現淨土，凡有三焉！佛國品如來足指按地，所現淨土，乃本師釋迦牟尼如來之淨土；正現淨時穢隱，復還穢時淨隱，此示心淨則見土淨，心穢則見土穢，是垂唯心淨土之教耳！香積佛品，淨名入定，示現上方衆香國土，乃香積如來之淨土；正現淨土時，對娑婆見彼爲淨，對衆香見此爲穢，欲使小乘之機轉小向大，發菩提心行菩薩道，淨佛國土，成就衆生，此正助揚淨土之教耳！此品承如來命，接取妙喜，插入娑婆，乃無動如來之淨土；正現淨土時，非放大娑婆以容妙喜，非收小妙喜以入娑婆，淨穢齊現，此正示淨土穢土不離於當處耳！將欲圓滿淨土之教，故有此品來也。

〔戊〕（二）釋文。分二：〔己〕（一）以觀如來表法身淨（二）問沒生處顯佛土淨。〇初、中二：〔庚〕（一）如來問（二）淨名答。今初：

爾時世尊問維摩詰：「汝欲見如來，為以何等觀如來乎？」

如來出現於世，其所設教法，皆為利生；法門雖設衆多，利生不出二種：一者正報，二者依報。正報成於佛果，以為究竟；依報居於淨土，以為究竟；佛身唯三，淨土有四。前者所說菩薩之行，乃因地之正行；今欲顯揚果地之德，故假前語文殊可共見佛為問，為以何等觀如來乎。

〔庚〕（二）淨名答。分三：〔辛〕（一）答總觀身佛無二（二）答別觀非即非離（三）答結觀簡邪辨正。今初：

維摩詰言：「如自觀身實相，觀佛亦然；」

此觀佛法身也。觀身實相觀佛亦然者，此即尋流得源，即末得本也；實相者何？以非有相，非無相；非一相，非異相；不彼相，不此相；而歷歷孤明，假名實相，即當人一念之心體也。此體生佛皆同，故云觀身實相，觀佛亦然。

〔辛〕（二）答別觀非即非離：

我觀如來前際不來，後際不去，今則不住。不觀色，不觀色如，不觀色性。不觀受想行識，不觀識如，不觀識性。非四大起，同於虛空。六入無積，眼耳鼻舌身心已過，不在三界，三垢已離。順三脫門，具足三明。與無明等。

此下別觀也。法身過去無始，故前際不來；未來無終，故後際不去；充塞法界，故今則無住。不觀色等者，色陰虛妄，無常不實，故不觀色；或有執言，色滅歸如，卽是佛如，故不觀色如；或有執言，色性卽是佛性，故不觀色性。法身非四大所造，如空能徧色非色處，故云非四大起，同於虛空。凡夫由六根結積而成身，法身非六情結積，故云六入無積。眼耳鼻舌身心已過，聲聞尚出三界，何況如來？故云不在三界；旣出三界，則無三界之垢，故云三垢已離。如來圓滿三德，故云順三脫門，具足三明。以無明實性卽佛性，故云與無明等。

不一相，不異相，不自相，不他相，非無相，非取相。不此岸，不彼岸，不中流，而化衆生。

隨感普應羣機，故不一相；自體本無二致，故不異相；人法二我，久已遠離，故不自相；情與無情，同圓種智，故不他相；不住涅槃，故非無相；不住生死，故非取相。不徧執俗諦，故不此岸；不取證眞諦，故不彼岸；不自住於中諦，流入薩婆海，常以融通三諦說法，故云不中流而化衆生。

觀於寂滅，亦不永滅。不此不彼；不以此，不以彼。不可以智知，不可以識識。無晦無明，無名無相，無強無弱，非淨非穢。不在方，不離方；非有為，非無為。無示無說。

已知自性寂滅，不復更滅，故云觀於寂滅，亦不永滅。離於二邊，故不此不彼；亦不由二邊所顯，故不以此，不以彼。非思量境，故不可以智知；非分別境，故不可以識識。超越陰陽之表，故無晦無明；非大小方圓形飾，故無名無相；成就調柔萬德，故無強；而能降伏衆魔，故無弱；常在五濁度生，故非淨；自心一塵不染，故非穢；本自無在無不在，故不在方，不離方；超過數量以外，故非有為非無為；超越色相音聲，故無示無說。

不施不慳，不戒不犯，不忍不恚，不進不怠，不定不亂，不智不愚，不誠不欺，不來不去，不出不入。一切言語道斷。

了知施者受者所施財法，三輪體空，故不施；能滿一切衆生願求故不慳。了知三聚如幻如化，故不戒；常與道共定共相應故不犯。法身無相，本無逆者，故不忍；常以佛眼觀諸衆生佛性無二，故不恚。佛心本自不起，故不進；常住法界利益有情，故不怠。常住寂光鑑機，故不定；而寂光本體不動，故不亂。不能覺了本覺始終，故不智；能以權智照十法界，故不愚。於一乘法分別說三，故不誠；末後開三顯一，故不欺。無所從來，故不來；去無所至，故不去。明見法界一相，故非從三界中出；明了自性本自寂滅，故不入於涅槃。有無俱遣名相皆無，是故一切言語道斷。

**非福田非不福田，非應供養非不應供養，非取非捨。非有相非無相。同眞際，等法性。不可稱，不可量，過諸稱量。**

法身本無體相，故非福田；非應供養，能起九界福德莊嚴，故非不福田。非不應供養，取之不得，故非取；捨之不離，故非捨。實相之體不可得，故非有相；具足無量相好莊嚴，故非無相。佛身同於眞如實際，佛身等於法性。讚歎莫能窮盡，故不可稱；盡思不可測度，故不可量；出乎法數以外故云過諸稱量。

**非大非小，非見非聞，非覺非知，離衆結縛。等諸智，同衆生，於諸法無分別。一切無失，無濁無惱，無作無**

起，無生無滅。無畏無憂，無喜無厭。無已有，無當有，無今有。不可以一切言說分別顯示。

徧滿法界，不盡其量；入微塵裏，轉大法輪，故非大非小；已離塵境，故非見，非聞，非覺，非知；無漏法身，一切塵垢所不能到，故離衆結縛。與十方諸佛等其智，與法界衆生同其體，故云等諸智，同衆生；上等諸佛，下同衆生，故於諸法無分別。清淨本然，故無得失濁惱；常住實相，故無作起生滅。一切具足，故無畏憂喜厭。本無依寄，故非三世所有。言語道斷，心行處滅，故不可以言說分別顯示。二答別觀非即非離竟。

〔辛〕三、答結觀簡邪辨正：

世尊！如來身爲若此，作如是觀。以斯觀者，名爲正觀；若他觀者，名爲邪觀。」

此總結也。謂世尊問以何等觀如來身；如上對者，即以此觀如來身，故云作如是觀。以此觀者下，簡邪正也；謂果能作如是觀，不落二邊，不住中道，不着有相，不住無相，是則名爲正觀；若他觀者，即皆有着，故名邪觀。結上以見如來表法身淨竟。

〔巳〕二、問没生處顯佛土淨。分二：〔庚〕（一）辯論没生淨穢以顯無礙之理（二）接取淨土於此以顯無礙之事。○初、中二：（一）辯論没生（二）辯論淨穢。○初、中二：〔壬〕（一）辯論没生理（二）佛告没生事。今初：

**爾時舍利弗問維摩詰：「汝於何没？而來生此。」**

此以事問也。舍利弗見維摩詰神力叵測，福德具足，智慧難思，即如來身亦能曉了；欲使開迹顯本，故問汝於何没而來生此。

**維摩詰言：「汝所得法，有没生乎？」**

此以理返問也。意謂法身菩薩，徧法界以行行，何没生之有？故問汝所得法，有没生乎？以聲聞得無生道法，方證無生果故。

**舍利弗言：「無没生也。」**

答意，謂聲聞人修生滅觀，見無生理，得無生道，證得無生之果，故云無没生也。

**「若諸法無没生相，云何問言『汝於何没而來生此？』於意云何？譬如幻師，幻作男女，寧没生耶！」**

謂得無諸法時，必見諸法悉皆無生，旣如是者，云何問言『汝於何没而來生此？』

譬如下喻顯也。意以世間諸法猶如幻化。生即幻存。没即幻往。如幻師幻作男女。

寧有没生不耶。意欲身子自言無没生耳。

舍利弗言：「無没生也。」「汝豈不聞佛說諸法如幻相乎？」答曰：「如是。」「若一切法如幻相者，云何問言『汝於何没？而來生此。』」

身子以理而答，故言無没生也。汝豈不聞下，乃淨名引佛語作證，以追問也。答曰如是者，身子雖未深解諸法如幻之義，而常聞如來，作如是言，故云如是。若一切法如幻下，責辭也；既知一切諸法如幻相者，没生豈非諸法數乎！云何問言『汝於何没，而來生此？』

舍利弗！没者爲虛誑法，壞敗之相；生者爲虛誑法，相續之相；菩薩雖没不盡善本，雖生不長諸惡。」

此正示無没生義也。没法如幻，故爲虛誑；幻相敗壞，世人以之爲没，非法性没也。生法如幻，故爲虛誑；幻相相續，世人以之爲生，非法性生也。凡夫没即斷於善本，菩薩此處没而向彼度生，故不斷善本；凡夫生則增長諸惡，菩薩初受生時，即作佛事，故不長諸惡。辯論没生理竟。

〔壬〕二、佛告没生事：

是時佛告舍利弗：「有國名妙喜，佛號無動；是維摩詰於彼國沒，而來生此。」

此如來正說沒生事也。無動即阿閦謂於妙喜國沒，來生娑婆；如來作是告者，有二種利益：一者開淨名之迹，以顯其本，令此衆會恭敬尊重，稱揚讚歎，知此菩薩，爲利生故，捨其淨土，來生娑婆。二者以起衆會仰慕，求見彼土發願往生。有此二利，故作如是說耳！辨論沒生竟。

〔辛〕二、辯論淨穢：

舍利弗言：「未曾有也！世尊，是人乃能捨清淨土，而來樂此多怒害處。」

舍利弗因如來告維摩詰，從妙喜國沒而來生此，故歎其捨淨樂穢，是爲希有！然聲聞人不發菩提心，焉能了達菩薩所行之事？雖是讚歎，而不盡菩薩之意，是故下文被淨名之所質問，又多幾番辯論也。

維摩詰語舍利弗：「於意云何？日光出時與冥合乎？」答曰：「不也。日光出時，則無衆冥。」維摩詰言：「夫日何故行閻浮提？」答曰：「欲以明照，爲之除冥。

」維摩詰言：「菩薩如是，雖生不淨佛土，爲化衆生，不與愚闇而共合也，但滅衆生煩惱闇耳！」

由舍利弗讚歎淨名捨淨生穢，而未言及所以生穢之意，故舉日光與冥合之喻以質問也。答曰下，身子答辭也；謂明暗不得同途，日光力能破冥，豈得與冥相合！故云「不也。日光出時，則無衆冥。」淨名復問「夫日何故行閻浮提者？」意欲身子知日行所爲破暗，以合菩薩生穢皆爲度生也。答曰欲以明照爲之除冥，此答其喻也；因佛昔言刧初時，菩薩示現日月，爲破大地黑暗，故此答曰「以明除冥。」菩薩如是下，以法合喻也；謂菩薩雖生不淨，爲化衆生，雖化衆生，決不與愚暗，衆生共合；此合日光出時不與冥合也。但滅衆生煩惱闇者，此合欲以明照爲之除冥也。結上文辯論没生淨穢以顯無礙之理竟。

〔庚〕二、接取淨土於此以顯無礙之事。分七：〔辛〕（一）大衆渴仰欲見（二）如來命令示現（三）淨名奉命移取（四）如來勸修淨行（五）大衆發心願生（六）與記當生還復（七）身子廣讚勸信。今初：

是時大衆渴仰，欲見妙喜世界無動如來，及其菩薩聲聞之衆。

大衆聞說妙喜國土而欲見者，由淨名一切三昧，神通智慧悉皆具足，是不可思議解脫之人，其所居之土，亦必不可思議；又則此菩薩旣不可思議，彼佛及諸菩薩聲聞，亦必皆不可思議；是故渴仰咸欲見之。

〔辛〕二、如來命令示現：

佛知一切衆會所念，告維摩詰言：「善男子！爲此衆會，現妙喜國無動如來，及諸菩薩聲聞之衆，衆皆欲見。」

佛知衆會心念妙喜國土，命維摩詰現；佛不自現者，爲欲顯淨名之神力，以激勵此土之聲聞也，故命爲此會現。

〔辛〕三、淨名奉命移取。分二：〔壬〕（一）奉命念欲移取（二）正現神力移取。今初：

於是維摩詰心念：吾當不起於座，接妙喜國，鐵圍山川溪谷江河，大海泉源，須彌諸山，及日月星宿天龍鬼神梵天等宮，並諸菩薩聲聞之衆，城邑聚落，男女大小；乃至無動如來，及菩提樹，諸妙蓮華，能於十方作佛事者。

言乃至無動如來者，若以階級而言，菩薩神力，決不能動如來之座；若以慈悲而言，但有利生之事，亦可動作佛事；至於菩提樹妙蓮華，皆能用之而作佛事，故云能於十方作佛事者。

三道寶階從閻浮提，至忉利天，以此寶階，諸天來下，悉爲禮敬無動如來，聽受經法；閻浮提人，亦登其階，上升忉利，見彼諸天。

此序妙喜世界人天相接也。若是穢惡國土，諸天畏懼人間臭穢之氣，故不敢來；世人望見諸天，光明刺目，故不敢處；又天地虛懸，亦無從而得去。淨佛國土，衆生罪垢甚輕，人天相去無幾，故有寶階，人天相接，上下通行往耳！

妙喜世界成就如是無量功德，上至阿迦尼吒天，下至水際；以右手斷取，如陶家輪，入此世界，猶持華鬘示一切衆。

此上皆淨名念想妙喜國土之境，將欲作如是現耳！世界安立，土輪下金輪，再下水輪，再下風輪，再下虛空；以水輪不便着手，故只至水際。阿迦尼吒天，即色究竟天也。陶家輪即陶師造作坏器之輪，隨彼陶師迴轉無礙故；以彼世界之重，持之猶華嚴之經，故云猶如華嚴示一切衆。如來命現妙喜世界，淨名作是思惟，欲作如是現相，以示大衆耳！奉命念欲移取竟。

〔壬〕二、正現神力移取：

作是念已；入於三昧，現神通力，以其右手，斷取妙喜世界，置於此土。彼得神通菩薩，及聲聞衆，並餘天人，俱發聲言：「唯然世尊！誰取我去，願見救護。」無動佛言：「非我所爲，是維摩詰神力所作。」其餘未得神通者，不覺不知己之所往。妙喜世界，雖入此土，而不增減，於是世界亦不迫隘，如本無異。

此乃最後之不思議神力也。前不思議品云：「住不可思議解脫菩薩，斷取三千大千世界，如陶家輪，著右掌中，擲過恆沙世界之外；其中衆生，不覺不知已之所往。」前乃讚說不思議解脫菩薩神力。今者淨名斷取妙喜國土，來入娑婆，以證前說之不虛也。前雖空室借座，化請香飯，掌擎大衆，現不思議神力；未若如斯斷取世界，佛及衆生來置此土；並且妙喜娑婆各不相隘，其神力亦至如此之極也。

〔辛〕四、如來勸修淨行：

爾時釋迦牟尼佛告諸大衆：「汝等且觀妙喜世界無動如來，其國嚴飾，菩薩行淨，弟子清白。」皆曰：「唯然已見。」佛言：「若菩薩欲得如是清淨佛土，當學無動如來所行之道。」

此勸修淨行也。意謂法界安立，無量差別不同，皆悉隨業所感；欲得如妙喜國土之清淨者，即當學無動如來所行之道。此道既無明文，意指前佛國品，直心是菩薩淨土等，並及盡無盡解脫法門也。

〔辛〕（五）大衆發心願生：

現此妙喜國時，娑婆世界十四那由他人，發阿耨多羅三藐三菩提心，皆願生於妙喜佛土。

由見淨名不思議神力，及聞如來所說，欲得如是清淨佛土，當學無動如來所行之道；欲行其道必先發心，故發菩提心耳！願生妙喜佛國者，既已發心，必須生彼佛國常隨佛學也。那由他第四大數也；十萬爲洛叉，百洛叉爲俱胝，即萬萬也；俱胝俱胝爲阿庾多，即加萬萬倍也；阿庾多阿庾多爲那由他，又加等倍之數也。

〔辛〕（六）與記當生還復：

**釋迦牟尼佛即記之曰：「當生彼國。」時妙喜世界於此國土所應饒益，其事訖已，還復本處，舉衆皆見。**

法界一切唯心所造，既已發願往生，必行淨業，不造穢業，則不被穢土之所羈留，故記之曰：「當生彼國。」佛事既畢，當還本處；法會大衆，皆是被度之機，是故舉衆皆見。

〔辛〕七、身子廣讚勸信。分二：〔壬〕（一）如來特問（二）身子答讚。今初：

**佛告舍利弗：「汝見此妙喜世界及無動佛不？」**

此經本旨，正爲開導菩薩，旁爲激勵二乘，並及未發心者，勿令發小乘心。室內室外，所說妙法，菩薩皆得利益；諸品發菩提心者，若是之多；獨未見有二乘發心，舍利弗爲聲聞中智慧第一者，故佛以「見淨土及無動佛不」爲問，欲勉勵其發心耳！

〔壬〕二、身子答讚：

**唯然已見，世尊！願使一切衆生得清淨土，如無動佛；獲神通力，如維摩詰。世尊！我等快得善利，得見是人親近供養；其諸衆生，若今現在，若佛滅後，聞此經者**

，亦得善利；況復聞已信解，受持讀誦解說，如法修行。若有手得是經典者便爲已得法寶之藏；若有讀誦解釋其義，如說修行，則爲諸佛之所護念；其有供養如是人者，當知則爲供養於佛；其有書持此經卷者，當知其室即有如來；若聞是經能隨喜者，斯人則爲趣一切智；若能信解此經乃至一四句偈爲他說者，當知此人，即是受阿耨多羅三藐三菩提記。」

諸大弟子皆是內秘外現之人；斯經從初至末，處處折伏聲聞；此諸弟子自甘受其磨折，居心亦甚苦矣！舍利弗爲衆中上首，已知說法將終，雖不明顯轉小向大，旣是勸人發心，亦卽內自發心耳！唯然已見者，卽答佛所問。願一切衆生下，卽代他發願也。我等快得善利下，卽自慶已得法樂也。其諸衆生下，卽慶他將得法樂也。況復聞已信解下，卽比況其得益也；謂若得此經。卽爲得諸法之寶藏也。若有讀誦解義，卽與諸佛法身冥契，故爲諸佛之所護念。供養受持此經之人，卽爲供養於佛者；謂旣能解其義趣，必能如法行持，旣能如法行持，當來必成佛果，故云當知則爲供養於佛。書經卽爲有佛者，此經乃顯諸佛淨土因果之義，是故有此經處卽有如來。聞經隨喜趣一切智者，旣能隨喜，必解經中義趣，增長智慧，故云趣一切智。聞經爲他解說即是受記者，諸佛因果之法，一歷耳根，永爲道種，即是受記義也。舍利弗雖是未發菩提，觀其勸發之言，已入不思議之心行矣！此段經文雖未判爲流通，已足爲流通之發起也。結上文見阿閦佛品竟。總結上文正宗分一大科至此已竟。

〔甲〕（三）流通分。分二：〔乙〕（一）法供養品護法流通（二）囑累品付囑流通。初、中二：〔丙〕（一）釋品（二）釋文。今初：

# 法供養品第十三

此下流通段也。謂即今所說之法，欲使流傳不息，以至未來，九界悉皆得益，故曰流通。此品名護法流通者，有二義焉！一者外護，勿使惡魔之所擾亂，勿使此法斷絕不流。二者內護，常修種種供養，勿使受持如斯大法之人，缺其所須，莫令壅塞不通。又於此大法，有障礙處，悉使疏通流傳，故名流通。此品名法供養者，由天帝發願護持此經，供養給事，如來引昔佛說，諸供養中法供養勝，故名法供養品。

〔丙〕二、釋文。分二：〔丁〕（一）天帝讚法發願護持（二）如來述成法供養最。〇初、中三：〔戊〕（一）讚法希有（二）讚人功德（三）供養作護。今初：

爾時釋提桓因，於大衆中白佛言：「世尊！我雖從佛及文殊師利聞百千經，未曾聞此不可思議，自在神通，決定實相經典。

此天帝讚歎其法希有難得也。從佛及文殊師利聞百千經者，指昔所聞小乘經也；小乘神通必須作意，其所現神通甚小；非若此經不思議大神通力。此經多談實相之理，故云決定實相經典。

〔戊〕二、讚人功德：

如我解佛所說義趣，若有衆生聞此經法，信解受持讀誦之者，必得是法不疑，何況如說修行？斯人則爲閉衆惡趣開諸善門，常爲諸佛之所護念；降伏外學，摧滅魔怨；修治菩提，安處道場；履踐如來所行之跡。

此讚聞經人受持之功德也。此經義理分明，凡有疑處，悉皆辯晰，故云必得是法不疑。何況如說修行者，以劣況勝也；謂聞法信解受持，尚能不疑於法，何況依教奉行之者。斯人下，出其功德也；謂依此法修，自然諸惡不作，衆善奉行也；如是則默契佛心，故爲諸佛護念；此經直顯性理，故能降伏外學，摧滅魔怨；此經諸品悉皆勸發菩提，故云修治菩提安處道場；此經從初至末，皆為開示衆生佛性，故云履踐如來所行之迹；如來出世為示衆生佛性故。

〔戊〕三、供養作護：

世尊！若有受持讀誦如說修行者，我當與諸眷屬供養給事；所在聚落城邑，山林曠野，有是經處，我亦與諸眷屬，聽受法故共到其所；其未信者，當令生信；其已信者，當為作護。」

此經為諸佛菩薩法身慧命，在人人尊，故當供養給事；在處處尊，故當共到其所。未信令信，已信作護者，即為外護善知識也。由天帝信佛之極，聞法得解，故發如是願也；不然焉肯屈尊就卑，發此大願哉！

〔丁〕二、如來述成法供養最。分三：〔戊〕（一）述成天帝讚經功德（二）校量持經供經功德（三）追述往者修法供養。今初：

佛言：「善哉！善哉！天帝，如汝所說，吾助爾喜。此經廣說過去未來現在諸佛，不可思議，阿耨多羅三藐三菩提。

如來讚善助喜者，由天帝讚歎此經故也。讚歎生於正信；聞此經者，若無正信，則必生疑；疑久卽便起於誹謗，毀謗正法，卽墮一闡提，以永斷佛種故。此經爲三世佛得成菩提之法，天帝旣能讚歎，必得甚深正信；信爲入道之初門，智論云：「佛法大海，信爲能入。」旣得正信，解行與證，相隨而來，是故如來兩讚其善而助喜也。

〔戊〕二、校量持經供經功德。分三：〔己〕（一）舉持經人以起校量（二）舉校量法以爲問答（三）舉持經人以正校量。今初：

是故，天帝！若善男子，善女人，受持讀誦供養是經者，則爲供養去來今佛。天帝！正使三千大千世界，如來滿中，譬如甘蔗竹葦，稻麻叢林；若有善男子，善女人，或以一劫，或減一劫，恭敬尊重，讚歎供養，奉諸所安；至諸佛滅後，以一一全身舍利，起七寶塔，縱廣一四天下，高至梵天，表剎莊嚴；以一切華香瓔珞，幢幡伎樂，微妙第一，若一劫，若減一劫，而供養之。

〔己〕二、舉校量法以爲問答：

天帝！於意云何？其人植福，寧爲多不？」釋提桓因言：「多矣世尊，彼之福德，若以百千億劫，說不能盡。」

以佛數之多，供養之廣，住世奉其所安，滅後塔其舍利，以此人福德多不，問於天帝者；正欲先定其無量福德，然後校量持經功德也。天帝執著世間有量之福，是故報得帝釋之位；今聞如是功德，以凡夫所知之心測量，故云以百千億劫說不能盡。

〔己〕三、舉持經以正校量：

佛告天帝：「當知是善男子，善女人，聞是不可思議解脫經典，信解受持，讀誦修行，福多於彼。所以者何？諸佛菩提，皆從此生；菩提之相，不可限量，以是因緣福不可量。」

此正校量功德勝劣也。前人所供養之生身，雖無量佛身，無量供養，無量時分，其所得功德，故不可思議，終有盡期，以生身有盡故；校量法身，功德尚劣。此經者諸佛之母，能生無量法身，生生無盡，受持此經功德，即勝於彼，故云福不可量。

〔戊〕（三）追述往者修法供養。分五：〔己〕（一）追述往昔佛僧（二）述昔修供之人（三）格出法之供養（四）結會古今之人（五）結成弘法供養。今初：

佛告天帝：「過去無量阿僧祇劫，時世有佛，號曰藥王如來、應供、正遍知、明行足、善逝、世間解、無上士、調御丈夫、天人師、佛、世尊，世界名大莊嚴，劫名莊嚴，佛壽二十小劫；其聲聞僧，三十六億那由他；菩薩僧有十二億。

〔己〕二、述昔修供之人：

天帝！是時有轉輪聖王，名曰寶盖；七寶具足，主四天下。王有千子，端正勇健，能伏怨敵。爾時寶盖與其眷屬，供養藥王如來，施諸所安，至滿五劫，過五劫已；告其千子：『汝等亦當如我以深心供養於佛。』於是千子受父王命，供養藥王如來，復滿五劫，一切施安。

此述往昔寶蓋父子，為供養藥王如來之人，是修財供養者也。先以財供養之最勝者，將欲以校量法供養也。

〔己〕三、格出法之供養。分六：〔庚〕（一）思供養勝者（二）聞空語法供（三）問何爲法供（四）示往問如來（五）詣佛問法供（六）佛廣說法供。今初：

其王一子，名曰月盖，獨坐思惟：寧有供養殊過此者？

王子月蓋修供，既經五刼之久，非但不生厭煩退怠，亦復勇猛精進，欲修勝妙供養，因思大功德天，廣修無上妙供，是故獨坐思惟；寧有供養殊過此者。

〔庚〕二、聞空語法供：

以佛神力，空中有天曰：『善男子！法之供養，勝諸供養。』

什師云：「若財供養，則於佛無用，於衆生無益，故非所欣也；如來積刼累功，本爲衆生，若奉順經典，佛說修行，則稱悅聖心，乃眞供養也。」

〔庚〕三、問何爲法供：

即問：『何。謂法之供養？』

〔庚〕四、示往問如來：

天曰：『汝可往問藥王如來，當廣爲汝說法之供養。』

〔庚〕（五）詣佛問法供：

即時月蓋王子，行詣藥王如來，稽首佛足，却住一面；白佛言：『世尊！諸供養中，法供養勝，云何名爲法之供養？』

〔庚〕六、佛廣說法供。分四：〔辛〕（一）佛爲廣說諸法供養（二）月蓋供養發願求加（三）佛爲月蓋授護法記（四）月蓋出家得道弘法。初、中二：（一）示信受流通深經爲法供養（二）示如說修行深經爲法供養。今初：

佛言：『善男子！法供養者；諸佛所說深經，一切世間難信難受，微妙難見，清淨無染；非但分別思惟之所能得，菩薩法藏所攝，陀羅尼印印之。

所說深經即圓頓大教，所談實相之理者是也。言難信者，如一微塵剖出大千經卷，人無信者。言難受者，如云一字法門，海墨書之不盡，無能受者。智不能知，識不能識，故云微妙；五眼所不能窺，故云難見；諸垢所不能污，故云清淨無染；三心所不能測，故云非但分別思惟之所能得，非聲聞緣覺之所能入，但見法身者能持，故云菩薩法藏所攝。能遮惡不起，持善不失，百折千魔，而無改變，故云陀羅尼印印之。

至不退轉，成就六度。善分別義，順菩提法；衆經之上。入大慈悲，離衆魔事，及諸邪見。順因緣法，無我，無人，無衆生，無壽命；空，無相，無作，無起。

能使行人破無明，見法身，至不退轉之地；能成就菩薩所行六度之行。能善分別第一義諦，持此經者，能至佛果，故云順菩提法。非小乘淺行法門能及，故云衆經之上。悉令衆生離苦得樂，故云入大慈悲。直顯菩提正理，故離衆魔事及諸邪見。外道執邪因無因而生諸法；深經所說甚深無生之理，以虛妄之法，皆從因緣所生，以破外道邪因無因，故云順因緣法。肇師云：「法從因緣生，緣生則無自性，無自性則無我人衆生壽命，唯空無相無作無起。此深經之所順也。」

能令衆生坐於道場，而轉法輪；諸天龍神乾闥婆等，所共歎譽。能令衆生入佛法藏，攝諸賢聖一切智慧。說衆菩薩所行之道，依於諸法實相之義。明宣無常苦空無我寂滅之法，能救一切毀禁衆生，諸魔外道及貪著者能使怖畏。

深經廣談衆生佛性，見佛性者，當來定得佛果，故云能令衆生坐於道場；既已成佛，說法之時，必有八部圍繞，故云而轉法輪，諸天龍神乾闥婆等所共歎譽。是經多顯如來藏義，是故能令衆生入佛法藏；深入經藏則智慧如海，故云攝諸賢聖一切智慧。深經不攝聲聞，但教化菩薩，故云說衆菩薩所行之道；深經言說皆順法性，故云依於諸法實相之義。小乘淺經，觀世間法，悉皆無常苦空無我，以入寂滅眞常；深經依諸法實相而觀，即無常等法皆入實相，故曰明宣也。小乘淺經破戒重者，不許懺悔，即不救也；深經無不救者，故云能救一切毀禁衆生。小教淺經力微，不能降魔制外；甚深方等力强即能降魔制外，故云諸魔外道及貪著者，能使怖畏。

**諸佛賢聖所共稱歎，背生死苦，示涅槃樂；十方三世諸佛所說。若聞如是等經，信解受持讀誦；以方便力，爲諸衆生分別解說；顯示分明，守護法故，是名法之供養。**

是經之義，妙契法身，故爲諸佛賢聖所共稱歎，依是經修，能背二種生死之苦，能得無上涅槃，四德之樂。頓圓大教，佛佛道同，故云十方三世諸佛所說。若聞如是等經下，結成法供養也；文有三義，聞經信解受持讀誦，自益義也；方便爲衆解說，流傳義也；顯示分明守護，護法義也。對此深經，行是三義，是則名爲法之供養。此上示信受流通深經爲法供養竟。

〔壬〕二、示如說修行深經爲法供養：

**又於諸法如說修行，隨順十二因緣，離諸邪見，得無生**

忍；決定無我無有衆生，而於因緣果報無違無諍，離諸我所。

上章信解受持，是信解深經之理究竟，故受持讀誦；此章如說修行，卽如理實行，方有實證之期，故下結云，是名最上法之供養。隨順十二因緣下，皆釋如說修行也；謂修行必須先修觀行，若非通達緣起之法，則正理未明，猶恐自生邪見；世間生滅諸法，皆由十二因緣而起；由無明故，十二因緣相續而起；若知無明爲諸法之生因，則不至起無因邪因之見，故云隨順十二因緣，離諸邪見。已知無明能生諸法，如是直觀無明，無明滅乃至老死皆滅，親見無生之理；常住此理，不被事轉者，卽是得無生忍。既得無生忍，則無人我衆生之見，故云決定無我無有衆生。既無我見，自無我所見，故云離諸我所。

依於義，不依語；依於智，不依識；依了義經，不依不了義經；依於法，不依人。

此四依行也。佛涅槃後，四依能爲大師，四依能爲標準，四依能爲軌則。依於義不依語者，義卽究竟玄妙之至理，語乃音聲字句；義能決定，語無準的，是故依義不依語。依於智不依識者，智能曉了是非，以入正理；識卽計度前境，以入諸事；智斷煩惱，識增煩惱；智了分別，識起分別；是故依智不依識。依了義經不依不了義經者，如來說法，因時因機，直談性理，謂之了義；說諸事相，為不了義；又義理決定分明，謂之了義；於理隱秘不顯，為不了義；又究竟義理，只可自悟，離諸言說，謂之了義；依了義經能見法身，依不了義經，不能見法身；是故依了義經，不依不了義經。依於法不依人者，佛為第一尊勝之人，由佛說出了義經典，故當人法皆依；佛滅度後，不可以人勝而廢法，是故依法不依人。依上四法而修道者，其所修迅速，不至墮於邪逕也。

隨順於法相；無所入，無所歸；無明畢竟滅故，諸行亦畢竟滅；乃至生畢竟滅故，老死亦畢竟滅。作如是觀，十二因緣，無有盡相，不復起見；是名最上法之供養。』」

順於法相者，即順因緣法相也。三世循環，無有斷絕，故非入於過去；亦非從彼來入於此，故云無所入；非未來有所終止，亦非從此去歸於彼，故無所歸。無明畢竟滅者，以諦觀無明實性即寂滅性，不復以寂滅而更寂滅；行因無明而有，故云無明畢竟滅故，諸行亦畢竟滅。於生滅中見寂滅性，故云生畢竟滅故，老死亦畢竟滅。既云畢竟寂滅，又云無有盡相者；既知十二因緣畢竟寂滅，即是十二因緣常遠如是，無有盡相。十明論云：「達十二緣生海成普眼經，及成十波羅蜜無盡行海。」以普眼經中一句之義，海墨書之不盡故也；又云：「觀察十二緣生生死大海，便見大海之下，有大蓮華，忽然出現；以觀心圓淨，生死無染業，成十無盡寶莊嚴。」即無盡相義也。不復起見者，以不起盡不盡見，故得無盡相也。若能如上如說修行者，是名最上法之供養。佛為廣說諸法供養竟。

〔辛〕二、月蓋供養發願求加：

佛告天帝：「王子月盖，從藥王佛，聞如是法，得柔順忍，即解寶衣嚴身之具，以供養佛，白佛言：『世尊！如來滅後，我當行法供養，守護正法；願以威神加哀建立，令我得降伏魔怨，修菩薩行。』」

柔順忍，即於無生理，未能猛利斷惑實證，尚能信順不疑，故名柔順；即十信位，於無生法忍鄰近者也。正說法供養時，解衣供養，豈非敵體相違哉！然月蓋王子信此法供養極，藉衣表法，一顯信法之誠，二假供養發願，故解寶衣嚴身之具，以供養佛耳！白佛言下，正發願也；謂如來滅後，行法供養者，若正法滅，以何為而修法供養乎？故宜守護正法，以為法之供養。王子有主治國民之權力，故發護法之願；

猶恐自力不足，別有邪魔壞其正法，故求佛力冥加，令我得降伏魔怨，修菩薩行耳！

〔辛〕（三）佛為月蓋受護法記：

佛知其深心所念，而記之曰：『汝於末後，守護法城。』

此授護法記也。末後即如來滅度以後，信心具足，方能作護法之城，城能防非禦敵故。〔辛〕（四）月蓋出家得道弘法：

天帝！時王子月蓋，見法清淨，聞佛授記，以信出家，修習善法，精進不久；得五神通，具菩薩道，得陀羅尼，無斷辯才，於佛滅後，以其所得神通，總持辯才之力，滿十小劫，藥王如來所轉法輪，隨而分布；月蓋比丘以守護法，勤行精進；即於此身化百萬億人，於阿耨多羅三藐三菩提，得不退轉；十四那由他人，深發聲聞辟支佛心；無量眾生得生天上。

見法清淨者，得擇法眼也；上得柔順忍，即具信根；今則以信出家，修習善法者，意以深信於法，方發護法之心；護法雖善，未能得法受用，不若出家擔任弘法，能令法流不絕，其功德勝於護法也。旣已出家於法精進行持，故得五通；總持辯才，故能分布藥王如來所轉法輪也。百萬億人發菩提心者，卽流轉圓頓大法益也；十四那由他人發二乘心，無量衆生得生天上者，卽流傳方便小教益也；以此權實二教引導衆生，能使大小二乘流傳不息，是則名爲眞法供養如來也。總結上文格出法之供養竟。

〔巳〕（四）結會古今之人

天帝！時王寶蓋，豈異人乎！今現得佛號寶燄如來，其王千子，卽賢刼中千佛是也；從迦羅鳩孫馱爲始得佛，最後如來號曰樓至；月蓋比丘，則我身是。

迦羅鳩孫馱亦云拘留孫，此翻所應斷，謂五住煩惱所應斷者斷盡故；卽賢刼第一佛也，於第九減刼人壽六萬歲時出現於世。

〔巳〕五、結成弘法供養：

如是，天帝！當知此要，以法供養，於諸供養爲上爲最，第一無比；是故天帝當以法之供養供養於佛。」

〔乙〕（二）囑累品付囑流通。分二：〔丙〕（一）釋品（二）釋文。今初：

# 囑累品第十四。

前品天帝發願護法弘經，如來格出法之供養，意在將此大法流傳不息，以便當來衆生，內得清淨身心，外得清淨佛土。此品金口付囑者，彌勒為當來補佛，欲將此法流傳於已往未來之間；阿難為傳法之人，欲將此法結集於如來已滅之後；有此大法流行，未來衆生得此法者，即能轉垢心成淨心，轉穢土以成淨土；此二人者與此大法休戚相關，由是如來叮嚀付囑。故名囑累品。

〔丙〕（二）釋文。分三：〔丁〕（一）付囑彌勒（二）付囑阿難（三）衆聞歡喜。初、中五：〔戊〕（一）如來付囑彌勒（二）彌勒奉持流傳（三）如來讚善助喜（四）衆聖發願弘經（五）天王發願護經。〇初、中三：〔己〕（一）付囑尊經令神力流布（二）釋有大機囑當為廣說（三）簡其得失令觀機逗教。今初：

**於是佛告彌勒菩薩言：「彌勒！我今以是無量億阿僧祇刼，所集阿耨多羅三藐三菩提法付囑於汝，如是輩經於佛滅後，末世之中，汝等當以神力，廣宣流布於閻浮提，無令斷絕。**

若稱性理而言，菩提本具，不從修得；若從事實而言，經三大阿僧祇刼，修證菩提，更加百刧莊嚴相好。此云無量億阿僧祇刧，所集菩提者；以顯無上大法，得之誠難；若非有力能荷負之人，付之亦非輕易，彌勒爲當來補佛之人，故特告之曰：「付囑於汝。」命以神力廣宣流布者，惟恐惡魔之所撓擾耳！旣無阻擾，自能流傳不息，永無斷絕也。

〔己〕二、釋有大機囑當爲廣說：

所以者何？未來世中，當有善男子善女人，及天龍鬼神乾闥婆羅刹等，發阿耨多羅三藐三菩提心樂於大法；若使不聞如是等經，則失善利；如此輩人，聞是等經，必多信樂，發希有心，當以頂受，隨諸衆生所應得利，而爲廣說。

此解釋也。謂佛滅後，衆生根性不等，或有善男女等，及諸天龍八部，其有發菩提心樂大法者；若遂以小乘而敎導之，則於此經失其善利。如此輩人，即指善男女及八部也。聞是等經必多信樂發希有心者，必是大乘根性，自能發心行大行。隨諸衆生所應得利，而爲廣說大乘之經，此即勸勉彌勒廣說流通此經也。

〔己〕三、簡其得失令觀機逗敎。分二：〔庚〕（一）簡新久二行（二）簡新學之過（三）簡新學之失。今初：

彌勒當知，菩薩有二相。何謂爲二？一者好於雜句文飾之事。二者不畏深義如實能入。若好雜句文飾事者，當知是爲新學菩薩；若於如是無染無着，甚深經典無有恐畏，能入其中，聞已心淨，受持讀誦，如說修行，當知是爲久修道行。

佛說一切經典假文句以顯義，義不在於句中；說之者依義理以立言，聞之者須言外以得義；若好雜句文飾者，是依語不依義，是故名爲新學菩薩。甚深經典無有恐畏能入其中者，對淺名深；小乘諸經所說生滅因緣果報等法，其理尙淺，故易信受奉行而不恐畏；如此不思議解脫深經，廣說性理，其義深遠，其語巧妙難信難解，故多恐畏；若能不畏，以清淨心，信受奉行者，是故名爲久修道行。

〔庚〕二、簡新學之過：

彌勒！復有二法，名新學者，不能決定於甚深法。何等爲二？一者所未聞深經，聞之驚怖生疑，不能隨順，毀謗不信，而作是言：『我初不聞，從何所來？』二者若有護持解說如是深經者，不肯親近供養恭敬，或時於中說其過惡。有此二法，當知是為新學菩薩，為自毀傷，不能於深法中，調伏其心。

一者深經之理，非淺智之所能知，如前文云：「行於非道，通達佛道。」淺智聞之，不能通達其中微妙義理，即便驚怖生疑，疑則不能隨順，不順則不能入深理，久必毀謗不信。而作是言下，出其毀謗之言也。以如來滅後，現前無佛作證，則曰我初不聞從何所來，此即毀法之過也。二者護持解說深經之人，其智慧辯才必然甚深，其道德威儀，必定嚴重；不肯親近恭敬，即是慢法愆尤；或時於中說其過惡，即是自生障礙；此即毀人之過也。有此二過，為自毀傷法身，故不能於深法中調伏其心也。

〔庚〕三、簡新學之失：

彌勒！復有二法，菩薩雖信解深法，猶自毀傷，而不能得無生法忍。何等為二？一者輕慢新學菩薩，而不教誨。二者雖信解深法，而取相分別。是為二法。」

深法中所詮者，即無生正理；信解深法者，能得無生法忍。此云雖信解深法，不能得無生法忍者，有二失焉！一者輕慢新學不教誨者，雖是失之於事，亦失深法之理，何也？深法窮理盡性，佛視大地衆生皆有佛性，故不輕慢；衆生尚不輕慢，何況新學菩薩？輕慢新學菩薩，即不盡性理，此即人我執之失也。二者雖信深法取相分別者，深法中所含，即是實相法體，此體非有相非無相，離諸相，而假名實相；若取於相而起分別，是不知實相，此即法我執之實也。有此二失，是則名爲新學菩薩。是爲二法，當簡邪正，莫入流通之歧路焉！結上如來付囑彌勒竟。

〔戊〕二、彌勒奉持流傳：

彌勒菩薩聞說是已，白佛言：「世尊！未曾有也，如佛所說我當遠離如斯之惡，奉持如來無數阿僧祇劫，所集阿耨多羅三藐三菩提法；若未來世，善男子善女人，求大乘者，當令手得如是等經，與其念力，使受持讀誦爲他廣說。世尊！若後末世，有能受持讀誦爲他說者，當知是彌勒神力之所建立。」

云我當遠離如斯之惡者，彌勒一生補佛，並非新學菩薩，焉有如上諸惡，由世尊叮嚀付囑，恐後末世，菩薩有如是病耳！彌勒仰體佛意，故作如是之答也；我既如是，其諸菩薩亦應當然，故云我當遠離如斯之惡。與其念力，即以神力加其不忘；與法華普賢勸發品，告以句逗義同也。有能受持讀誦為他說者，皆是彌勒神力之所建立，此正答當以神力廣宣流布之付囑也。

〔戊〕三、如來讚善助喜：

佛言：「善哉！善哉！彌勒，如汝所說，佛助爾喜。」

〔戊〕四、衆聖發願弘經：

於是一切菩薩，合掌白佛：「我等亦於如來滅後，十方國土，廣宣流布阿耨多羅三藐三菩提法，復當開導諸說法者，令得是經。」

弘法利生，乃菩薩之本行；此諸大士，親見世尊叮嚀付囑彌勒，令以神力弘經，故增精進，銳其精神，於如來前，擔任廣宣流布之責；復當令弘法者，皆得此經流通也。

〔戊〕五、天王發願護經：

爾時四天王白佛言：「世尊！在在處處，城邑聚落，山林曠野，有是經卷，讀誦解說者；我當率諸官屬，為聽法故，往詣其所，擁護其人，面百由旬，令無伺求得其便者。」

惡魔鬼神，偏界皆有；若非神靈統率，處處惱害於人。四天王乃統率八部鬼神者也，今於佛前發願護法，佛滅度後，諸修行人，發願弘法利生，則不患惡魔之所擾亂也。付囑彌勒竟。

〔丁〕二、付囑阿難。分三：〔戊〕（一）如來付囑廣布（二）阿難奉持問名（三）佛說二種名義。今初：

是時佛告阿難：「受持是經，廣宣流布。」

世尊已知阿難爲當來結集法藏之人，於付囑彌勒後，復囑累於阿難者，意欲令其尊重結集故耳！又者表顯如來住世之時，尚且尊重斯經，況佛滅後，欲起衆生尊仰正信，以有正信，則易悟也。

〔戊〕二、阿難奉持問名：

阿難言：「唯！我已受持要者。世尊！當何名斯經？」

〔戊〕三、佛說二種名義：

佛言阿難：「是經名爲維摩詰所說，亦名不可思議解脫法門，如是受持。」

此經佛意，皆爲菩薩進步，勉勵二乘發心；淨名助化功深，所現不思議之神力廣大，如來不自居名，以維摩詰所說爲名者，尊其人以策進菩薩，激發小乘也。亦名不可思議解脫法門者，讚其法以分別權實，爲其揀擇也。

〔丁〕三、衆聞歡喜：

佛說是經已，長者維摩詰、文殊師利、舍利弗、阿難等，及諸天人阿修羅，一切大衆，聞佛所說，皆大歡喜，信受奉行，作禮而去。

言佛說是經已者，乃結集之儀式也。此經雖是如來命名維摩詰所說，然而非佛莫證，故言佛說；又此經初後皆是佛說，於其中間維摩詰說；經初奉佛遺命，名維摩詰所說；法會已終，經後應云佛說。法會大衆各得其益，是故皆大歡喜，各還本所，故云作禮而去。

諸佛菩薩義，我今略解釋；其中理非理，懺悔及普利。

# 維摩詰所說經講義錄卷三之下終

# 維摩詰所說經講義錄重印跋

維摩詰經，五教並談，徧被五性；而其得益之深，正在菩薩，傍及二乘；故諸家註疏，均本彈偏斥小，歎大褒圓之旨以溝通之。論其文義清新，語句嫻雅，諸家之中，固多傑作；若以依文義，不依文義，契理契機，妙符頓圓大旨，意在言外，不落筌蹄，而能獨出手眼，探奧抉萃者，則當以赤山老人之高足，霞公講義錄是也。夫赤山老人，本宗教中人，在石頭場中，大作獅子吼時，而其得意門牆，當不僅霞公一人，以此鑑彼，可概其他耳！況夫細檢錄中，自佛國品，至長者子寶積，獻蓋讚佛，而引十玄門；方便弟子菩薩文殊問疾諸品，則少說法相，多談法性；縱談法相，皆係頓超圓具，迥脫偏漸之弊；不思議品，至入不二法門品，皆以三德、三三昧、三解脫、三觀諦，趣向中道，會歸實相；香積佛品，至見阿閦佛品，則含四法界、六相，帝網重重，主伴無盡，一入一切，一卽一切；法供養至囑累二品，則諄諄以宏通誡勸，回向法界，使佛種不斷，契達佛機。綜觀前後諸品大義，或抒已見，或旁引伸，皆取材諸祖言詮，頓圓教旨，以及什肇二公，天台諸家；於判教分位，則又準依賢首五教大義，所以能發其蘊也。此錄白下普照航上人前印千五百部，公諸同好，頗受各方之歡迎；

以致後索者弗得，未免賦感緣慳！今再續印二千部同結法緣，伏祈忻讀諸公，共發菩提心，淨佛國土，成就衆生，則娑婆不難成安養矣！余不敏，聊綴數語，以紀顛末，仁者諒之。謹跋

國家圖書館出版品預行編目資料

維摩詰經講義錄／顯珠法師著. -- 初版. -- 新北市：華夏出版有限公司, 2024.08
面； 公分. --（圓明書房；055）
ISBN 978-626-7393-29-1（平裝）
1.CST：經集部

221.721 112022026

圓明書房 055
維摩詰經講義錄

著 作 顯珠法師
出 版 華夏出版有限公司
220 新北市板橋區縣民大道 3 段 93 巷 30 弄 25 號 1 樓
電話：02-32343788 傳真：02-22234544
E-mail：pftwsdom@ms7.hinet.net
印 刷 百通科技股份有限公司
電話：02-86926066 傳真：02-86926016
總 經 銷 貿騰發賣股份有限公司
新北市 235 中和區立德街 136 號 6 樓
電話：02-82275988 傳真：02-82275989
網址：www.namode.com
版 次 2024 年 8 月初版一刷
特 價 新臺幣 600 元（缺頁或破損的書，請寄回更換）

ISBN：978-626-7393-29-1